Elke Homburg

Garmisch-Partenkirchen

Wandern für die Seele

20 Wohlfühlwege

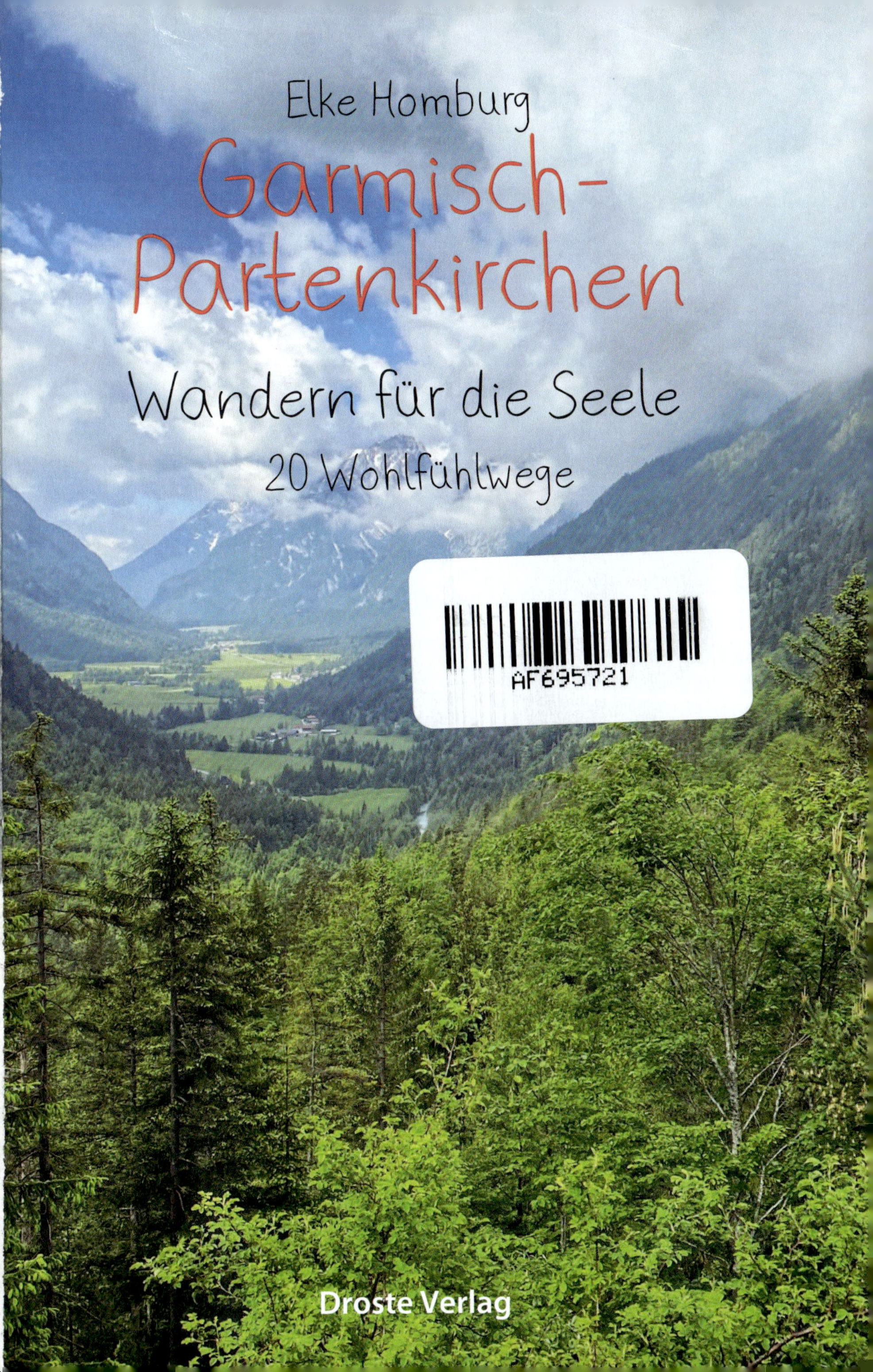

Droste Verlag

ALLE WANDERUNGEN AUF EINEN BLICK

TOUR 1: ZIEGEN UND ZACKEN 7
Über Buckelwiesen nach Mittenwald
8 km | 155 Hm | 2,5 Std. | Strecke

TOUR 2: EINFACH KÖNIGLICH! 17
Durchs Graswangtal nach Linderhof
12,5 km | 170 Hm | 3 Std. | Rundweg

TOUR 3: FÜR ALLE SINNE 27
Rund ums Kloster Benediktbeuern
10 km | 30 Hm | 2,5 Std. | Rundweg

TOUR 4: AUF ZEITREISE 37
Zum Freilichtmuseum Glentleiten
11 km | 250 Hm | 2,5 Std. | Rundweg

TOUR 5: SEEN-SUCHT 47
Zum Eibsee und um den Eibsee herum
11,5 km | 350 Hm | 3,5 Std. | Strecke

TOUR 6: GIPFELPARADE 57
Auf den Jochberg
10 km | 765 Hm | 4 Std. | Rundweg

TOUR 7: NATURKINO 65
Hoher Kranzberg und Wildensee
9 km | 410 Hm | 3 Std. | Rundweg

TOUR 8: GIPFELPICKNICK 75
Auf den Hohen Illing
9 km | 600 Hm | 3 Std. | Rundweg

TOUR 9: RUNDUMBLICK 85
Auf den Wank
10 km | 690 Hm | 4 Std. | Rundweg

TOUR 10: MOORMOMENTE 93
Durch das Murnauer Moos
13 km | 100 Hm | 4 Std. | Rundweg

TOUR 11: MIT LEIB UND SEELE 103
Durchs Ettaler Weidmoos
14 km | 150 Hm | 4 Std. | Rundweg

TOUR 12: SO EIN SCHMARRN! 111
Rund um die Partnachklamm
7 km | 160 Hm | 2 Std. | Rundweg

TOUR 13: KLEINER GRENZVERKEHR 119
Über den Lautersee zur Ederkanzel
7 km | 280 Hm | 3 Std. | Rundweg

TOUR 14: BLAU-GRÜN-MOMENTE 129
Drei-Seen-Wanderung bei Krün
16 km | 180 Hm | 4 Std. | Rundweg

TOUR 15: KULTUR TRIFFT NATUR 139
Burgruine Werdenfels am Grasberg
7 km | 160 Hm | 2 Std. | Rundweg

TOUR 16: MEDITATIVE STILLE 149
Am idyllischen Riegsee
8 km | 80 Hm | 2 Std. | Rundweg

TOUR 17: WILDE SCHLUCHTEN 157
An der Ammer entlang
15 km | 300 Hm | 4,5 Std. | Rundweg

TOUR 18: RAUSCHENDES GLÜCK 167
Zu den Kuhfluchtwasserfällen
7 km | 130 Hm | 1,5 Std. | Strecke (hin und zurück)

TOUR 19: SPRITZTOUR 175
Durch die Höllentalklamm
12 km | 680 Hm | 5 Std. | Strecke (hin und zurück)

TOUR 20: WILDE WASSER 183
Isarerlebnisweg bei Krün
7 km | 80 Hm | 2 Std. | Rundweg

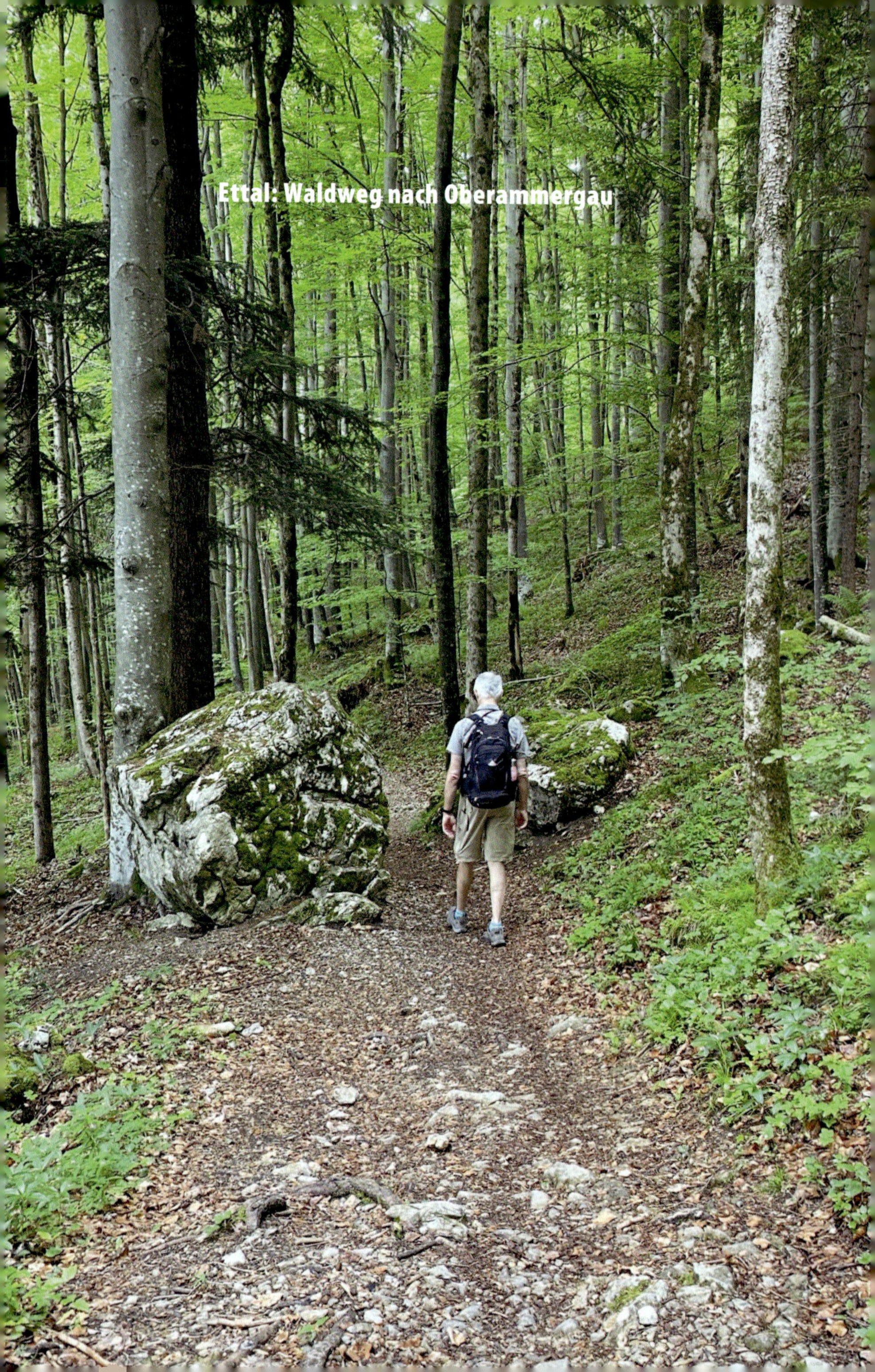
Ettal: Waldweg nach Oberammergau

Liebe Auszeitgenießer und Genussabenteurer,

die Alpenkulisse haben Wanderer auf vielen Touren rund um Garmisch-Partenkirchen vor Augen. Ein Panorama, das mich jedes Mal aufs Neue mit Glück erfüllt. Wie oft bin ich schon in der Region unterwegs gewesen – und doch mache ich jedes Mal neue Entdeckungen.

Die Auswahl der Wanderungen fiel schwer: Es gibt einfach zu viele wunderbare Routen! Ein paar Bergwanderungen sollten dabei sein, denn die Blicke von oben auf unzählige Gipfel und das Voralpenland sind unbeschreiblich schön. Dazu eine Hütteneinkehr oder ein Gipfelpicknick – herrlich! Das sind Momente, in denen der Alltag ganz fern ist.

Aber die Berge haben viele Fans, auf manchem Gipfel wird es am Wochenende voll. Deshalb spielen die Wandertouren vor den Bergen, die wir mit deutlich weniger Menschen teilen müssen, in diesem Buch die Hauptrolle. Unterwegs durch Moorlandschaften und Buckelwiesen, zu Wasserfällen, Schlössern und Biergärten erleben wir zauberhafte Glücksmomente: Vogelgezwitscher im Ohr und das Bimmeln der Kuhglocken. Duftende Blüten in allen Farben und tanzende Schmetterlinge. Oder Seen, die mal türkisblau und mal dunkel und geheimnisvoll schimmern und fast immer zum Baden einladen.

Kurz und gut: Hier genießen wir lauter kleine Auszeiten für die Seele!

NATUR-INFO

KULTUR-INFO

TOUREN-/EVENT-INFO

GENUSS-INFO

Ich wünsche Ihnen wunderbare Glücksmomente beim Wandern!

Ihre Elke Homburg

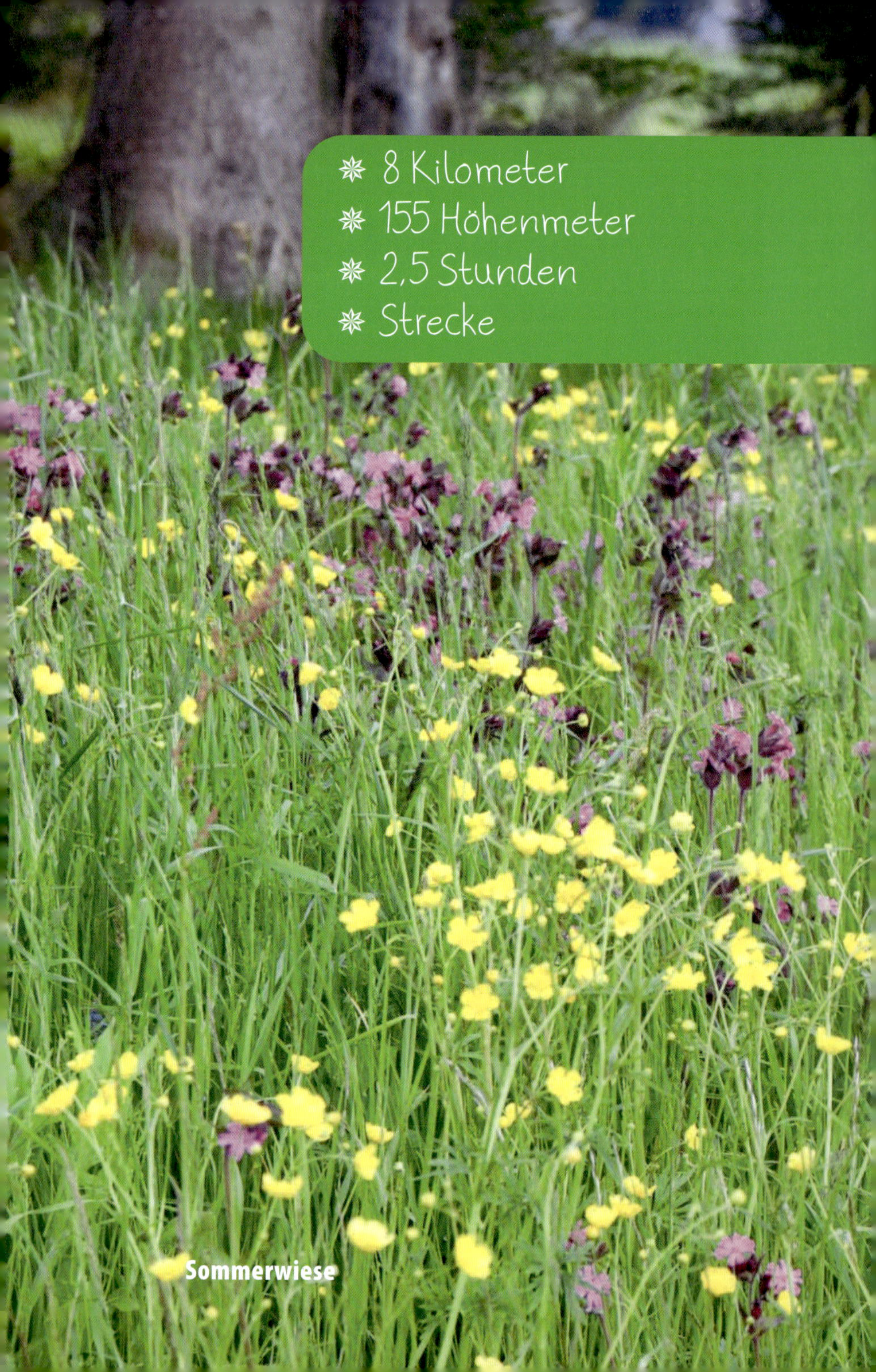

- 8 Kilometer
- 155 Höhenmeter
- 2,5 Stunden
- Strecke

Sommerwiese

Ziegen und Zacken

Über Buckelwiesen nach Mittenwald

Eine wunderbare Tour mit garantiert vielen Ahs und Ohs unterwegs, die wenig Kondition erfordert, aber reichlich Landschaftszauber bietet. Ziel ist das bildschöne Mittenwald, von wo aus der Bus Wanderer bequem zurück zum Ausgangspunkt bringt.

In **Krün** starten wir am Wanderparkplatz oder im Ortszentrum an der Bushaltestelle. Vom Parkplatz aus kommend halten wir uns an der Hauptstraße wieder rechts und biegen am Abzweig zur Feldstraße noch einmal rechts ab – dem Wegweiser zu den Buckelwiesen und nach Mittenwald (2 Stunden) folgend. Der Wanderweg ist meist asphaltiert und deshalb ein wunderbarer Allwetter-Weg für jede Jahreszeit. Besonders schön ist die Wanderung im April, wenn die Krokusse sprießen und die Wiesen weiß-lila sprenkeln, oder im Mai und Juni, wenn sich der Blütenzauber in anderen Farbtönen fortsetzt. Dann konkurriert die verschwenderische Blütenpracht mit der Gipfelparade. Im Hochsommer, während der „Wiesmahd", kitzelt der Duft von frisch gemähtem Heu die Nasen. Im Herbst, wenn die Sonne tief steht, wirft jeder Buckel seinen Schatten. Aber auch im Winter, wenn die Buckel sich unter der Schneedecke ducken, ist dies eine schöne Runde.

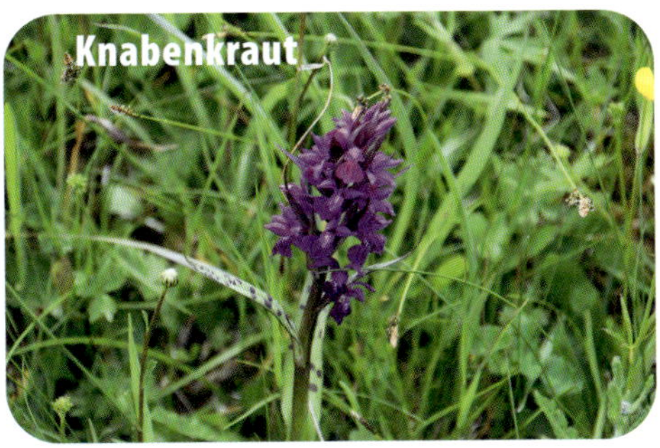
Knabenkraut

Auszeittour 1

Direkt an der ***Kapelle Maria Rast,*** *erst 1998 geweiht, führt der Jakobsweg vorbei. Sie ist ein Ort der Ruhe und Einkehr an einem herrlichen Aussichtsplatz.*

Das Gebirgspanorama mit dem Karwendel im Südosten, dem Wettersteingebirge mit Alpspitze und Zugspitze im Südwesten und dem Estergebirge im Norden mit Wank und Krottenkopf ist zu jeder Jahreszeit grandios.

Schon während wir den Ortsrand von Krün passieren, lässt sich der Karwendel blicken, dessen Gipfel bis in den Frühsommer oft noch weiße Zipfelmützen tragen. Wir laufen durch eine Fußgängerunterführung, dann durch einen schattigen Buchenwald – immer leicht bergauf. Der Weg ist auch ein Kreuzweg, dessen Stationen zur **Kapelle Maria Rast** (1) führen. Sie ist der erste Hingucker, wenn wir aus dem Wald auftauchen.

Vielleicht können wir ja ein Plätzchen auf einer der Bänke vor der Kapelle ergattern, um den kleinen Kraftort inmitten der traumhaften Landschaft mit Blick auf Barmsee und Estergebirge ausgiebig zu genießen.

Buckelwiesen mit Karwendelblick

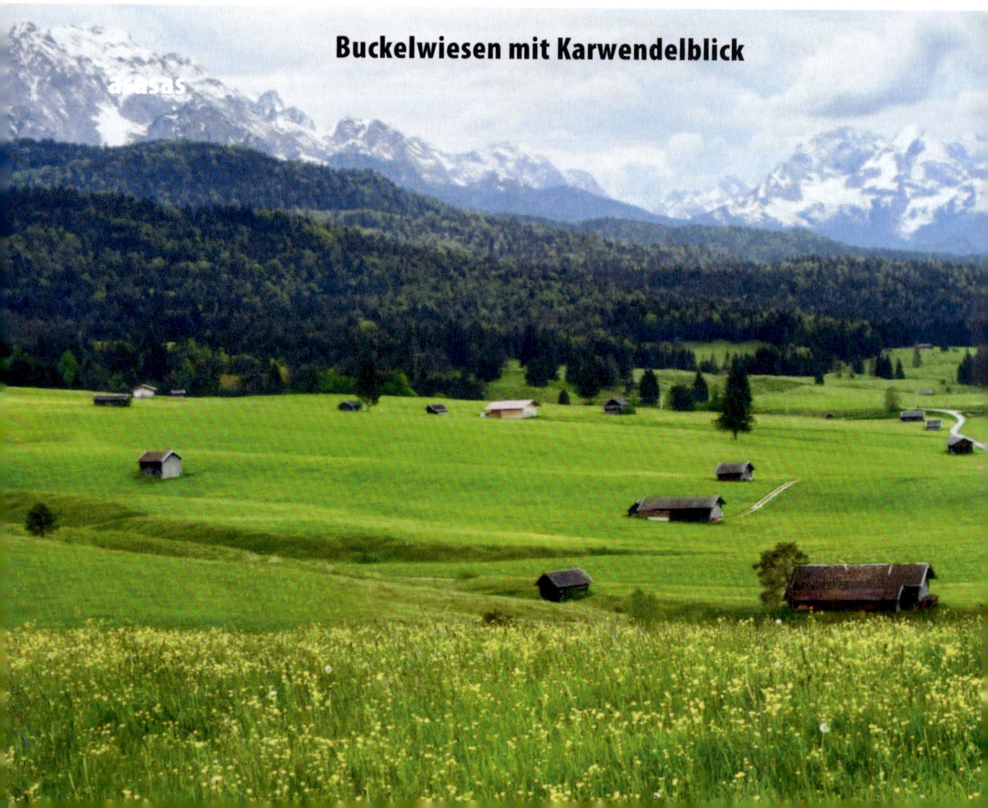

Für die Seele

Blütenpracht trifft auf grandiose Bergblicke. Und die Köstlichkeiten von der Ziege unterwegs schmecken zum Niederknien.

Ab hier führt der breite Wanderweg in Richtung Mittenwald immer geradeaus durch das Landschaftskunstwerk der Buckelwiesen.

Faszinierend sind die unzähligen von **Blütenteppichen überwucherten Buckel,** die heute als schützenswerte Naturattraktion der Region gelten. Auf den trockenen Buckeln finden sich arten- und blütenreiche Magerrasen, in den moorigen Mulden dagegen feuchtigkeitsliebende Arten. In den letzten 100 Jahren wurden

*Die **Buckelwiesen** sind ein Relikt der letzten Eiszeit. Der Wechsel von Gefrieren und Auftauen schuf die charakteristischen Bodenwellen, die besonders artenreich sind. Zwischen Krün und Mittenwald blieben mehr Buckelwiesen als anderswo im Alpenraum erhalten.*

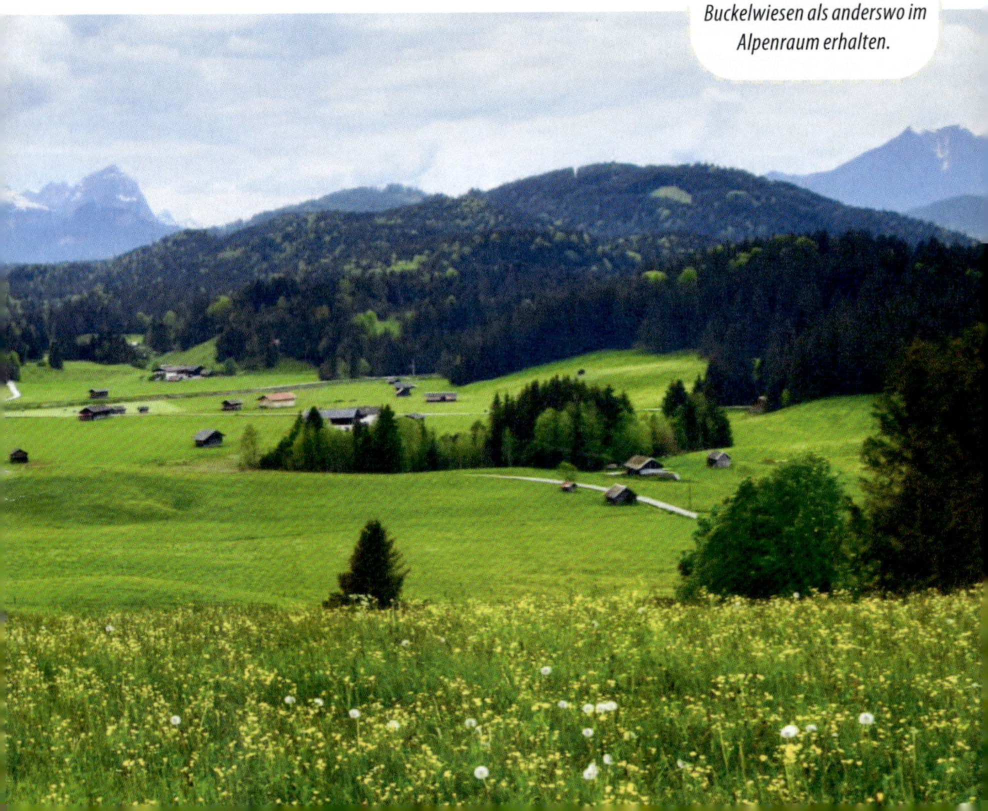

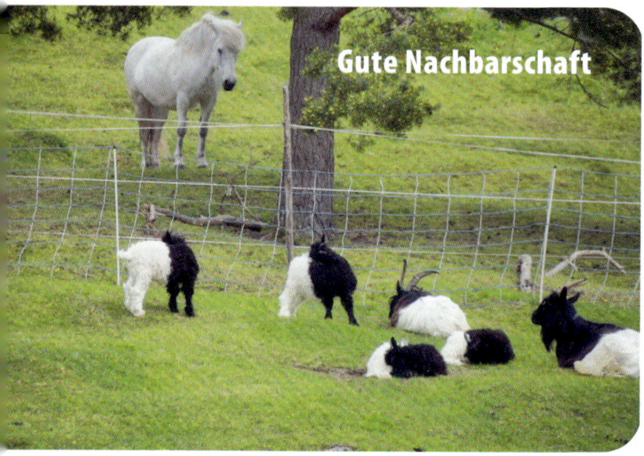

Gute Nachbarschaft

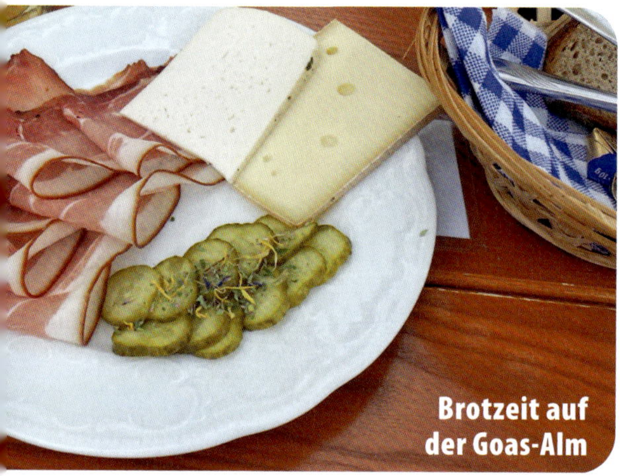

Brotzeit auf der Goas-Alm

zahlreiche Buckelwiesen im Alpenraum eingeebnet. Verständlich aus Sicht der Bauern, denn so konnten sie die Flächen leichter bewirtschaften. Rund um Mittenwald finden sich die größten Restbestände im Alpenraum. Damit diese einzigartige Landschaft erhalten bleibt, greifen die Bauern hier wie in alten Zeiten zur Sense und verzichten auf Düngemittel. Schaf- und Ziegenherden übernehmen das Beweiden der Buckel.

Wenn wir den Blick in die Ferne richten, können wir unterschiedliche Landschaftszonen hintereinander ausmachen: Hinter den Buckelwiesen liegt eine weite, eingeebnete Wiesenlandschaft mit zahlreichen Heustadeln, gefolgt von Bergwald und schließlich den Kalkspitzen von Karwendel und Wetterstein. Die Szenerie wird zusehends dramatischer, je weiter wir uns dem Karwendel nähern. Beim Blick zurück sehen wir den Krottenkopf, der sich markant in den Himmel reckt.

Mittenwalder Buckelwiesen sind Lebensraum für viele ***Pflanzen.*** *Stängelloser Enzian, Echte Schlüsselblume und Wundklee lassen sich im Frühjahr blicken. Später im Jahr folgen unter anderem Zottiger Klappertopf, Wiesen-Salbei, Heil-Ziest oder Wiesen-Flockenblume.*

Wenn wir Ziegen in allen Tönen von creme-beige bis dunkelbraun erspähen, ist die Einkehr auf der **Goas-Alm** ❷ nicht mehr weit. Nach ziemlich genau 1 Stunde haben wir das gemütliche Bauernhaus mit seinem Biergarten erreicht. Der Name Goas-Alm ist Programm: Auf dem Bauernhof leben rund 40 Ziegen, die auf den Bergwiesen nebenan grasen. Aus ihrer Milch machen die Bauern vor Ort Käse und mehr. Wunderbar schmeckt die Brotzeit mit Ziegenkäse im Biergarten. Und wie wär's danach mit einem Bauernhofeis? Aus Ziegenmilch natürlich. Köstlich! Hier könnten wir ewig verweilen.

Gestärkt geht es nach der Einkehr immer weiter geradeaus. Wir ignorieren den Wegweiser nach Mittenwald zur Linken. Erst, wenn der **Schmalensee** ③ uns in Moosgrün entgegenglitzert, halten wir uns links. Idyllisch liegt er zwischen Wiesen und Wäldchen.

Wo der Wanderweg auf die Straße nach Mittenwald stößt, halten wir uns links und laufen ein Stück auf dem Fußweg, der oberhalb der Straße verläuft. Wenn wir einen Weg auf der gegenüberliegenden Straßenseite ausmachen, überqueren wir die Straße. Ein Abstecher führt von hier zum Bergasthof Gröbl-Alm. Eine schöne Einkehr für alle, die sich unterwegs

Schmalensee mit Bergkulisse

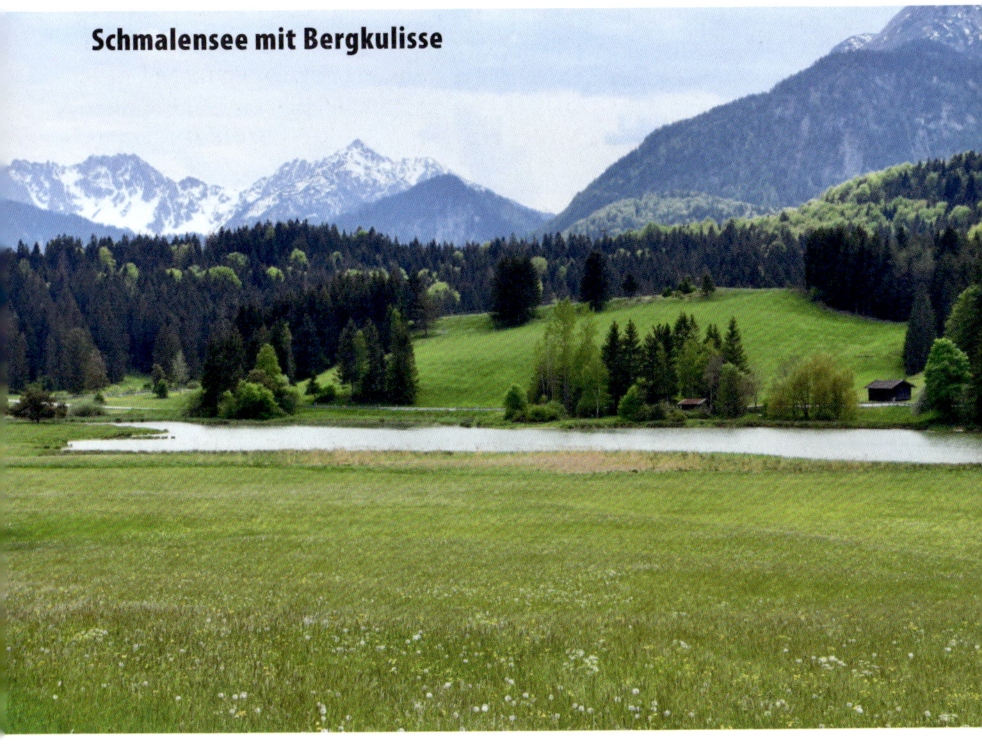

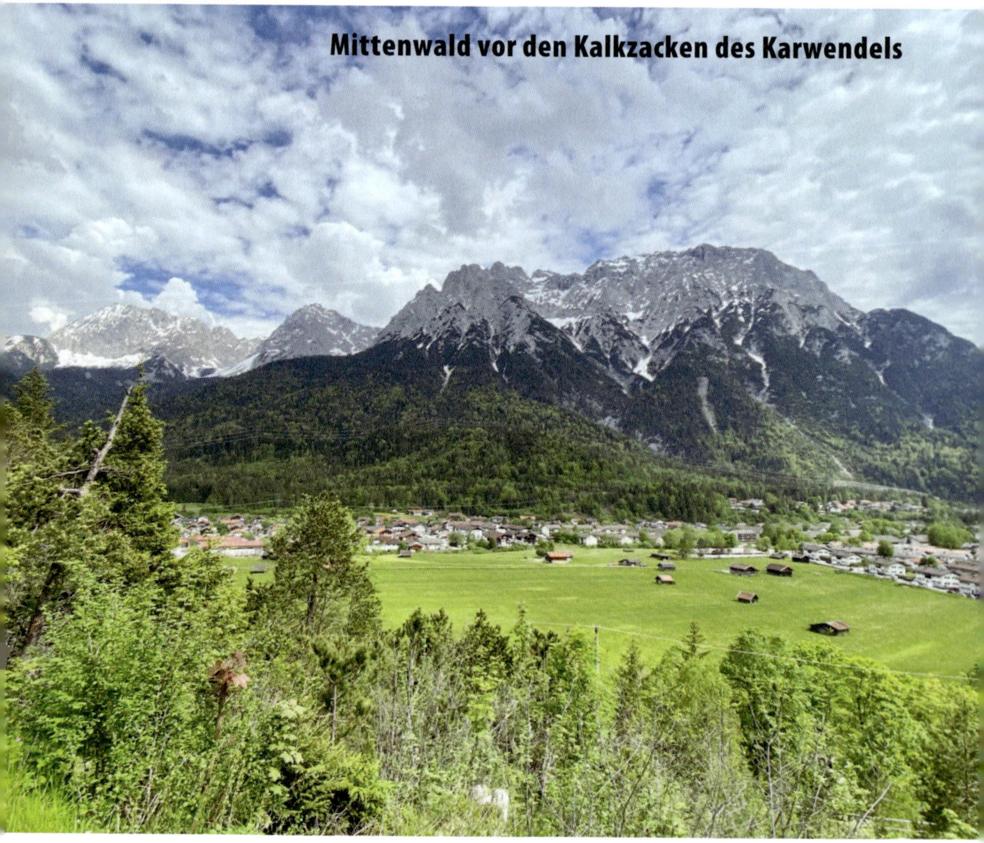

noch nicht gestärkt haben. Ansonsten biegen wir links in einen Waldweg **(„Sonnleiten")** ein. Der Wegweiser verrät: „Mittenwald, 20 Minuten". Während wir gemütlich durch den schattigen Wald spazieren, schiebt sich der Karwendel immer dramatischer ins Bild. Zwischen den Kalkspitzen verläuft einer der anspruchsvollsten Klettersteige der Bayerischen Alpen – der Mittenwalder Höhenweg.

Kurz vor der Ankunft in Mittenwald lockt eine **Bank mit Blick 4** auf den kleinen Urlaubsort vor der Bergkulisse. Wir lassen uns für ein paar Minuten nieder und genießen das Panorama. Ein Wegweiser führt uns dann links hinunter zur Straße. Am Ende des Wegs können wir schon das Schild „Markt Mittenwald“ ausmachen. Quer durch den Ort geht es zum Bahnhof.

Bunt und verspielt zeigen sich viele Mittenwalder Häuser in der Fußgängerzone **Obermarkt** 5. Die sogenannten Lüftlmalereien erzählen Bibelgeschichten oder berichten von historischen Ereignissen. So geht es immer wieder um Mittenwalds „Goldene Zeit“. Sie währte von 1487 bis 1679, als der kleine Ort Umschlagplatz für Waren aus aller Welt war. Die mächtigen venezianischen Kaufleute hatten den Markt

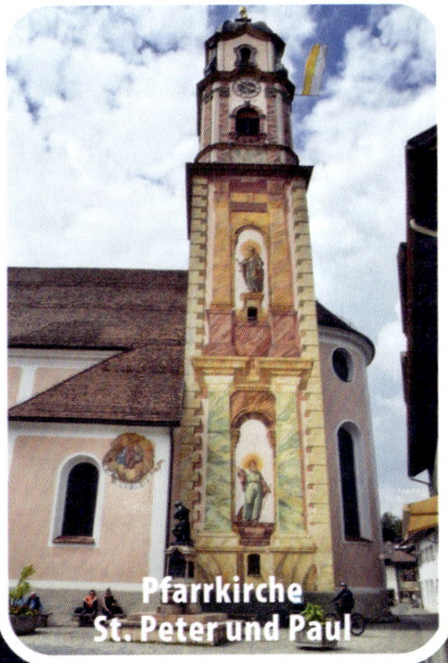

Pfarrkirche St. Peter und Paul

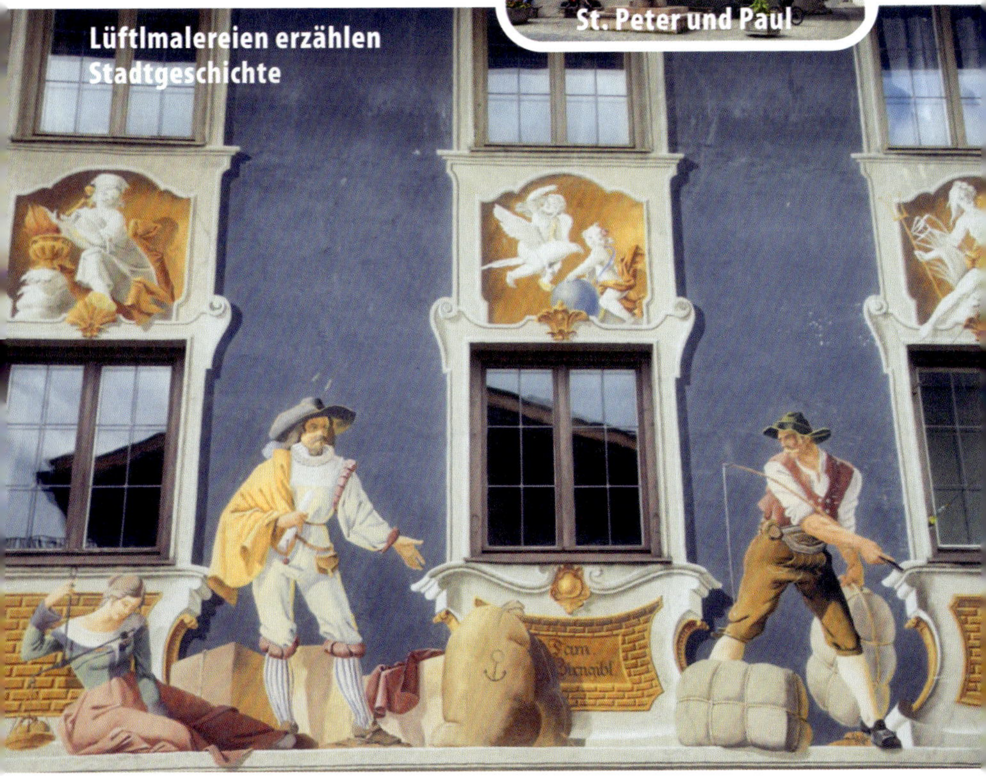

Lüftlmalereien erzählen Stadtgeschichte

Auszeittour 1

Mittenwald ist seit 1684 Zentrum des ***Geigenbaus.*** *Immer noch ist ein rundes Dutzend Geigenbaumeister dort tätig. Über die Geschichte des Handwerks informiert das Geigenbaumuseum, wo man in der Schauwerkstatt einem Geigenbauer zuschauen kann.*

von Bozen kurzerhand nach Mittenwald verlegt und machten den Ort für 200 Jahre zur Boomtown. Auch sein Wahrzeichen, die **Pfarrkiche St. Peter und Paul 6**, ist ein bunt bemalter Hingucker und lohnt auch von innen einen Blick.

Über den Dächern von Mittenwald erheben sich mächtig die Spitzen der Berge. Wir lassen uns viel Zeit, um die Atmosphäre des Ortes aufzusaugen, im Café eine Erfrischung zu genießen oder der Geschichte der Mittenwalder **Geigenbauer** im **Museum 7** auf die Spur zu kommen.

Der Weg zum Bahnhof ist ausgeschildert. Dort fährt stündlich ein Bus, der uns in etwa 10 Minuten zurück zum Ausgangspunkt bringt

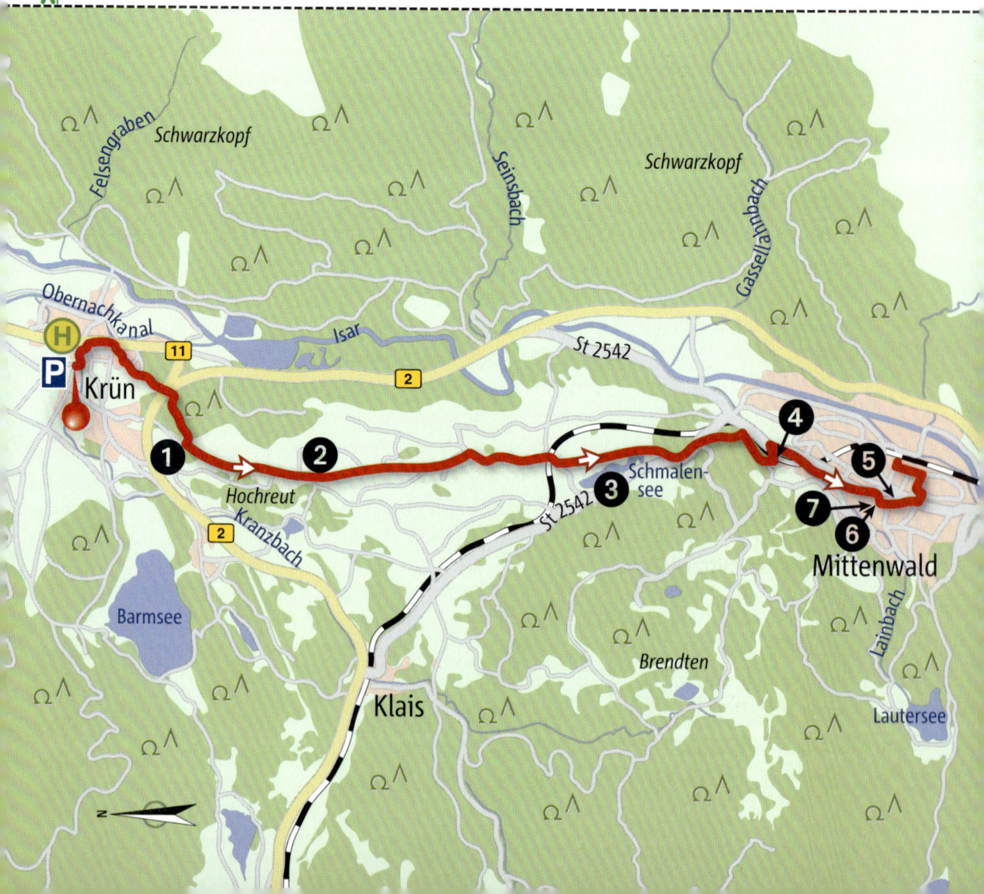

Entspannung ★★★★☆

Genuss ★★★★☆

Romantik ★★★☆☆

WIE & WANN:
Leichte Streckenwanderung auf meist asphaltierten Wegen, deshalb ganzjährig begehbar.

HIN & WEG:
PKW: Wanderparkplatz an der Krottenkopfstraße in Krün (gebührenpflichtig) (GPS: 47.506612, 11.275560)
ÖPNV: Bushaltestelle Bärnbichl oder Ortsmitte Krün, Wander- und Gästebus der Alpenwelt Karwendel, Oberbayernbus Linie 9618 oder 9608.
Zurück zum Ausgangspunkt nach Krün bringt der Gäste- und Wanderbus der Alpenwelt Karwendel die Wanderer, für Gäste von Mittenwald, Krün oder Wallgau mit Gästekarte kostenlos.

ESSEN & ENTSPANNEN:
Goas-Alm ❷ Tel. (0 88 23) 92 61 94, goas-alm.de

Abseits der Route empfehlenswert:
Alpengasthof Gröbl-Alm, Tel. (0 88 23) 91 10, www.groeblalm.de
Zahlreiche Lokale in Mittenwald und Krün

ENTDECKEN & ERLEBEN:
Kapelle Maria Rast ❶
Schmalensee ❸
Bank mit Blick auf Mittenwald ❹
Altstadt von Mittenwald, Obermarkt ❺
Pfarrkiche St. Peter und Paul ❻
Geigenbaumuseum Mittenwald ❼ Ballenhausgasse 3, 82481 Mittenwald, www.geigenbaumuseum-mittenwald.de

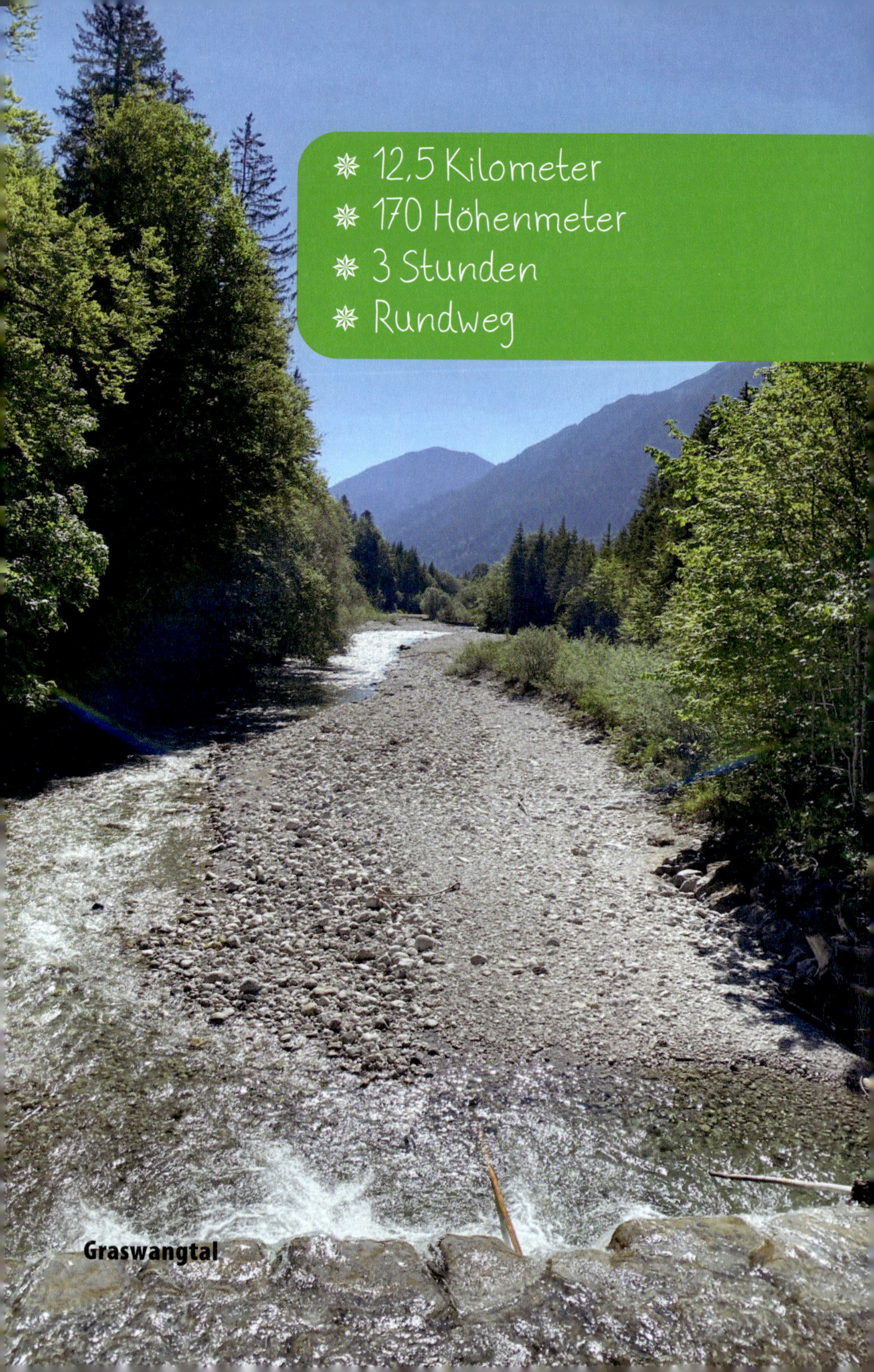

Graswangtal

Einfach königlich!

Durchs Graswangtal nach Linderhof

Im Mittelpunkt der attraktiven Runde steht ein wahrhaftiges Märchenschloss, und das einzige Bauprojekt Ludwigs II., das vollendet wurde. **Schloss Linderhof** liegt eingebettet in einen wunderschönen Park – ein echter Seelenplatz, den wir ausgiebig erkunden wollen. Der Hinweg führt auf dem bequemen Graswangtalweg zum Schloss, zurück nach Graswang geht es auf dem herrlichen Sonnenweg, der sich zwischen Berg und Wald erstreckt. Da Linderhof zu den Top-Attraktionen der Region gehört, sollten wir entweder morgens vor den Reisebussen eintreffen oder am späten Nachmittag, wenn die meisten Besucher längst wieder auf dem Heimweg sind. Dann können wir uns in die Zeit des Märchenkönigs zurückträumen und genussvoll auf Ludwigs Spuren durch den Park flanieren.

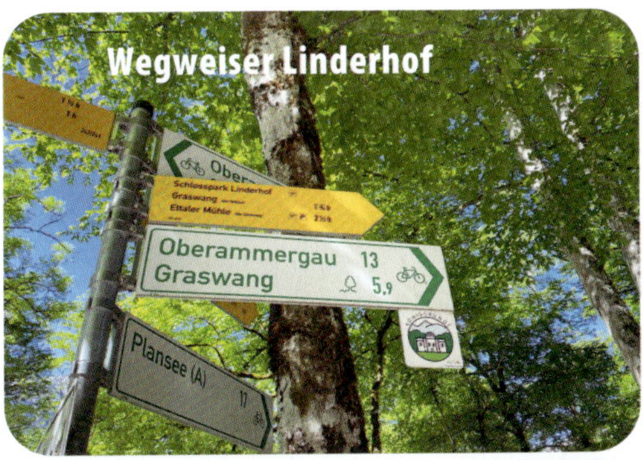

Wegweiser Linderhof

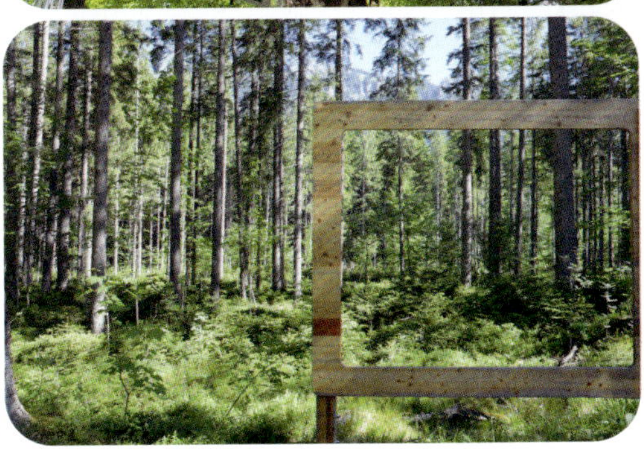

Den kleinen Bauernort **Graswang ①**, den Ausgangspunkt unserer Wanderung, schmücken Häuser mit kunstvollen Giebeln. Wir werden ihn auf dem Rückweg noch besser kennenlernen. Am **Wanderparkplatz im Schattenwaldweg** oder an der Bushaltestelle ist der Wanderweg **(„Linderhof über Elmaubach,**

1 ¾ Stunden") bereits ausgeschildert. Wir folgen dem Weg, der für Autos gesperrt ist – ein breiter Wanderweg durch eine Weidelandschaft. Kühe und Schafe grasen am Wegesrand. Doch bald schon geht es weiter durch den Wald.

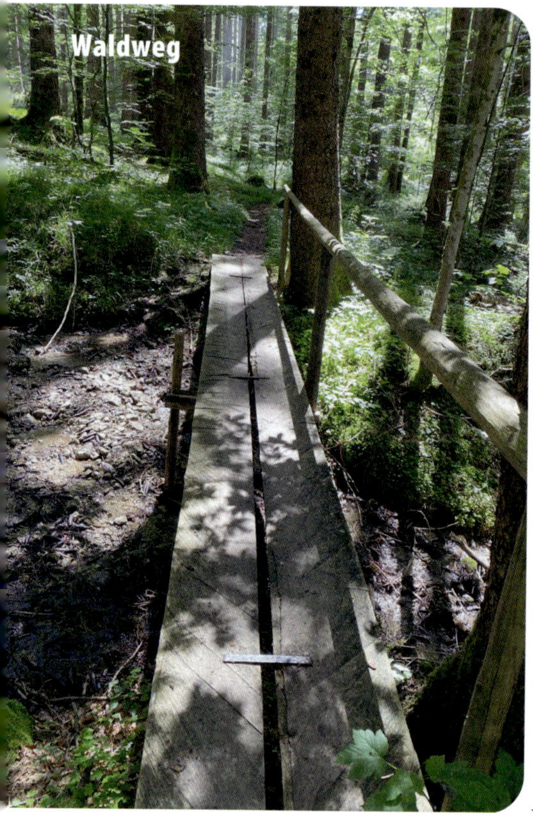

Wo sich der Weg gabelt, gehen wir geradeaus und stoßen bald auf den nächsten Wegweiser. Nun haben wir die Wahl zwischen zwei Wegen. Der Wanderweg führt zur Linken zum Elmaubach, den man ohne Brücke überqueren muss. Ein kleines Abenteuer, aber nach heftigen Regenfällen ganz sicher keine gute Idee, denn nasse Füße sind dann nicht zu vermeiden. Auch im Frühjahr, wenn der Bach Schmelzwasser führt, ist der Weg nicht empfehlenswert. Weil wir heute Linderhof trockenen Fußes erreichen möchten, halten wir uns deshalb rechts und folgen dem Fahrradweg. Er verläuft ein Stück entlang der Straße, taucht aber bald wieder in den Wald ein.

Auf einer Brücke überqueren wir den **Elmaubach** und am nächsten Abzweig folgen wir dem Hinweis **„Linderhof, 1 Stunde".** Wo der Wander-/Radweg endet, überqueren wir die Straße und folgen dem Weg schräg gegenüber. Jetzt liegt das Königsschloss nur noch rund 15 Minuten entfernt. Wir überqueren die Brücke über die Linder, der Schloss Linderhof seinen Namen verdankt. Normalerweise kein reißender Fluss. Im Sommer windet er sich meist gemütlich durchs Kiesbett. Dann stehen wir auch schon am **Eingang zum Schlosspark,** den wir ohne Eintrittsgeld jederzeit besuchen können.

Nun haben wir mehrere Optionen für den Besuch.

Für die Seele

Wir genießen königliches Ambiente im traumhaften Schlosspark und spazieren auf dem aussichtsreichen Sonnenweg zurück nach Graswang.

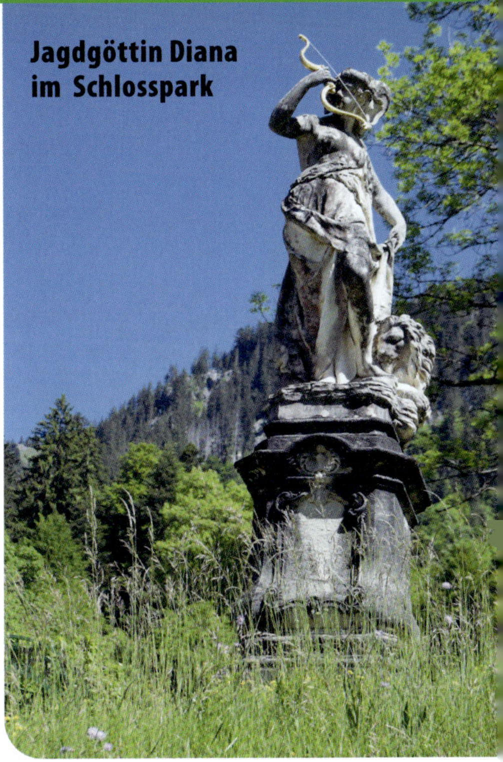

Jagdgöttin Diana im Schlosspark

Wollen wir zuerst den Schlosspark erkunden oder das Schloss von innen anschauen? Auch unser Rückweg („Graswang über Kohlwang") ist hier übrigens schon ausgeschildert. Wer hungrig ist und keine Brotzeit dabeihat, bekommt am Kiosk neben dem Kassenhaus Snacks und Erfrischungen.

Märchenkönig Ludwig II. (1845–1886) von Bayern schuf prächtige Schlossbauten wie Neuschwanstein im Allgäu und Herrenchiemsee im Chiemgau. Nur das kleine Linderhof wurde vollendet – wenn auch erst kurz nach dem rätselhaften Tod des Königs, der unter nie geklärten Umständen im Starnberger See ertrank. Für viele ist Linderhof das schönste der Königsschlösser, das wohnlichste ist es allemal. Ludwig II., für den das Schlösserbauen Leidenschaft war, verbrachte hier deutlich mehr Zeit als in den anderen Königsschlössern Neuschwanstein oder Herrenchiemsee.

Schloss Linderhof ❷ ist auch eher eine königliche Villa im Stil des Rokokos als eine Residenz und von überschaubarer Größe. Wenn wir eine Innenbesichtigung eingeplant haben, besorgen wir ein Ticket inklusive Buchung für eine zeitlich festgelegte Tour. Die

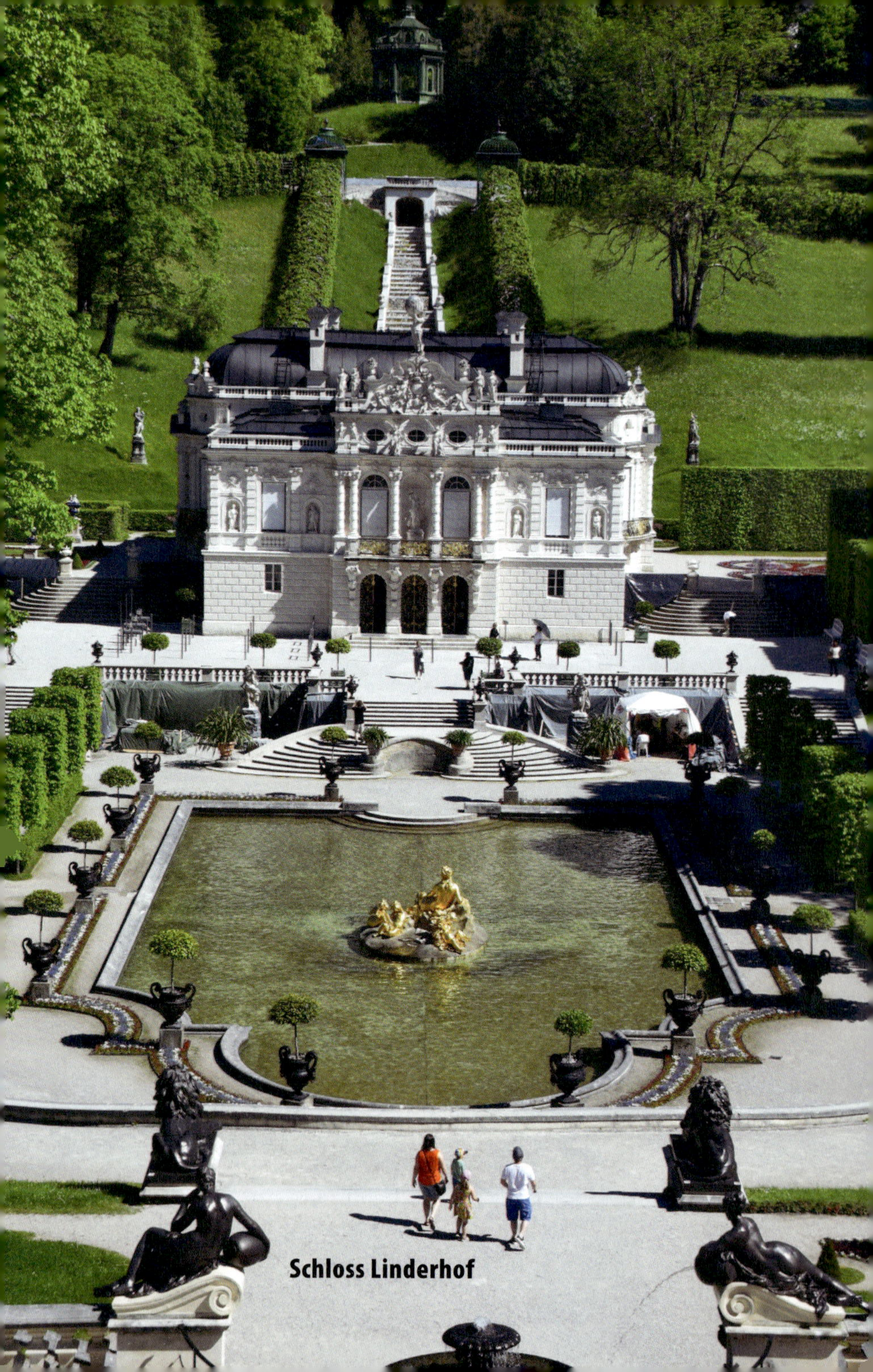

Schloss Linderhof

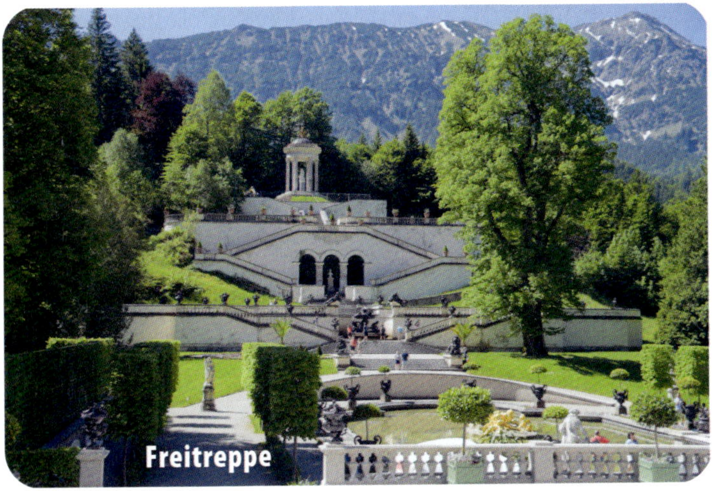

Freitreppe

Besichtigung ist nämlich nur mit Führung, die circa 25 Minuten dauert, möglich. Eine Augenweide ist das schneeweiße Schloss Linderhof auf jeden Fall. Wenn wir noch Zeit vor der Führung haben, umrunden wir es, ersteigen die Freitreppe für den besten Fotoblick auf Linderhof mitsamt Springbrunnen und Blumenrabatten und bewundern die Kaskaden auf der Rückseite des Schlosses.

Wenn wir am Morgen oder am frühen Abend im **Schlosspark** unterwegs sind, müssen wir ihn mit deutlich weniger Besuchern teilen als zu Stoßzeiten. Dann können wir uns selbst ein bisschen königlich fühlen und ganz entspannt durch die Anlage schlendern.

Wir begegnen dem Wagner-Fan Ludwig: Die **Hundinghütte** ③ ist ein Bühnenbild aus dem ersten Akt der „Walküre". Die **Einsiedelei des Gurnemanz** ④ erinnert an den dritten Akt des „Parsifal", die **Venusgrotte** ⑤ (bis 2024 voraussichtlich wegen Restaurierungsarbeiten geschlossen) an den ersten Akt von „Tannhäuser". Sie war das Meisterstück des Königs – hier konnte er seine Technikaffinität ausleben. Die künstliche Tropfsteinhöhle mit See und Wasserfall war farbenfroh ausgeleuchtet. Den Strom lieferten zwölf Dynamos im Maschinenhaus ganz in der Nähe, einem der ersten

*Mindestens ebenso schön wie das Schloss selbst ist der **Schlosspark** – ein Gesamtkunstwerk, in dem Ludwig kleine „Fluchtburgen" schuf, die uns mitnehmen in die Geisteswelt des Königs.*

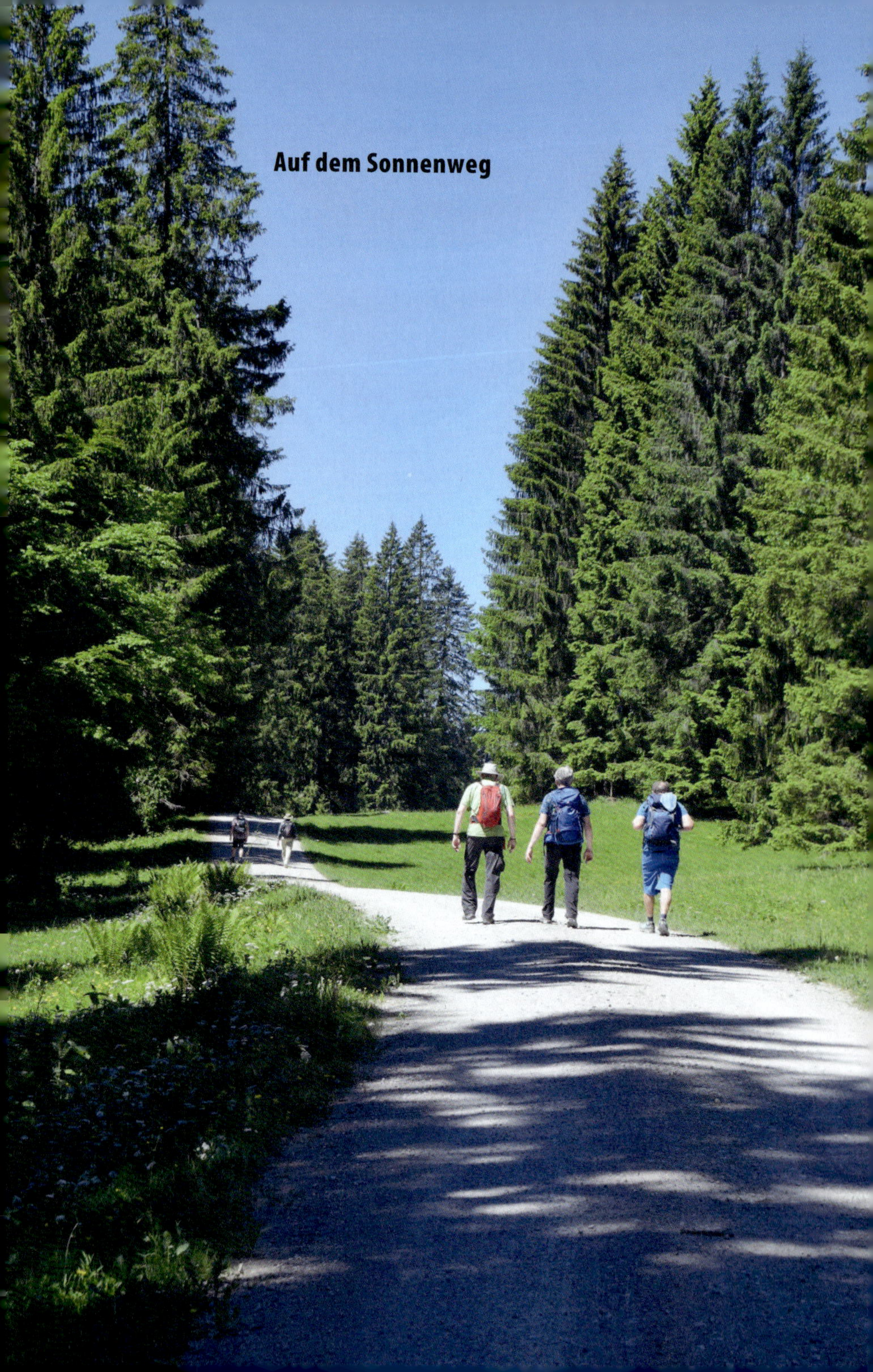

Auf dem Sonnenweg

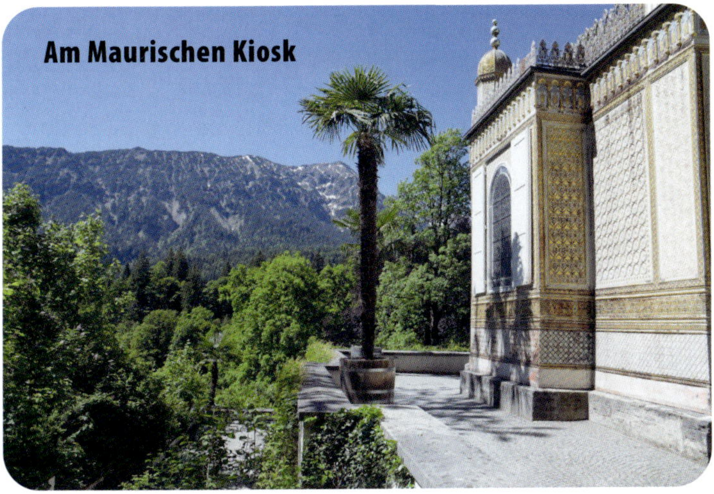

bayerischen Elektrizitätswerke. Ludwig der Träumer war also auch ein fortschrittlicher Geist.

Ganz entspannt spazieren wir über schattige Wege, vorbei an Blumenrabatten, Skulpturen und plätschernden Brunnen. Überall warten kleine Entdeckungen, die die Fantasie beflügeln. Zwischendurch laden Bänke ein, die Eindrücke in aller Ruhe nachwirken zu lassen.

Beim **Marokkanischen Haus** 6 in der Nähe des Kassenhäuschens können wir in Gedanken in den Orient reisen. Wie auch im **Maurischen Kiosk** 7 mit Marmorbrunnen und Pfauenthron, wo Ludwig, umgeben von Wasserpfeife rauchenden Dienern, gern las und Tee trank. Er ist unsere letzte Station, bevor wir – aus königlichen Träumen erwacht – wieder in Oberbayern ankommen und es auf dem **Sonnenweg** zurück nach Graswang geht.

Die Zinnen des Pürschlings, der zum Ammergebirge gehört, ragen aus dem Bergwald. Haben wir den Einstieg zum Weg gefunden, können wir uns nicht mehr verlaufen. Es geht nach einem Stück durch einen romantischen Wald auf bequemen Wanderwegen zwischen Bergwald und steil aufragenden Felswänden immer leicht bergab.

Ein beliebtes Fotomotiv sind die ***Wasserspiele*** *vor dem Schloss. Die Fontäne sprudelt zwischen Mitte April und Mitte Oktober tagsüber zu jeder halben Stunde.*

Auszeittour 2

Der Name des Sonnenwegs ist Programm: Neben Passagen durch den Wald sind wir oft auf sonnigen Lichtungen unterwegs. Die Blicke auf die aufragenden Felsgipfel sind herrlich, Blümchen tupfen im Frühjahr und Sommer die Wiesen. Der kleine **Kohlbach** begleitet uns mit seinem Rauschen. Während er munter neben uns her plätschert, lädt er geradezu ein, sich ans Ufer zu hocken und die wandermüden Füße zu erfrischen. Kostbare Momente im Hier und Jetzt.

Wenn wir uns Graswang nähern, passieren wir ein Sägewerk. Dann kommen die ersten Häuser von Graswang in Sicht und ein Schild weist den Weg zum Wanderparkplatz. Darf es zum Abschluss noch eine nette Einkehr sein? Dann lockt der Gasthof **Gröbl-Alm** 8 auf einer Anhöhe im Ort mit bayerischer Küche.

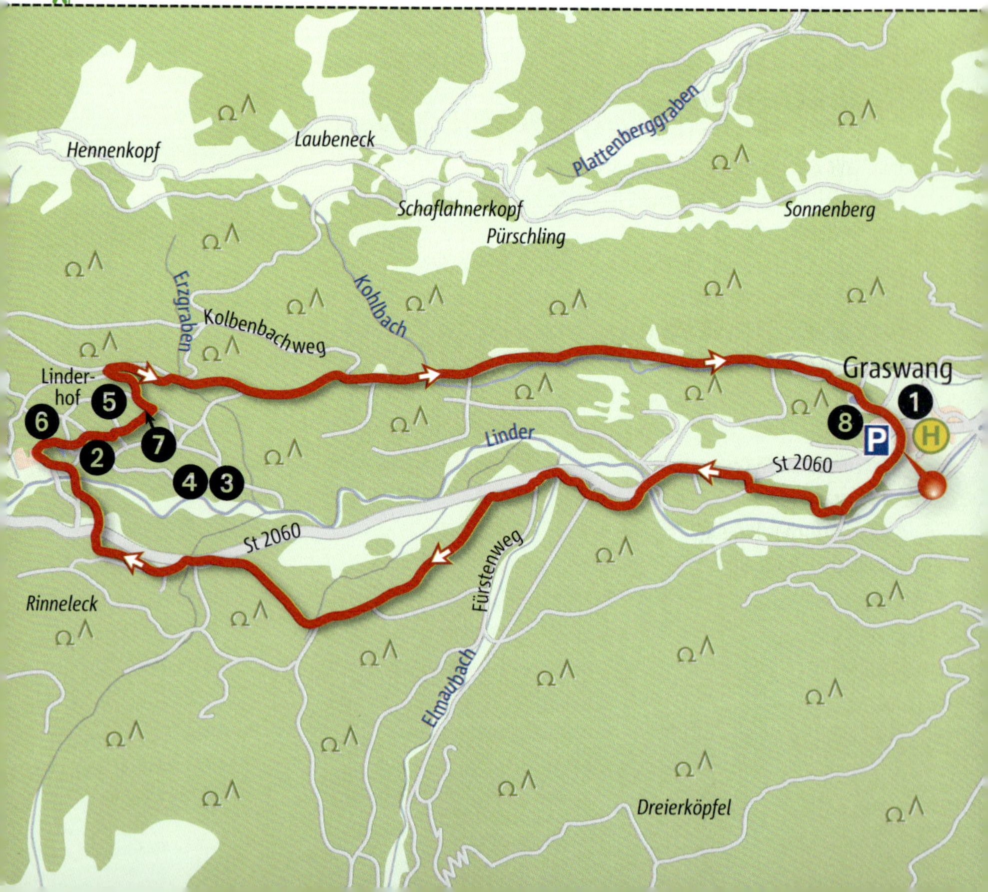

Alles auf einen Blick

Entspannung ✱✱✱✱✱

Genuss ✱✱✱✱✱

Romantik ✱✱✱✱✱

WIE & WANN:

Einfache Rundwanderung ohne große Höhenunterschiede. Meist ist man auf bequemen Wanderwegen unterwegs. Eine schöne Tour zwischen Frühjahr und Herbst, aber auch an vielen Wintertagen machbar. Im Winterhalbjahr haben allerdings die Königsbauten im Park geschlossen. Wer frühzeitig oder am Spätnachmittag unterwegs ist, kann den Schlosspark ohne Besucherrummel genießen.

HIN & WEG:

PKW: Wanderparkplatz in 82488 Graswang, Schattenwaldweg 8 (gebührenpflichtig) (GPS: 47.570196, 11.021716)

ÖPNV: Bahnhof Oberammergau, von dort mit Buslinie 9622 in rund 20 Minuten zum Schloss Linderhof bzw. nach Graswang

ESSEN & ENTSPANNEN:

Gröbl-Alm ❽ Am Raut 1, 82488 Graswang, Tel. (0 88 22) 64 34, www.groebl-alm.de

ENTDECKEN & ERLEBEN:

Graswang ❶
Schloss Linderhof ❷
Hundinghütte ❸
Einsiedelei des Gurnemanz ❹
Venusgrotte ❺
Marokkanisches Haus ❻
Maurischer Kiosk ❼

- 10 Kilometer
- 30 Höhenmeter
- 2,5 Stunden
- Rundweg

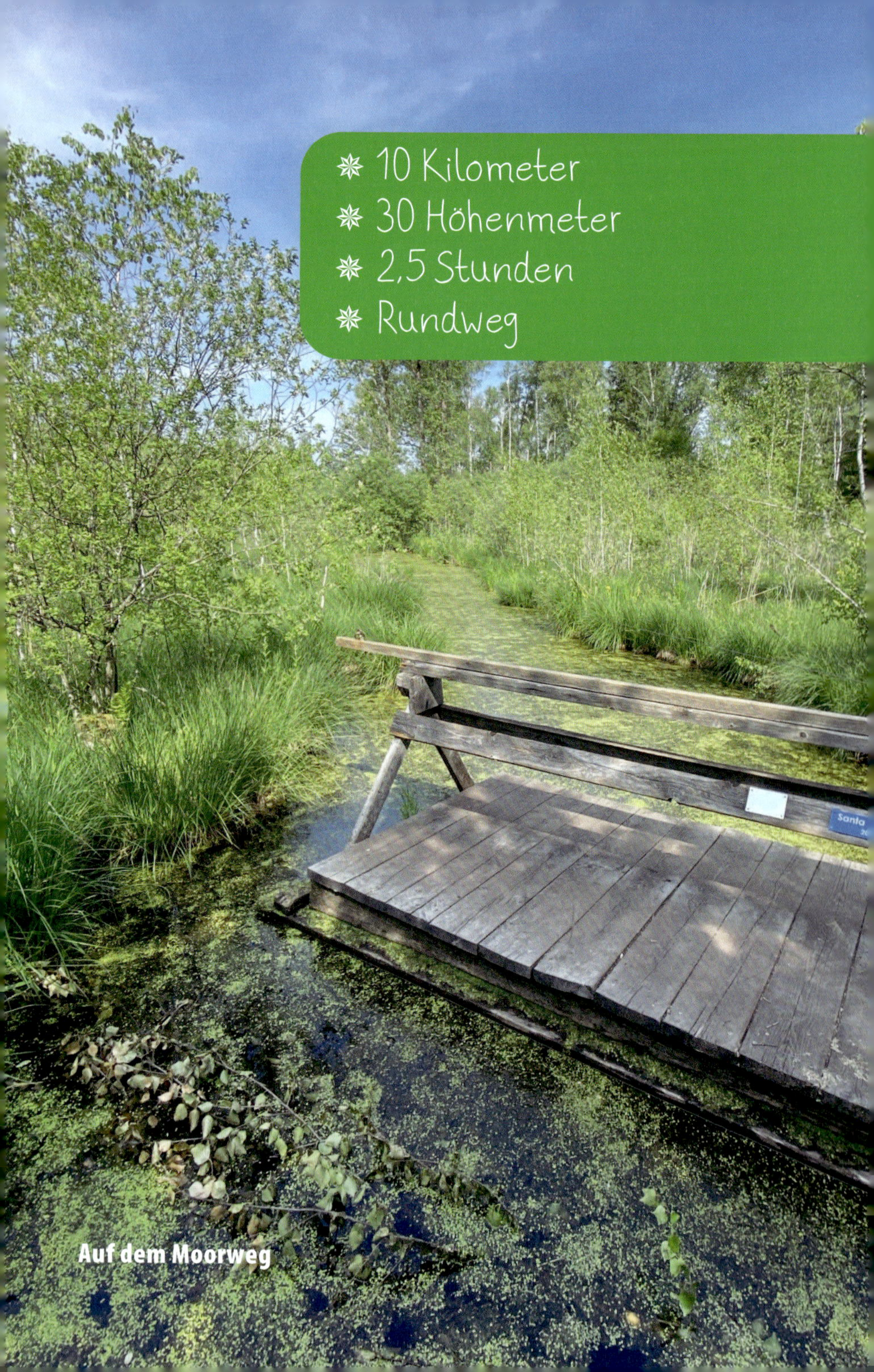

Auf dem Moorweg

Für alle Sinne

Rund ums Kloster Benediktbeuern

Rund ums mächtige **Kloster Benediktbeuern** zieht sich ein spannender Wanderweg – an der Loisach entlang, dann auf Bohlen durchs Moor und auf Erlebnispfaden für alle Sinne zurück zum Ausgangspunkt. Dort warten gleich zwei Klostergärten und ein wunderbares Café unter schattigen Bäumen.

Besonders schön ist die Wanderung im Frühjahr, wenn Wildkräuter sprießen. Im Herbst und an schneefreien Wintertagen kommt der melancholische Charakter der Moorlandschaft zum Tragen.

Schon in der ersten Hälfte des 8. Jahrhunderts gründeten Mönche mitten im Moor ein Kloster, dem Karl der Große eine bedeutende Reliquie schenkte: die Speiche des rechten Unterarms des heiligen Benedikt. So weihte man das Kloster dem Heiligen, für den „ora et labora" (bete und arbeite) den Tagesablauf bestimmte, und taufte es Benediktbeuern. Es wurde größer und mächtiger und wechselte mit den Baumoden auch das Aussehen. Mit der Säkularisation 1803, der Verstaatlichung des klösterlichen Besitzes in ganz Bayern, mussten aber auch die Mönche von Benediktbeuern ausziehen.

Unser Rundweg beginnt am **Parkplatz am Bahnhof** in direkter Nähe des Klosters. Mit dem Rücken zum Kloster stehend wenden wir uns nach rechts. Viele gehen den Weg andersherum, doch beginnt er dann mit den Erlebnisstationen, die wir uns als Highlight gern bis zum Ende aufheben. Ein Stück weit folgen wir dem **Spatzenpointweg,** der Teil des Jakobswegs ist, des wohl berühmtesten Pilgerwegs der Christenheit. Es geht

Zu den Schriften der ***Klosterbücherei,*** *die man nach der Säkularisierung in die Bayerische Staatsbibliothek schaffte, gehörte ein besonderer Schatz: die „Carmina Burana", die größte Sammlung weltlicher und geistlicher Lieder des Mittelalters in Europa.*

immer an der Bahn entlang – mit Panoramablick auf die Gipfel umliegender Berge wie Jochberg, Herzogstand, Heimgarten und Benediktenwand. Ein Blick, der vor allem im Frühjahr, wenn die Berge noch Schneekappen tragen, nicht nur Pilger, sondern auch uns Wanderer beflügelt.

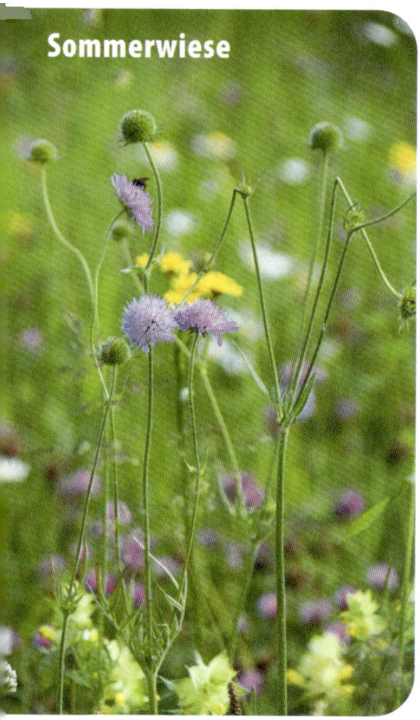
Sommerwiese

Rechts biegt der Weg zur kleinen Runde auf dem Moorweg ab, wir laufen aber weiter geradeaus. An der nächsten Kreuzung halten wir uns rechts in Richtung Kochel am See. Das bleibt auch am nächsten Abzweig unsere Richtung. Kurz bevor wir die Brücke über den **Lainbach** erreichen, nehmen wir den Abzweig nach rechts (Richtung Bichl) und laufen am Bach entlang, der bald in die Loisach mündet.

Weiter geht es auf **Wiesenpfaden** und durch luftige Auwälder an der meditativ vor sich hin gurgelnden Loisach entlang. Ein stiller Weg, auf dem es nicht schwerfällt, zur Ruhe zu kommen und Seelenballast abzuladen. Wenn wir ein Marterl erreichen, zweigt der Moosrundweg 1 a ab, der eine Abkürzung zum Kloster ist. Wir ha-

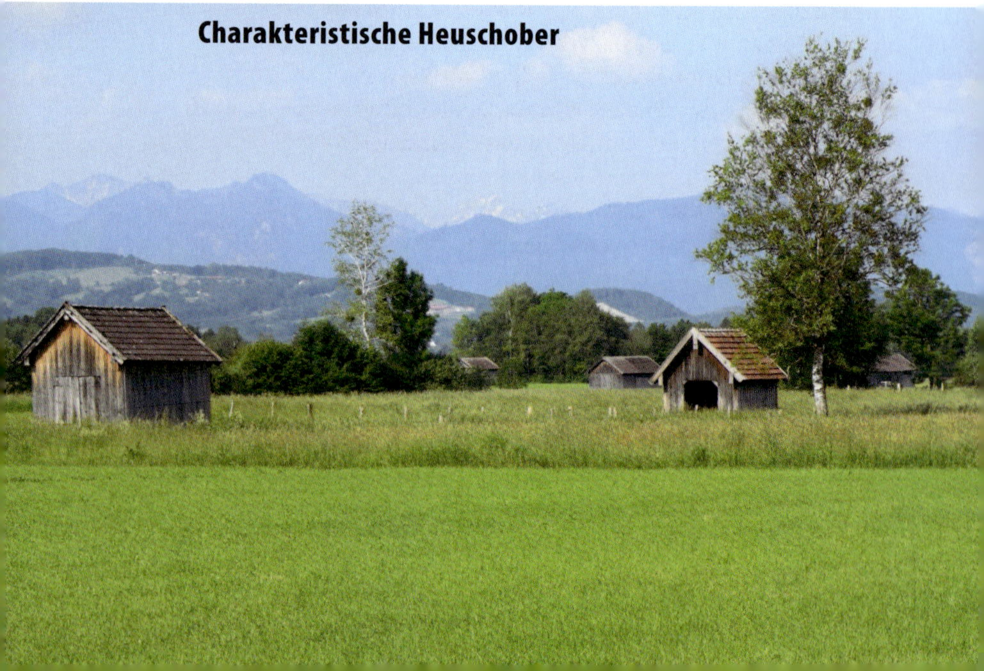
Charakteristische Heuschober

Für die Seele

Barfuß stapfen wir durchs Moor, lauschen den Vögeln und schauen den Schmetterlingen beim Flattern zu. Momente für alle Sinne.

Wiesen mit Bergblick

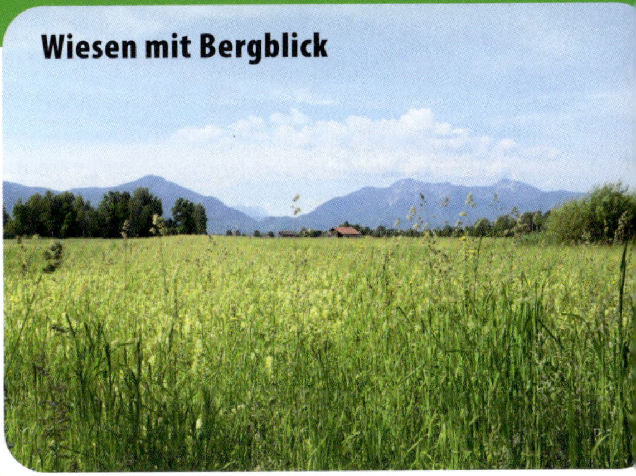

ben uns aber die lange Runde vorgenommen, die noch mit ein paar Überraschungen aufwartet, und laufen auf Feldwegen eine ganze Weile immer weiter geradeaus.

Unterwegs stechen angeknabberte oder gefällte Bäume ins Auge. Hier waren Biber am Werk, die seit geraumer Zeit in der Region wieder heimisch sind. Vor Jahren galten die Nager noch als bedroht, inzwischen sind sie ein Ärgernis: Biberdämme verhindern das Abfließen des Regenwassers und sorgen für überflutete Wiesen und Wanderwege. Sogar unterspülte Bahndämme sind die Folge. Noch hat man keine Lösung für das Dilemma gefunden. Blicken lassen sich die Übeltäter eher nicht, denn sie sind nachtaktiv.

Wenn auf der rechten Seite eine Überblickskarte auftaucht und links ein weiteres **Marterl mit Bank** ①, haben wir die letzte Etappe der Wanderung erreicht. Ab hier wird es lebhafter, denn hier beginnt der **Naturerlebnisweg** (Hinweisschild: „Kloster 3,5 km"), auf dem viele Familien unterwegs sind.

Die erste Naturattraktion erwartet uns auf der linken Seite. Wo das Hochmoor ins Niedermoor übergeht, biegt ein spannender **Hochmoorpfad** ② ab, der Kinder wie Erwachsene begeistert. Station eins der Erlebnisbiotope. Auf schmalen Stegen oder runden

*Entlang der **Allee** zum Kloster laden viele der Bäume zum munteren Baum-Quiz ein. Ganz nebenbei erfahren wir einiges über die Geheimnisse von Eberesche, dem Baum des Lebens, Hainbuche oder Feldahorn.*

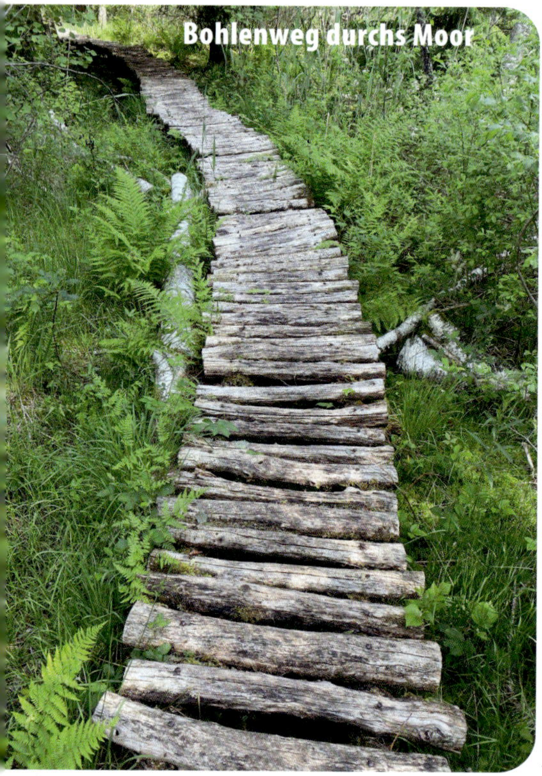

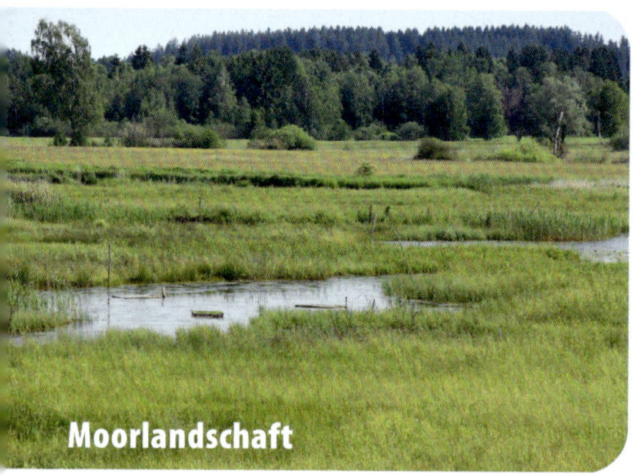

Holzstämmen bahnen wir uns zwischen Zwergbirken und grünbraunen Tümpeln den Weg durchs Moor. Es riecht würzig und unterwegs warten kleine Herausforderungen für alle, die Lust haben, ihr Balancegefühl auf Wippen und Balken zu trainieren. Eine Tarzanschaukel und ein handbetriebenes Holzfloß, mit dem Kids und Eltern über den Mini-Moorsee schippern, sorgen für eine Prise Abenteuer unterwegs.

Die kleine Moorrunde führt zurück auf den breiten Hauptweg. Doch schon nach wenigen Minuten wartet die nächste Attraktion. Vom Zaun an der **Vogelbeobachtungsstation Moosmühle** ③ können wir mit ein bisschen Glück und Ausdauer die Vogelwelt der Umgebung – darunter Reiher, Störche, Gimpel, Wacholderdrosseln und Kleinspechte – beobachten. Ein lohnendes Ziel für Birdwatcher mit Fernglas im Rucksack.

An der nächsten Kreuzung halten wir uns rechts, an der übernächsten links und noch einmal links. Dann lädt auch schon der **Klangpfad** ④ nach dem Motto „Im Ein-Klang mit der Natur" zum Besuch ein. Hier steht der Hörsinn im Fokus. Wir lauschen dem Klang von Steinen, Hölzern, Wind und Wasser, den Stimmen der Vögel und dem Rascheln der Blätter. Und wir können versuchen, allerlei Instrumenten aus

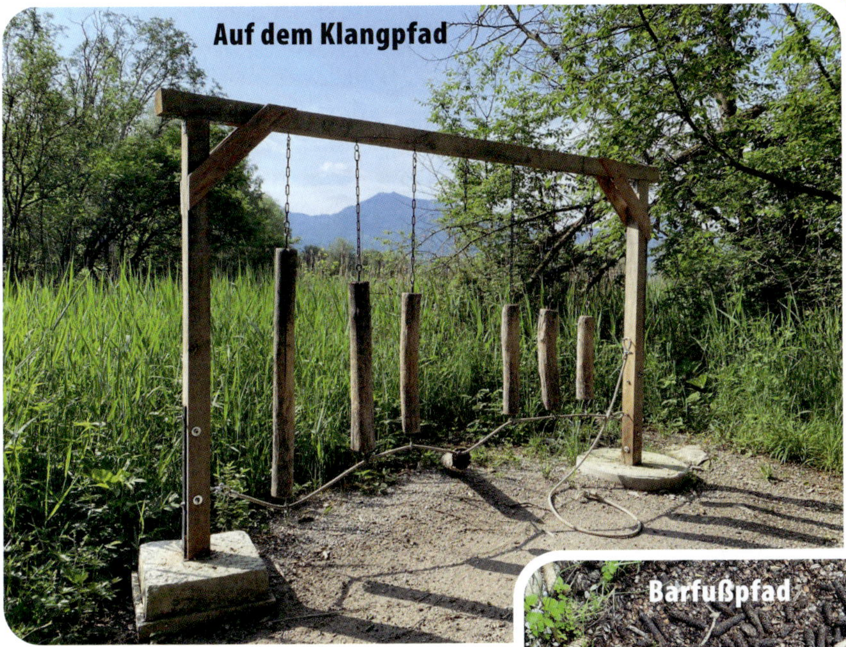

Auf dem Klangpfad

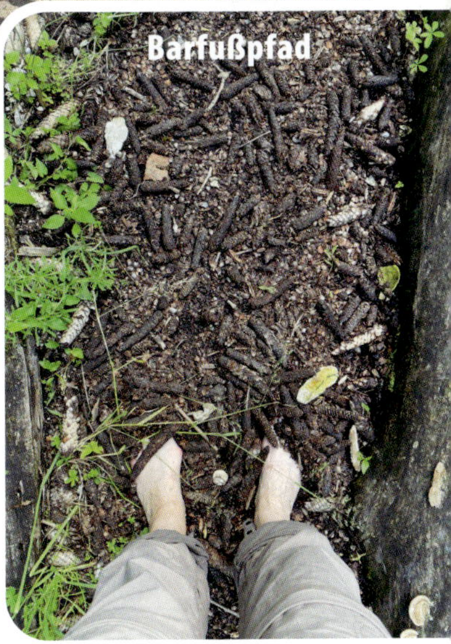

Barfußpfad

Naturmaterialien Töne zu entlocken. Vielleicht führen uns die Klänge ja auch ein wenig zum Ein-Klang mit uns selbst.

Am **Barfußpfad** ❺ ist der Tastsinn gefordert. Schuhe aus, und den Kreislauf der Natur unter den Fußsohlen spüren! In einer Acht zieht sich der Weg über Holzbohlen, Waldboden, Steine und Matsch um zwei kleine Moorseen herum. Auf der anderen Seite des Hauptwegs wartet dann schon der **Schmetterlingspfad** ❻. Rund um einen Teich wuchern Sumpfpflanzen: Sumpflilien und Sibirische Schwertlilien sorgen im Frühjahr und Sommer für Farbtupfer. Wollgrasbüschel wiegen sich im Wind. Insekten, Hochmoorbläulinge und Libellen umflattern und umsurren uns. Hier können wir uns eins mit der Natur fühlen.

Noch einmal öffnet sich der Blick. Die schroffen Felswände der Benediktenwand türmen sich vor uns

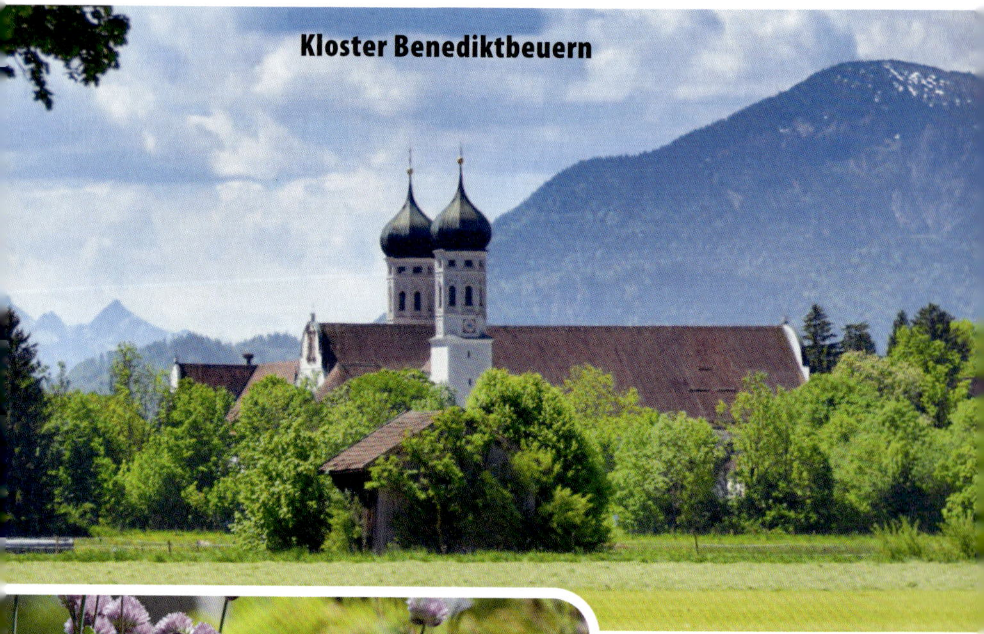

Kloster Benediktbeuern

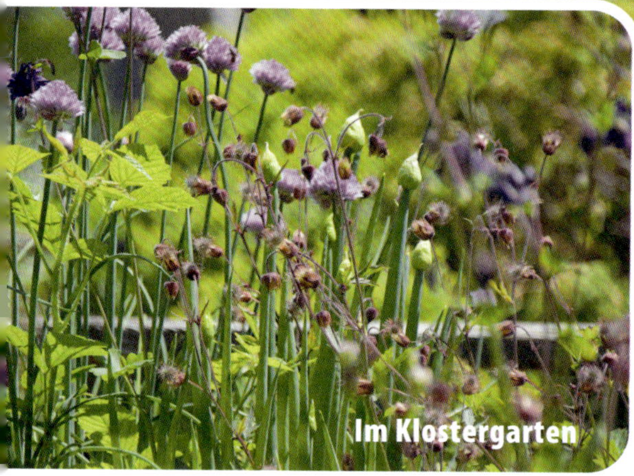

Im Klostergarten

auf. Davor liegen die Türme der Kirche von **Kloster Benediktbeuern** (7), wo unser Weg endet.

Bevor wir auf den Innenhof des Klosters zustreben, schnuppern wir uns noch durch den Kräutergarten. Minze, Mauerpfeffer, Thymian und Zimbelkraut wachsen in der Kräuterspirale um die Wette. Der Grundriss des **Meditationsgartens** (8) westlich des Maierhofs nahm das berühmte Bodenlabyrinth der Kathedrale von Chartres zum Vorbild. Der 160 Meter lange Natursteinweg führt an vier Beetkreisen (Kräuter für alle Sinne, Heilkräuter, Küchenkräuter, Symbolkräuter) vorbei zum Brunnen in der Mitte. Nach der Duftorgie suchen wir uns ein Plätzchen auf einer

Bank und lassen die Eindrücke der letzten Stunden nachwirken. Wer mehr über die Pflanzenpracht erfahren möchte, kann beim ZUK – Zentrum für Umwelt und Kultur – Führungen buchen.

Wandern macht natürlich hungrig und das **Klosterbräustüberl** (9) lockt zur Einkehr. Ein klassischer Biergarten mit bayerischen Schmankerln. Ein echter Lieblingsplatz für Kenner ist das idyllische **Gartencafé** des **Kräuter-Erlebnis-Ladens** (10) nebenan. Dort hüten Kräuterpädagogen das Wissen um einheimische Wildpflanzen und geben es weiter. Außerdem kann man viele Produkte rund um das Thema Kräuter erstehen. Bei schlechtem Wetter ist das **Kloster-Café** (11) im Kreuzgang – im Gotischen Saal, dem ehemaligen Refektorium mit historisch bedeutender Holzdecke von 1493 – eine schöne Alternative.

Wer nach der Stärkung noch Energie für eine kurze Runde hat, kann sich auf den erst im Sommer 2021 eröffneten **Meditationsweg** begeben (2,5 km). Er verläuft rund um die Klosteranlage und besteht aus zwölf Stationen mit Impulsen aus der Regel Benedikts.

Nach dem Zweiten Weltkrieg machten die Salesianer Don Boscos das ***Kloster Benediktbeuern*** *zu einem Zentrum religiöser Bildung, Wissenschaft und Erziehung für junge Menschen. Noch heute widmen sich 37 Brüder dieser Aufgabe.*

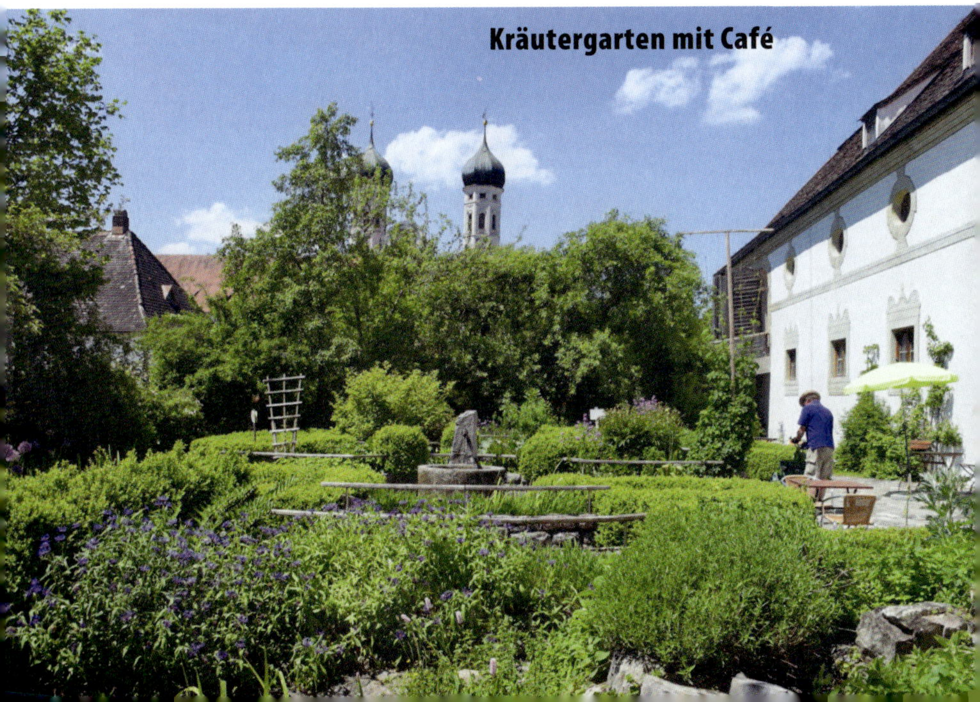

Kräutergarten mit Café

Auszeittour 3

Alle Plätze an der Sonne belegt? Eine supernette Alternative ist ***Otti's Eis- & Cafégarten,*** *10 Fußminuten entfernt. Ein verwunschener Garten, der im Sommer blüht und duftet, und selbst gebackene Kuchen aus regionalem Dinkelmehl. Was braucht es mehr zum Glück?*

Unbedingt lohnend ist auch ein Abstecher zur **Fraunhofer-Glashütte** ⑫ auf dem Klostergelände. Im frühen 19. Jahrhundert forschte Joseph von Fraunhofer dort. Die Herstellung von Fernrohren, Mikroskopen und optischen Geräten für die Landvermessung gehörte zu seinen Aufgaben. Sein Ehrgeiz aber galt der Herstellung von schlierenfreiem Glas. Dazu experimentierte er mit dem Verhalten von Licht und entdeckte dunkle Linien im Sonnenspektrum – die Fraunhofer'schen Linien. Diese Entdeckung begründete die Spektroskopie – ein erster Schritt zur Erforschung des Weltalls. Die Ausstellung der historischen Glashütte zeigt Schmelzöfen, Werkzeuge zur Glas- und Metallbearbeitung sowie optische Instrumente.

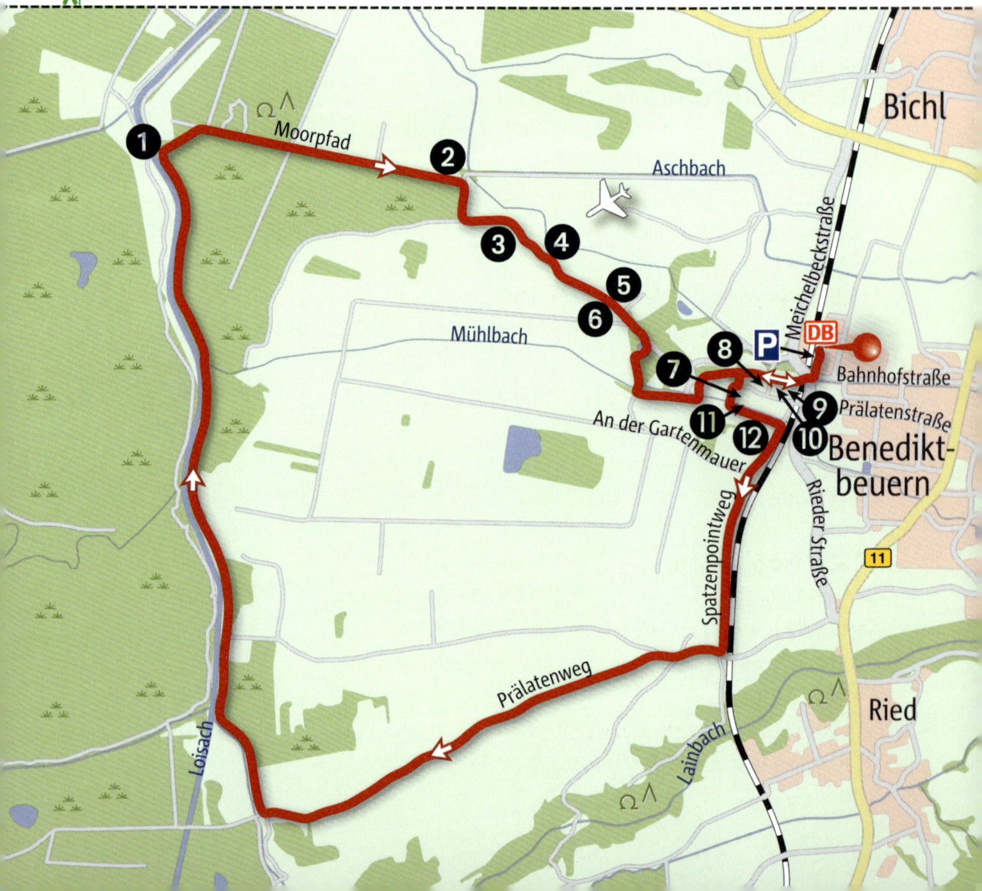

Entspannung ★★★☆☆
Genuss ★★★★☆
Romantik ★★★★☆

WIE & WANN:
Leichte Rundwanderung ohne Steigungen auf bequemen Spazierwegen und Feuchtwiesenpfaden. Auf dem Hochmoorpfad läuft man teilweise über Holzbohlen. An heißen Tagen dagegen bietet die Wanderung keinen Schatten und die Familienattraktionen entlang des Moor-Erlebniswegs sind zumindest an den Wochenenden oft überfüllt.

HIN & WEG:
PKW: Parkplatz direkt am Kloster, Don-Bosco-Straße 8,
83671 Benediktbeuern (GPS: 47.7086930, 11.3991210)
ÖPNV: Regionalbahnen fahren den Bahnhof Benediktbeuern an,
der nur ein paar Schritte vom Kloster entfernt liegt.

ESSEN & ENTSPANNEN:
Klosterbräustuberl Benediktbeuern ❾ Zeilerweg 2, 83671 Benediktbeuern,
Tel. (0 88 57) 94 07, www.klosterwirt.de
Café des Kräuter-Erlebnis-Ladens ❿ Zeilerweg 2, 83671 Benediktbeuern,
Tel. (0 88 57) 8 87 34, www.toelzer-land.de/kraeuter-erlebnis-laden-benediktbeuern-1
Kloster-Café Benediktbeuern ⓫ Don-Bosco-Straße 1, 83671 Benediktbeuern,
Tel. (0 88 57) 8 81 68, www.kloster-benediktbeuern.de/Zu-Gast-im-Kloster/Kloster-Cafe

Abseits der Route empfehlenswert:
Otti's Eis- & Cafégarten, Ignatz-Günther-Straße 2, 83671 Benediktbeuern, Tel. (0 88 57) 2 54

ENTDECKEN & ERLEBEN:
Marterl mit Bank ❶ **Hochmoorpfad** ❷ **Vogelbeobachtungstation Moosmühle** ❸
Klangpfad ❹ **Barfußpfad** ❺ **Schmetterlingspfad** ❻
Kloster Benediktbeuern ❼ www.kloster-benediktbeuern.de
Meditationsgarten ❽
Fraunhofer-Glashütte ⓬ Fraunhoferstraße 2, 83671 Benediktbeuern,
www.benediktbeuern.de/fraunhofer-glashuette/, Eintritt frei

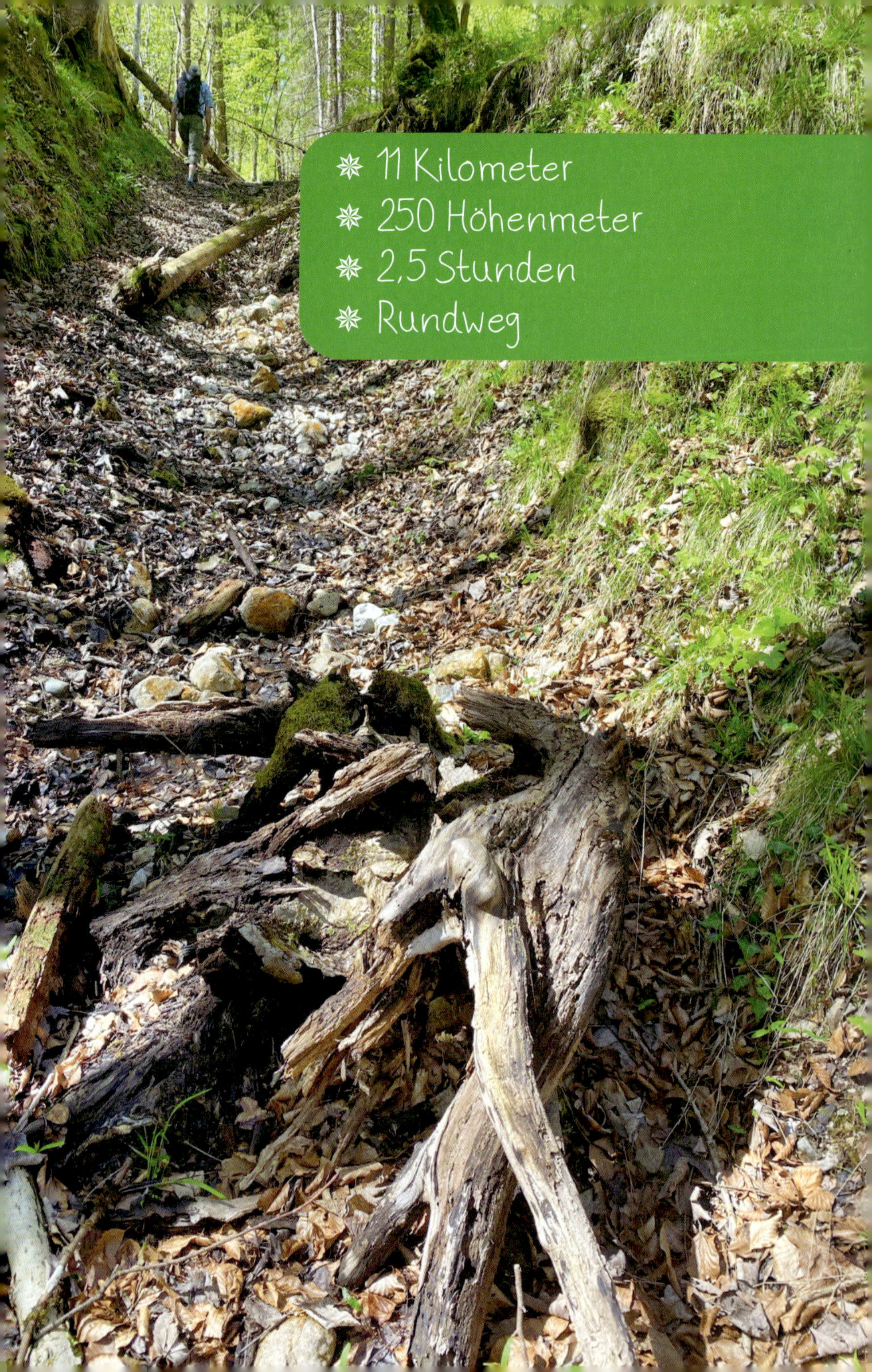

- 11 Kilometer
- 250 Höhenmeter
- 2,5 Stunden
- Rundweg

Auf Zeitreise

Zum Freilichtmuseum Glentleiten

Ein abwechslungsreicher Rundweg, der auf dem Hinweg über Stock und Stein führt und etwas Kondition erfordert. Ziel ist das großartige **Freilichtmuseum Glentleiten,** das eine ausführliche Entdeckung lohnt. Zurück schlängelt sich der Weg gemütlich über Wiesen.

Schön ist die Wanderung im Frühjahr, wenn alles grünt und blüht. Perfekt auch im Sommer, da der Buchenwald auf dem Hinweg Schatten spendet und zum Finale Erfrischung im Kochelsee lockt. Und schließlich ist die Runde auch an sonnigen Herbsttagen ein Genuss, wenn sich das Laub bunt verfärbt hat.

Schlehdorf grüßt schon aus der Ferne mit dem mächtigen **Kloster Schlehdorf.** Wir parken am besten auf dem Parkplatz hinter dem Gasthof Klosterbräu Schlehdorf. Dort glitzert schon der Kochelsee vor der Kulisse der Aussichtsberge Heimgarten und Herzogstand verführerisch. Aber das Bad im See heben wir uns für später auf.

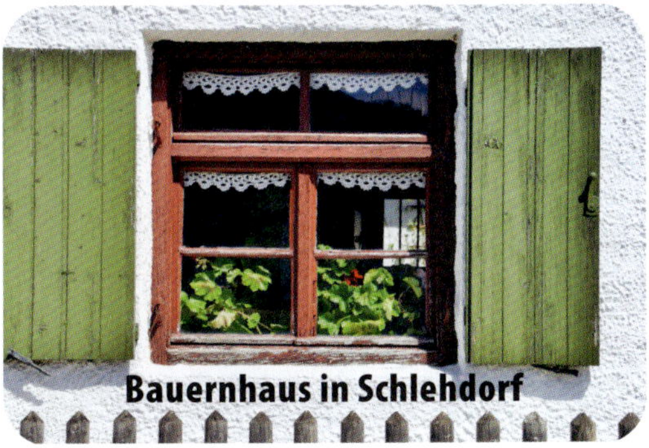

Bauernhaus in Schlehdorf

Auf der gepflasterten Seestraße laufen wir geradeaus in Richtung Berge durch den Ort **Schlehdorf** ①. Bildschöne Bauernhäuser mit Kirschbäumen, die im Frühjahr in verschwenderischer Fülle blühen. Bayernidylle. Aber warum sehen die Häuser alle gleich aus? Des Rätsels Lösung: Nach einer Brandkatastrophe Mitte des 19. Jahrhunderts brannten alle Gebäude im Dorf bis auf die Grundmauern nieder.

Das **Walchenseekraftwerk,** *als Hochdruck-Speicherkraftwerk eines der größten seiner Art in Deutschland, nutzt das Gefälle zwischen Kochel- und Walchensee und liefert bereits seit 1924 Ökostrom für Bayern. Ein Industriedenkmal, das auch besichtigt werden kann.*

Für den Wiederaufbau legte die Regierung in München verbindliche Baurichtlinien fest. Wohnhäuser, Ställe und Scheunen sollten alle demselben Bauplan folgen. Auch die Gärten sollten von gleicher Größe sein. So entstand ein einzigartiges Ensemble von zwölf Bauernhäusern, das heute unter Denkmalschutz steht. Am gegenüberliegenden Ufer des Kochelsees öffnet sich der **Blick auf das Walchenseekraftwerk** mit seinen mächtigen Röhren.

Wir biegen an der Schleißheimer Straße rechts ab, dem **Schild zur Goaß'n Alm** folgend. Nach ein paar Minuten unbedingt einmal umschauen: Die Türme von Kloster Schlehdorf erheben sich malerisch vor der Bergkulisse. Wir laufen weiter geradeaus. Nach einer Weile mündet der gepflasterte Weg in einen Karrenweg, der nach Regentagen recht matschig sein kann. Wo er sich gabelt, halten wir uns links.

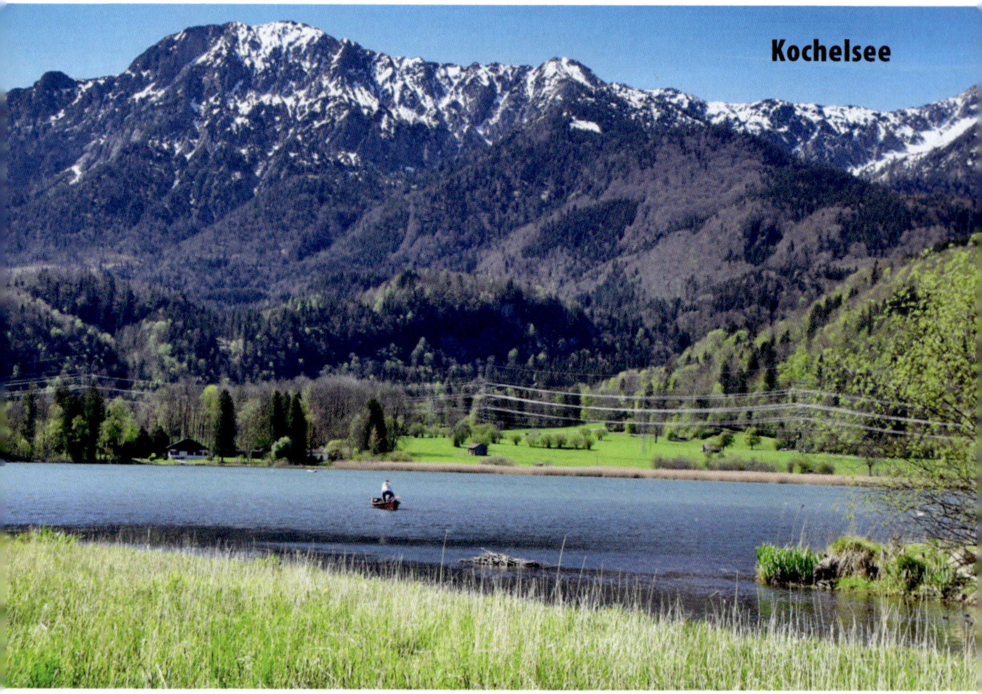

Kochelsee

Für die Seele

Nach Walderlebnis und Weitblick auf Berge und Seen tauchen wir ins Bauernleben von anno dazumal ein.

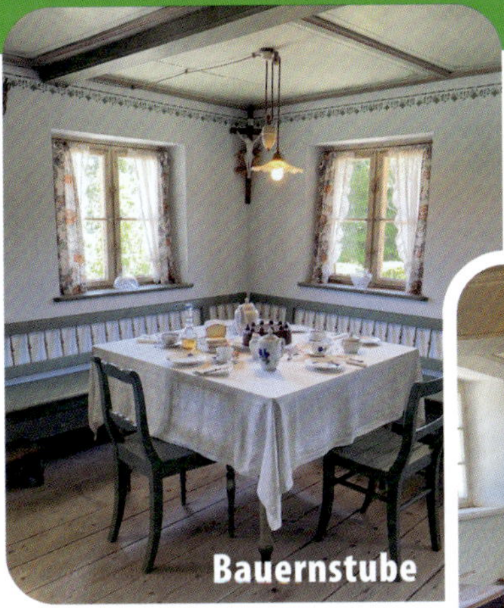

Bauernstube

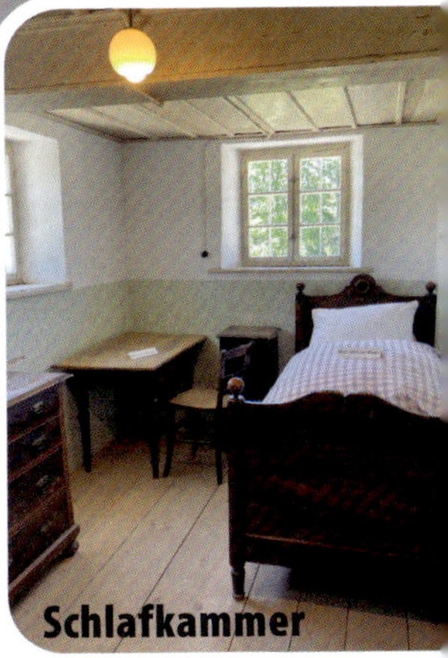

Schlafkammer

Durch einen traumhaften **Buchenwald,** der an heißen Tagen Schatten spendet und im Herbst für Farbzauber sorgt, geht es stetig bergauf. Über Stock und Stein. Kann auch sein, dass wir ein bisschen kraxeln müssen. Ab und zu liegen Baumstämme im Weg. Keine unüberwindlichen Hindernisse für erfahrene Bergwanderer. Wir genießen das Rascheln der Blätter, das Vogelkonzert und das Plätschern des Bachs – Naturstimmungen, die wir hier oft für uns allein haben. Tief einatmen und die Stille genießen!

Nach etwa einer Stunde tauchen wir aus dem Wald wieder auf, biegen auf einen breiteren Weg ein und halten uns links. Nach rund 100 Metern erreichen wir eine Wendebucht und laufen weiter scharf rechts auf einem Forstweg. Nach wenigen Minuten taucht eine Hütte mit der Hausnummer **Kreut 3** auf. Was für ein idyllisches Wochenenddomizil!

Auf bequemen Wanderwegen geht es weiter. Kuhweiden säumen den Weg und bald haben wir wieder Bergblick. Links liegt die **Kreut-Alm** (2) am Hang, die zu Recht berühmt ist. Eine Wirtschaft mit 120 Jahren Tradition. Früher landete hier Franz Josef Strauß öfter mal mit dem Hubschrauber, um seine Wahlsiege zu

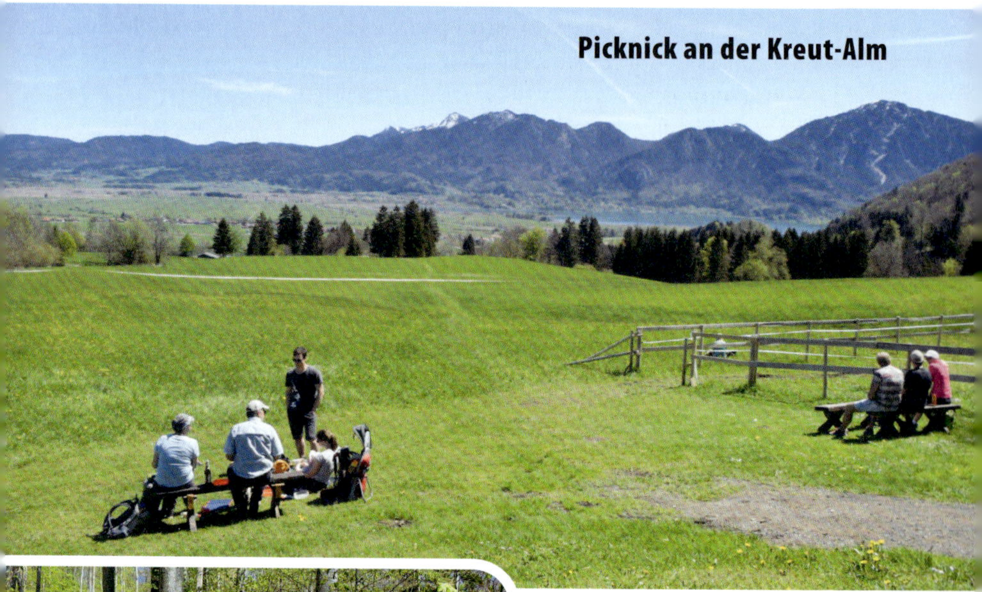

Picknick an der Kreut-Alm

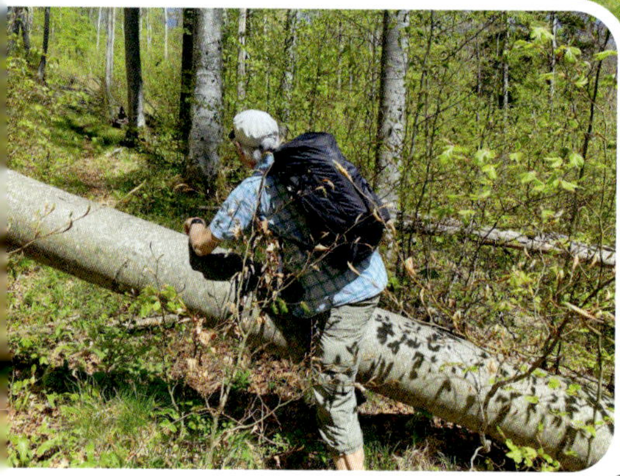

feiern, erzählt man. Und auch zahlreiche andere Promis ließen und lassen sich blicken. Aber man muss kein Promi sein, um den Ort zu lieben.

Lust auf eine Erfrischung? Dann einfach quer über die Wiese ein Stück bergauf laufen und ein Plätzchen im Biergarten unter Kastanien suchen. Oder einfach ein Getränk am Kiosk holen und auf der Wiese vor dem Gasthof – im Frühjahr löwenzahngesprenkelt – die Picknickdecke ausbreiten. Der Blick reicht bis zu den Bergspitzen – Jochberg, Rabenkopf und Benediktenwand. Davor glitzert der Kochelsee. So schön! Oberbayern vom Feinsten. Die Verlängerung des Pfads bergab zum Hauptweg nehmen wir auf dem Rückweg nach Schlehdorf, also schon mal merken.

Wir laufen aber zunächst auf der Straße weiter. Bis zu unserem Ziel, dem Freilichtmuseum, ist es nun nicht mehr weit.

Zum Freilichtmuseum Glentleiten

Im **Freilichtmuseum Glentleiten** ❸ könnten wir problemlos einen ganzen Tag verbringen. Seit es 1976 eröffnete, ist es stetig gewachsen und wächst immer noch weiter. Rund 60 original erhaltene Gebäude machen den ländlichen Alltag der Menschen Oberbayerns über die Jahrhunderte begreifbar. Mit Liebe zum Detail und handwerklichem Geschick wurden sie an ihrem Originalstandort abgetragen und auf dem Museumsgelände wieder aufgebaut. Lebendig und anschaulich erzählen sie die Geschichte ihrer früheren Bewohner.

Als wären die Sommergäste, die die gute Stube des Bauernhofs gemietet hatten, gerade vor die Tür getreten: Der Tisch im Wohnraum ist liebevoll und originalgetreu eingedeckt und scheint auf die Kaffeegesellschaft zu warten. Bei so viel Authentizität fällt es nicht schwer, in die Lebenswelt der Bauern einzutauchen. Die Zeit vor dem Zweiten Weltkrieg wird lebendig, als der Tourismus im Bauernland südlich von Mün-

*Wer das **Freilichtmuseum Glentleiten** zum ersten Mal besucht, kann einen empfohlenen Rundweg einschlagen, der in elf Stationen über unterschiedliche Themen vom Wirtschaften auf einer Alm bis zu verschiedenen Handwerkstechniken informiert und rund 2,5 Stunden dauert.*

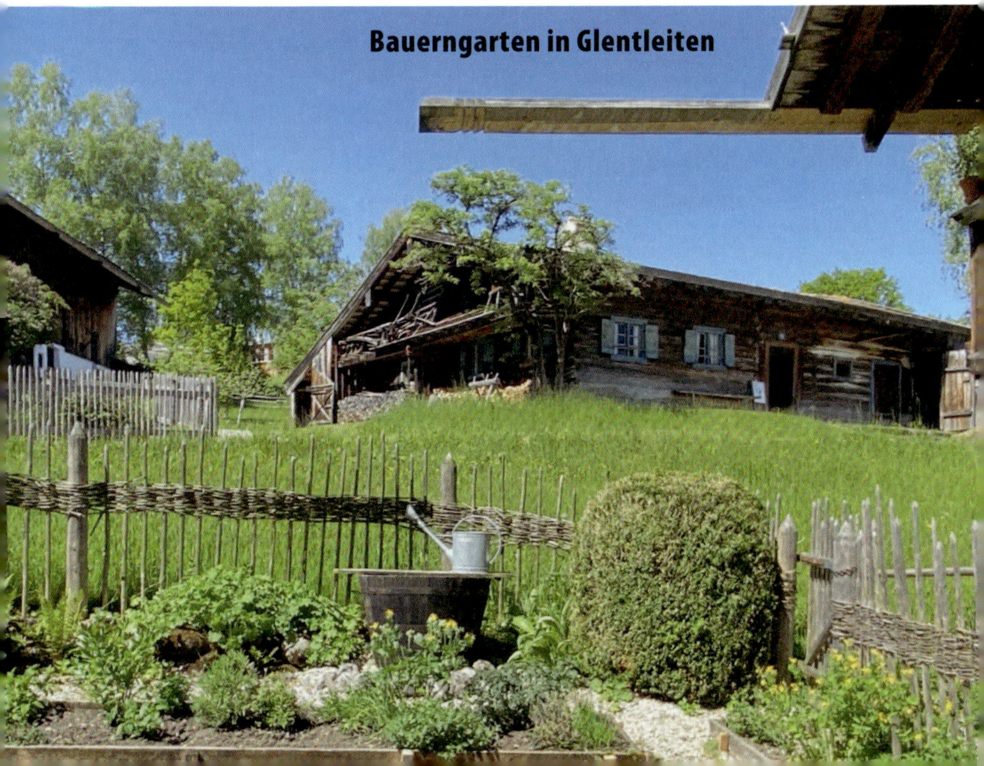

Bauerngarten in Glentleiten

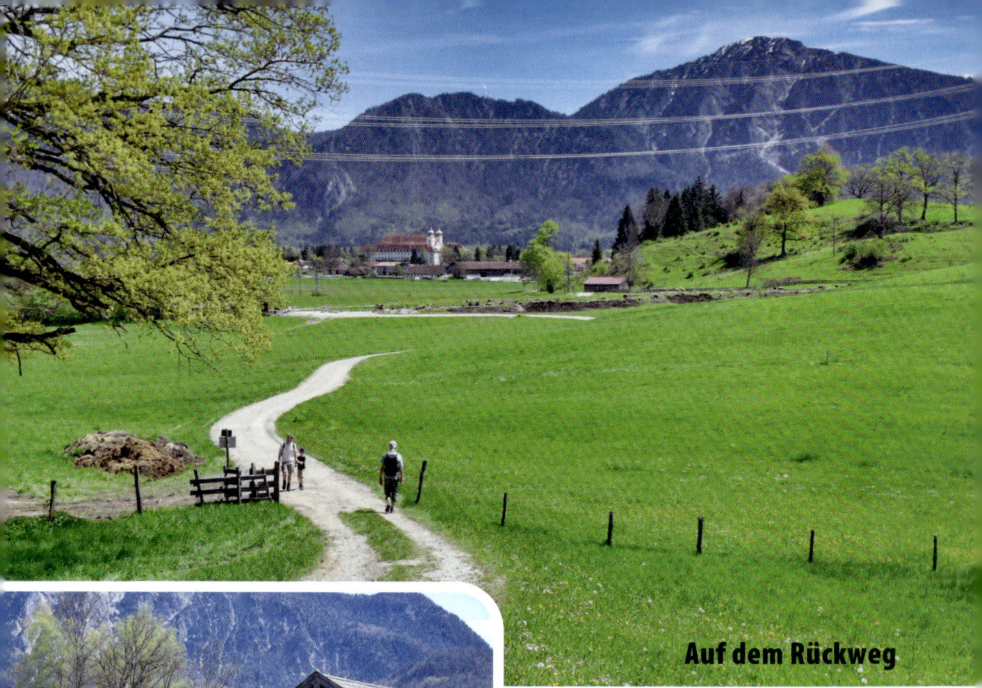

Auf dem Rückweg

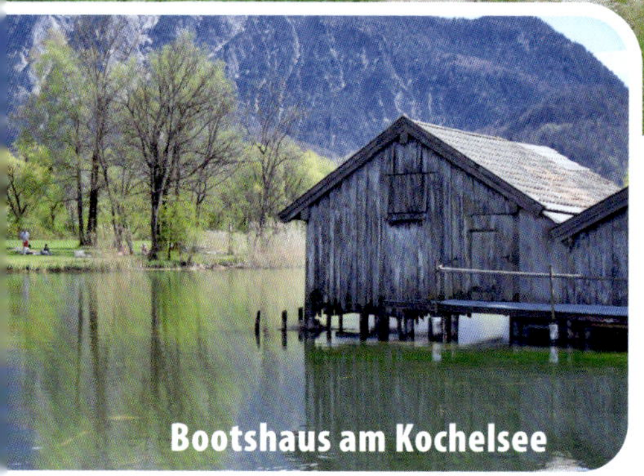

Bootshaus am Kochelsee

chen Einzug hielt und die Bauern ihre Stuben für ein willkommenes Zubrot an Sommerfrischler aus der Stadt vermieteten.

Neben Gebäuden gibt es aber auch **Gärten,** in denen historische Obst- und Gemüsesorten wachsen. Dazu Wälder und Weiden, auf denen alte Nutztierrassen grasen. Und auch die Industriekultur kommt nicht zu kurz – Köhlerei, Kalkofen, Sägewerk sind unter anderem vertreten. Ausstellungen und Vorführungen alter Handwerkstechniken ergänzen das Ensemble der Bauernhäuser. Was macht eigentlich ein Wagner? Wer weiß, wie Seile gedreht werden oder Bier gebraut wird?

Wir könnten hier ewig verweilen. Es gibt noch viel zu entdecken. Wiederkommen lohnt sich unbedingt: Das Museum ist „work in progress", laufend kommen neue Häuser dazu. Aber irgendwann ist es Zeit für den Rückweg.

Zunächst geht es wieder zurück in **Richtung Kreut-Alm.** Wir biegen auf den Weg ein, auf dem wir gekommen sind, und laufen auf dem Wiesenpfad, den wir uns gemerkt haben, abwärts. Ein wunderbarer, entspannter Wanderpfad über die Wiese, wo im Frühjahr unzählige Blumen ihre Blütenpracht entfalten. Ein Viehgatter ist unterwegs zu kreuzen. Nach einer Weile weist ein Wegweiser nach Großweil, wir laufen aber weiter geradeaus. Die Türme von Kloster Schlehdorf sind bald schon zu sehen, verlaufen ist also unmöglich.

Quer durch Schlehdorf laufen wir auf der **Karpfenseestraße,** der wir rund 700 Meter folgen, wieder zum Ausgangspunkt. Ein Schlenker führt zum Kochelsee, der an sonnigen Tagen türkisblau schimmert. Wenn wir noch ein Stück nach rechts gehen, biegt ein schmaler Pfad zum **Badeplatz Gmoala** ④ ab. Dort lädt eine Liegewiese mit Bänken, schattigen Bäumen und Blick auf Kloster Schlehdorf zum Bleiben ein. Ein herrlicher Platz, um den Tag erfrischend ausklingen zu lassen.

Es wäre aber schade, **Kloster Schlehdorf** ⑤ mit seiner 1200-jährigen Geschichte gar nicht zu würdigen. Auch wenn wir müde sind von vielen Eindrücken, es sind nur ein paar Meter vom Parkplatz über die Straße. Der

*Genug gesehen? Dann vielleicht auf eine Schmalznudel oder ein Eis zum **Kramerladen?** Ein Tante-Emma-Laden wie in Kindertagen mit Biergarten vor der Ladentür. Weitere Einkehrmöglichkeiten: ein Panorama-Restaurant und ein Biergarten mit Ausblick.*

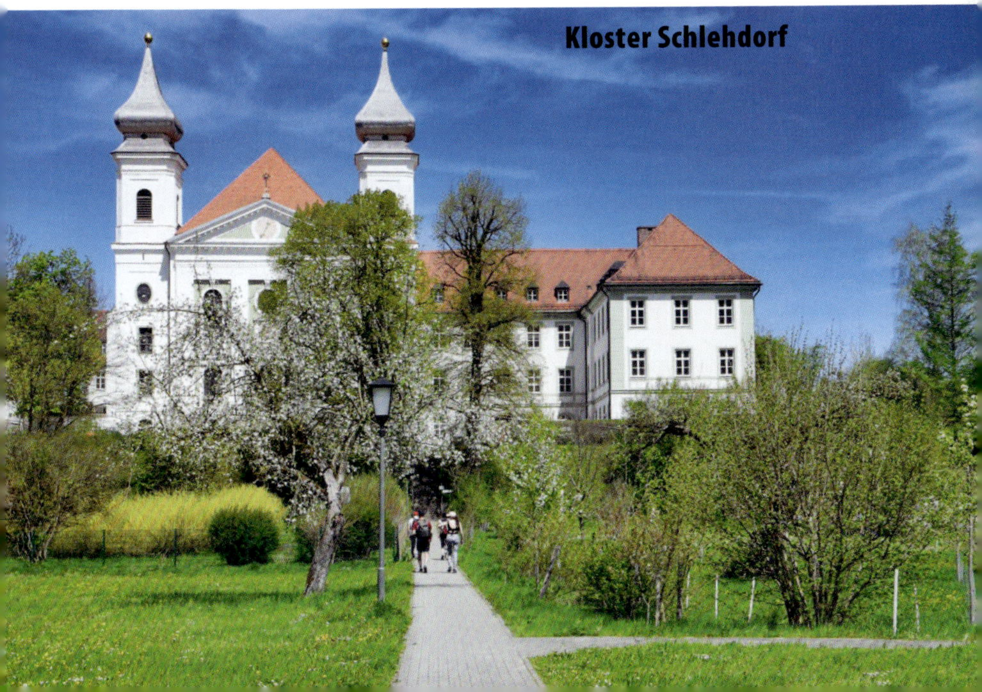
Kloster Schlehdorf

heutige Barockbau mit drei Flügeln entstand Anfang des 18. Jahrhunderts. Die Klosterkirche ist auch Pfarrkirche von Schlehdorf. Ein Teil des riesigen Klosterkomplexes wird von einer Realschule genutzt. Der Hauptteil des Klosters gehörte bis 2020 Missions-Dominikanerinnen von Qonce in Südafrika, denen es zu groß und zu teuer wurde. Heute ist hier die KlosterGut Schlehdorf eG mit Kreativbetrieben und einer Gärtnerei ansässig. In alte Mauern zog neues Leben ein. Rund 60 Männer und Frauen teilen sich das Anwesen, zu dem ein Coworking-Bereich, Gästehaus und Seminarbetrieb, Streuobstwiesen, ein Kräutergarten, ein Labyrinth, ein Schafstall und ein **Hofladen mit Café** 6 gehören, das auch Gästen offen steht.

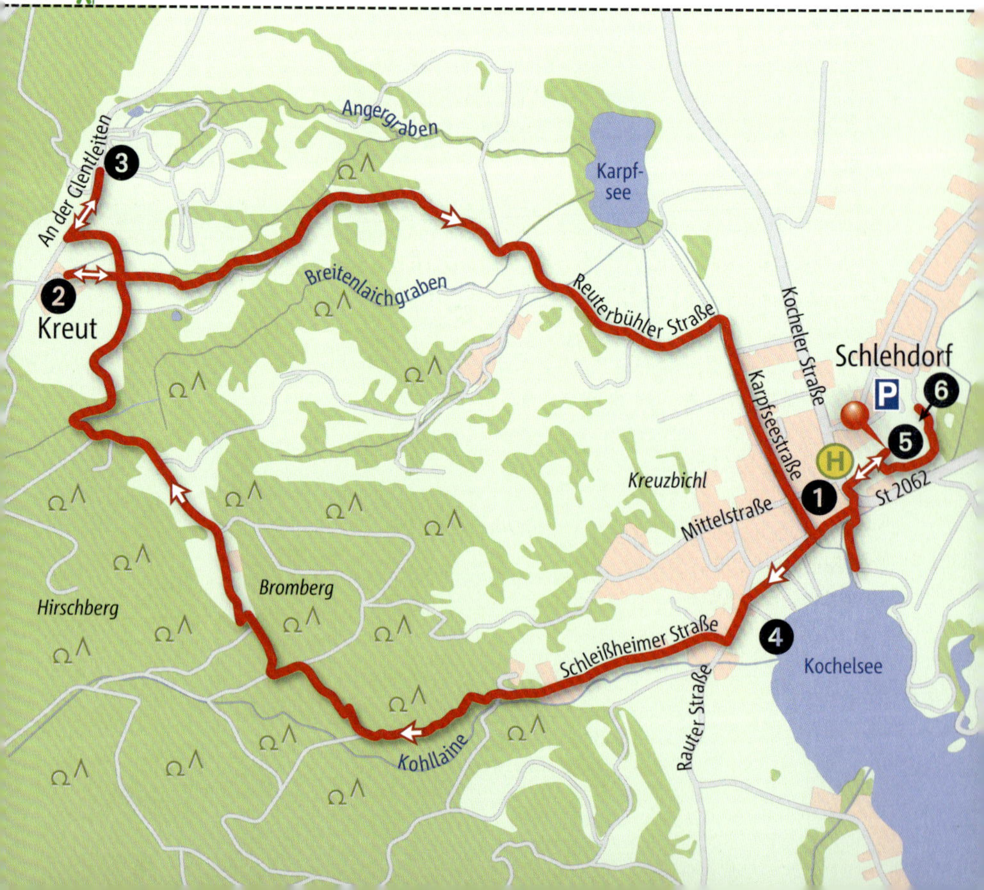

Alles auf einen Blick

Entspannung ★★★★☆
Genuss ★★★★☆
Romantik ★★★☆☆

WIE & WANN:
Mittelschwere Rundwanderung. Auf dem Hinweg steigt der Weg stetig auf teilweise unwegsamen Waldpfaden an. Für erfahrene Bergwanderer kein Problem. Der Rückweg nach Schlehdorf führt auf bequemen Wegen sanft bergab. Glentleiten ist am Wochenende gut besucht, aber dann gibt es auch viele handwerkliche Vorführungen. Unter der Woche vormittags Schulklassen, aber am Nachmittag ruhiger.

HIN & WEG:
PKW: Parkplatz beim Gasthof Klosterbräu Schlehdorf, Seestraße 2, 82444 Schlehdorf, klosterbraeu-schlehdorf.de (GPS: 47.658651, 11.317045)
ÖPNV: Regionalbusse zur Haltestelle Schlehdorf Post, nicht weit vom Ausgangspunkt der Wanderung

ESSEN & ENTSPANNEN:
Alpengasthof Kreut-Alm ❷ Tel. (0 88 41) 58 22, www.kreutalm.de
Auf dem Museumsgelände ❸ Glentleitner Wirtschaft & Brauerei; Kramerladen; Biergarten am Salettl
KlosterGut Schlehdorf ❻ Hofladen mit Café, Kirchstraße 15, 82444 Schlehdorf, Tel. (0 88 51) 9 29 19 80, klostergut-schlehdorf.de

ENTDECKEN & ERLEBEN:
Schlehdorf ❶
Freilichtmuseum Glentleiten ❸ An der Glentleiten 4, 82439 Großweil, Tel. (0 88 51) 18 5-0, www.glentleiten.de
Badestelle Gmoala ❹
Kloster Schlehdorf ❺

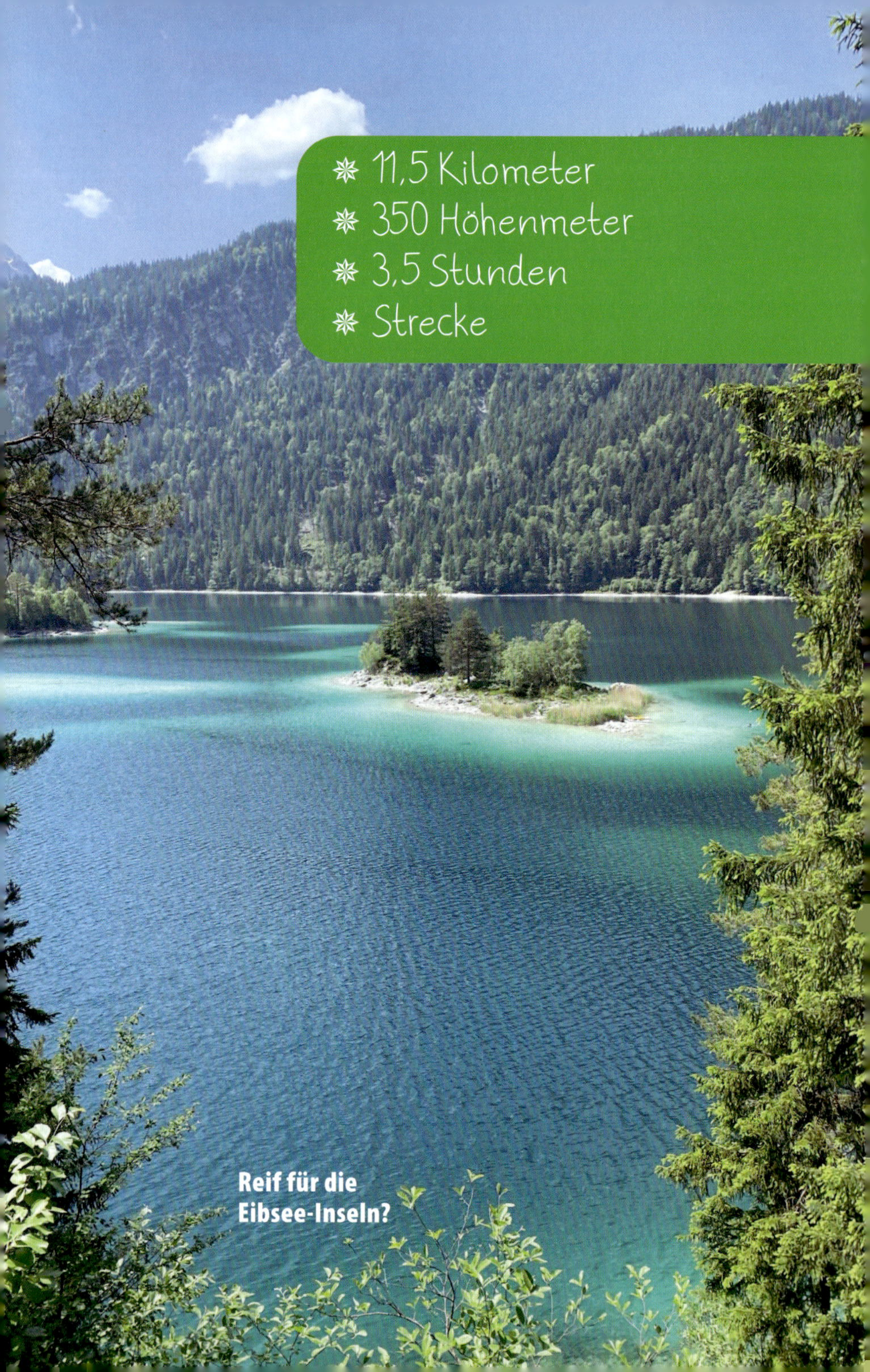

- 11,5 Kilometer
- 350 Höhenmeter
- 3,5 Stunden
- Strecke

Reif für die Eibsee-Inseln?

Seen-Sucht

Zum Eibsee und um den Eibsee herum

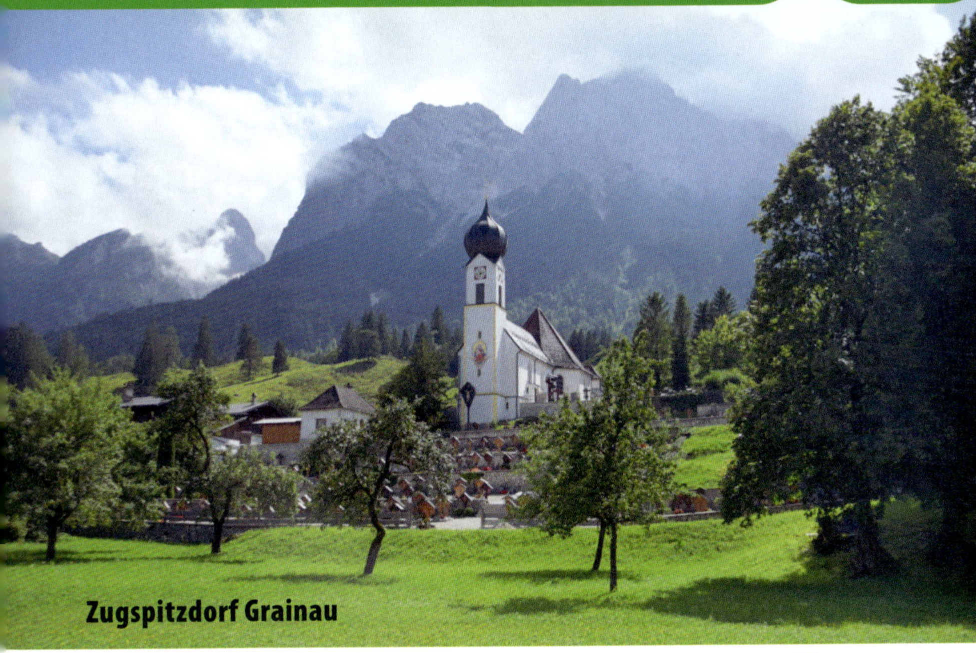

Zugspitzdorf Grainau

Der **Eibsee** ist „very instagrammable“. Unzählige Selfiejäger sind rund um den magischen Bergsee unterwegs. Verständlich – er ist einfach zu schön. In rund 1000 Metern Höhe liegt er direkt unterhalb der Zugspitze, die sich im türkisfarbenen Wasser des Sees spiegelt. Der Weg ringsum ist traumhaft, aber nur zu ungewöhnlichen Zeiten einsam. Der Clou dieser Wanderung ist die Vorverlängerung über den verträumten Badersee – eine sanfte Annäherung an den touristisch voll erschlossenen Eibsee. Der erste Teil des Wegs ist ruhig und entspannt, und wir dürfen uns

*Mächtige Felsblöcke am Wegesrand erinnern an eine Naturkatastrophe, den größten **Bergsturz** in den Bayerischen Alpen: Vor 3750 Jahren brach die Westflanke des Zugspitz-Massivs ab und rauschte ins Tal. Die Zugspitze war zuvor wohl ein echter Dreitausender.*

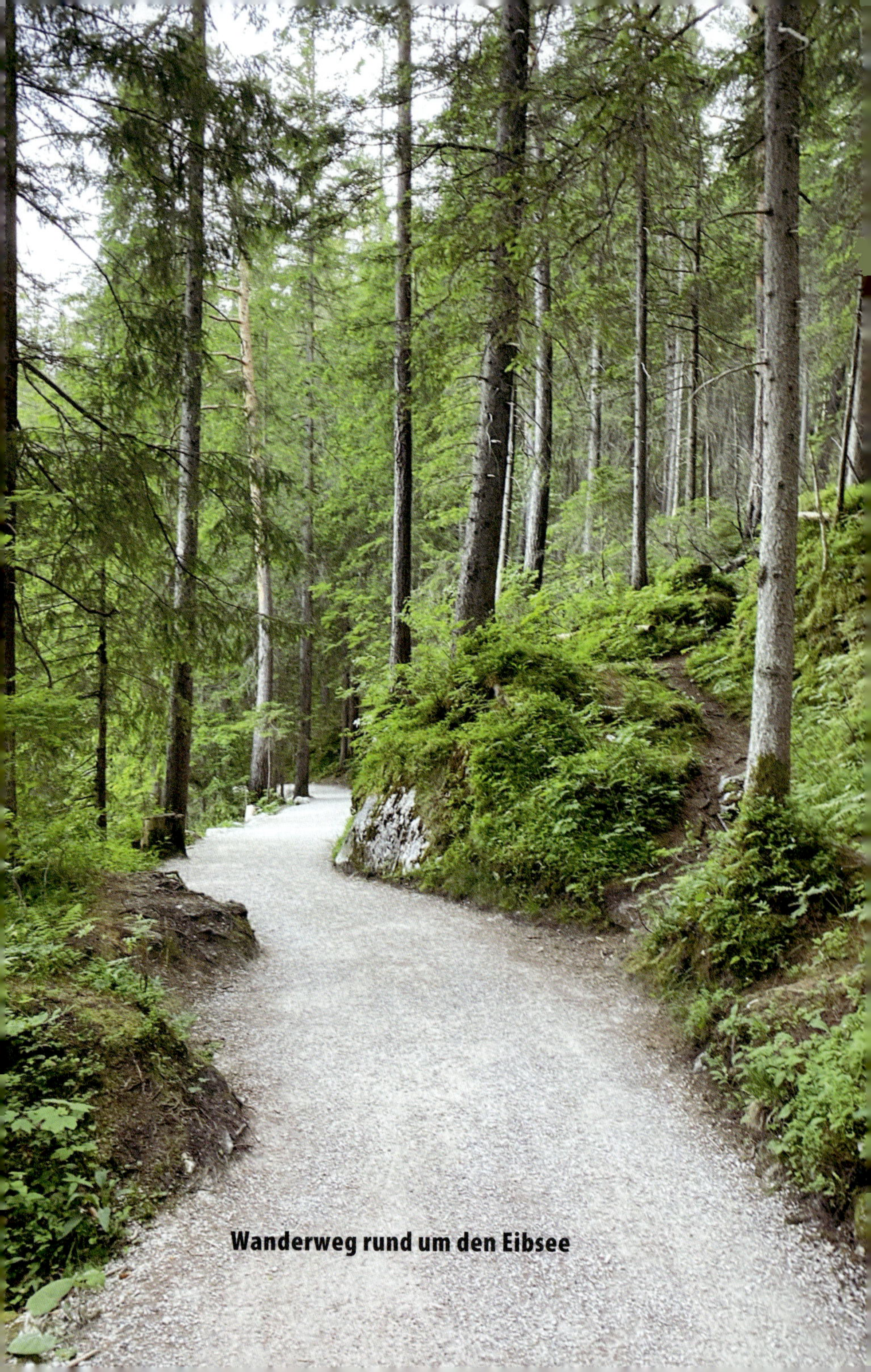

Wanderweg rund um den Eibsee

Für die Seele

Die magische Farbe des Eibsees bleibt lange in Erinnerung, genauso wie die Spiegelung der Zugspitze im Wasser.

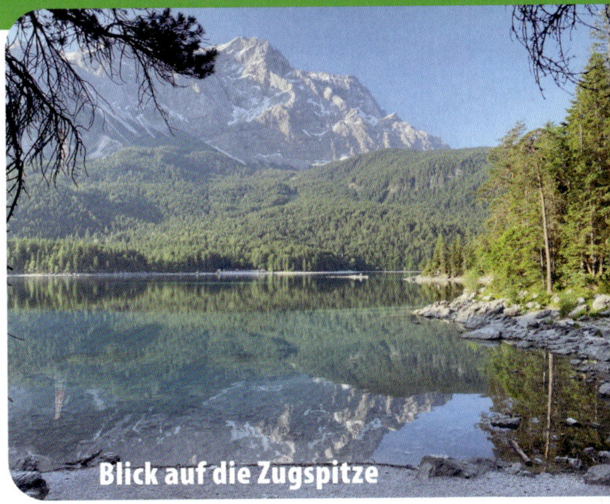
Blick auf die Zugspitze

beim Seepanorama am kleinen See schon mal auf das große Seepanorama am Eibsee vorfreuen. Nach Lust und Laune können alle, die sich noch nicht ausgepowert haben, nach der Eibsee-Umrundung nach Grainau zurücklaufen. Eine geruhsame Abkürzung und zusätzlich ein Event ist die Rückfahrt nach Grainau mit der legendären Zugspitzbahn.

Ausgangspunkt der Wanderung ist der Wanderparkplatz in **Grainau.** Wir laufen am Kurhaus vorbei zur Waxensteinstraße und überqueren sie beim Minigolfplatz. Wenige Meter nach rechts, dann weist uns auch schon ein Schild zum **„Badersee, 20 Minuten".** Auf einem bequemen Wanderweg, der bestens ausgeschildert ist, geht es im Wechsel leicht bergauf und leicht bergab durch den Baderwald.

Im Verlauf des Bergsturzes, der die Region vor fast 4000 Jahren erschütterte, wurde das Gebiet rund um Eibsee und Badersee mit Gesteinsschutt bedeckt. Heute liegen die Felsen romantisch überwuchert von Moosen und Heidelbeersträuchern zwischen den Bäumen.

Ruhig und idyllisch lugt schon bald der kleine **Badersee** ① zwischen den Bäumen hervor. Eine Miniaturausgabe des großen Bruders Eibsee. Wie der Eibsee ist er ein sogenannter „Blindsee“, weil er über keinen oberirdischen Abfluss verfügt. Das Wasser versickert unterirdisch. Gespeist wird er durch Bäche und die Schneeschmelze.

Wer mag, umrundet den See. Von der Nordseite aus blicken wir auf die Kette der Waxensteine und Riffelwände, deren Kalkzacken sich hinter den Bäumen auftürmen. Aber die Gebirgskette haben wir später vom Eibsee noch deutlich besser im Blick. Im See bildet ein gewaltiger Felsblock, eine Erinnerung an den großen Bergsturz, eine kleine bewachsene Insel. Entenfamilien ziehen im kristallklaren Wasser ihre Kreise und sind mindestens so entspannt wie wir. Wer noch ein bisschen in der Naturszenerie verweilen mag – auf der Terrasse des **Hotels Am Badersee** 2 sitzt man sehr nett. Wer Lust auf eine Ruderbootpartie hat, kann vom Wasser aus ein Kuriosum bestaunen: Westlich der kleinen Insel liegt in 5 Metern Tiefe eine lebensgroße Nixe aus Bronze.

Die Strecke vom Badersee zum Eibsee (3 km) ist ab dem Hotel gut beschildert. Es geht auf einem ge-

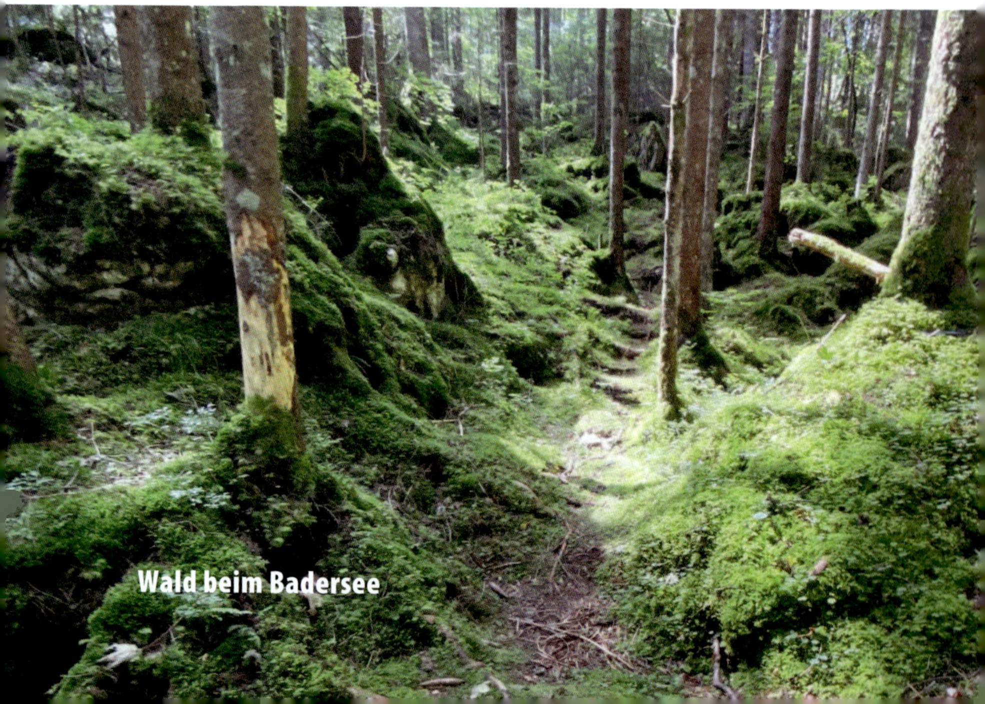

Wald beim Badersee

mütlichen Wanderweg stets leicht bergauf. Wenn wir einen Tennisplatz erreichen, sind wir schon in der Nähe der Zugspitzbahn, die zwischen Garmisch und der Zugspitze verkehrt. Kurz darauf verlassen wir den Wald. Rechts von uns liegt das **Haus der Wasserreserve.** Statt den Hauptweg zu laufen, gehen wir rechts und gleich wieder links durch eine so prächtige wie schattige Kastanienallee, während rechts von uns die Kühe grasen.

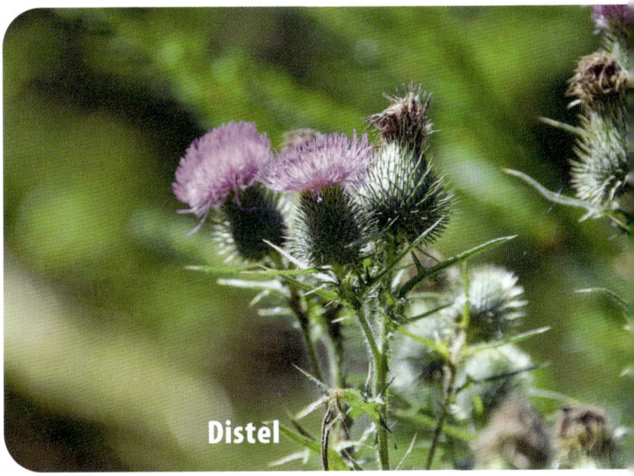

An der verlassenen **Christlhütte** stoßen wir direkt auf die Gleise der Zahnradbahn, die uns später zurück nach Grainau bringen wird. Hier überqueren wir die Eibseestraße, wo die Autos im Stau stehen. Wir freuen uns, dass wir zu Fuß unterwegs sind, und laufen schräg links, an einer weiteren Hütte vorbei, in den **Lärchwald.** Wie der Name vermuten lässt, wuchsen hier früher hauptsächlich Lärchen, die ein robustes Bauholz liefern. Heute dominieren Fichten. An der nächsten Kreuzung geht es weiter geradeaus.

Der Weg schlängelt sich durch den Wald, der auf dem Schutt des Bergsturzes in Jahrtausenden herangewachsen ist. Auf einigen der Felsbrocken wachsen sogar Bäume. Eine märchenhafte, geheimnisvolle Stimmung umgibt uns. Wenn wir an einen Abzweig kommen, wo der Wegweiser nach Grainau in die Richtung weist, aus der wir gekommen sind, gehen wir links. Dann haben wir auch schon fast den Eibsee erreicht, der uns bald entgegenglitzert.

Vom Parkplatz des **Eibsee-Hotels** ③ gelangen wir auf den Rundweg um den See, dem wir gegen den Uhrzeigersinn folgen. Erste markante Station ist der **Untersee** ④ zu unserer Rechten. Der Bergsturz trennte

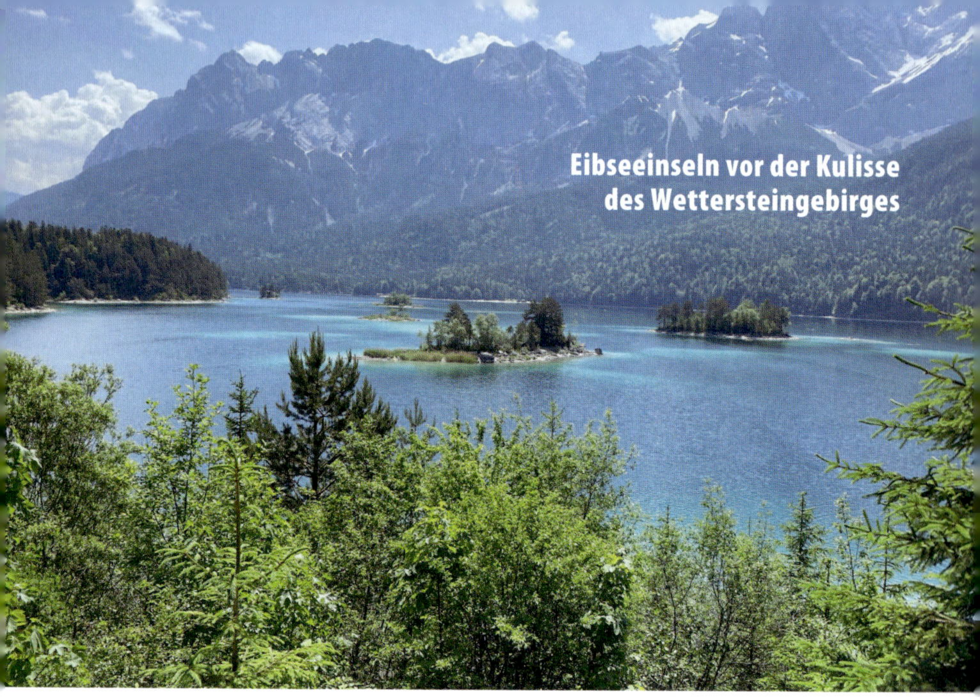

Eibseeinseln vor der Kulisse des Wettersteingebirges

Seinen Namen verdankt der Eibsee den **Eiben,** die wohl einst die Ufer säumten, aber längst abgeholzt sind. Das Holz des Baumes, der in den Bergregionen Bayerns verbreitet war, war begehrt und wurde unter anderem zur Herstellung englischer Langbögen verwendet.

ihn vom Eibsee ab. Die Schwelle aus Gesteinsschutt liegt knapp unter dem Wasserspiegel – gut sichtbar, wenn wir die kleine Brücke überqueren. Danach beginnt ein besonders schöner Teilabschnitt der Wanderung. Zahlreiche Buchten reihen sich aneinander. Sie sind im Sommer begehrte **Badeplätze.** Schwimmen ist im Eibsee, der Trinkwasserqualität hat, erlaubt. Rund um den See finden sich viele Badestellen, zum Baden am besten geeignet sind aber die flachen Buchten hier am Nordufer. Weil der Eibsee bis zu 32,5 Meter tief ist, ist das Wasser auch im Sommer kühl und erreicht selten mehr als erfrischende 20 Grad. Der karibische Anblick trügt.

Gigantisch ist der Blick auf die schroffen Steilwände des Zugspitzmassivs zur Rechten und der Waxenstein-Kette, die sich zur Linken anschließt. Überwältigend, wie sie sich im türkisblauen Wasser des Sees spiegeln! Ein Moment, in dem wir uns gegenüber den Naturgewalten ganz klein fühlen und gleichzeitig Kraft schöpfen.

Am sogenannten **Steingringpriel ⑤,** einer Einbuchtung, liegen rechts vom Weg ein paar winzige Seen, die wie der Untersee beim Bergsturz abgetrennt wurden und unterirdisch mit dem Eibsee verbunden sind. Sie weisen stets die gleiche Wasserspiegelhöhe auf wie er.

Der Eibsee entstand am Ende der Würm-Kaltzeit. Damals zog sich der Isar-Loisach-Gletscher zurück und hinterließ eine Senke, die sich nach und nach mit dem Schmelzwasser des Gletschers füllte. Die Hingucker im Eibsee – seine insgesamt acht Inseln – sind allerdings viel jünger. Almbichl, Braxeninsel, Ludwigsinsel, Maximiliansinsel, Sasseninsel, Scheibeninsel, Schönbichl und Steinbichl entstanden erst bei der Naturkatastrophe des Bergsturzes und bestehen alle aus Gesteinsschutt. Am besten sehen wir sie von der Westspitze des Sees beim **Aussichtspunkt Wankle ⑥**, was so viel wie „kleine Lichtung" bedeutet. Beim Bergsturz entstanden auch Untiefen, die wiederum für die einzigartige Karibikfarbe des Sees verantwortlich sind.

*Der **Eibsee** ist in Privatbesitz. 1884 kaufte ein Geschäftsmann den See und machte ihn zum Ziel für Sommerfrischler. Nach dem Ende der amerikanischen Besatzung 1972 ging der Eibsee wieder in den Besitz der Nachfahren des Käufers über.*

Rund um die Inseln kurven gern die SUPs, Tret- und Ruderboote und setzen Farbtupfer im ewigen Blau des Sees. Während die kleinen Inseln kaum mehr als Felsen sind, die aus dem Wasser lugen, kann man vor den größeren mit dem Boot ankern und vom Inselstrand aus ins Wasser hüpfen.

Der Weg entfernt sich nun vom Ufer und steigt leicht an. Immer wieder laden Bänke zum Entspannen ein. Vom südlichen Seeufer aus blicken wir auf die Ammergauer Alpen, die sich im kristallklaren Wasser spiegeln. Gegen Ende der genussvollen Seerunde passieren wir den **Frillensee ⑦**, der sich vor den scharf geschnittenen Waxensteinen im Wald ausbreitet. Am anderen Ufer des Sees blicken wir auf Ziegspitz und Kramerspitz.

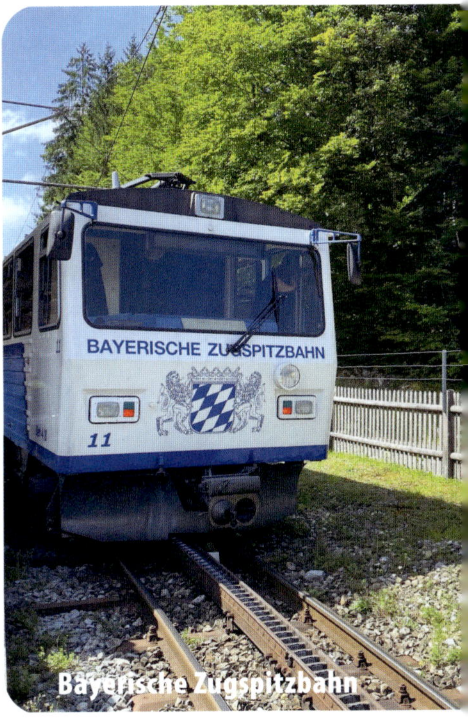

Bayerische Zugspitzbahn

Auszeittour 5

*Die **Bayerische Zugspitzbahn** ist eine von vier noch betriebenen Zahnradbahnen in Deutschland. Die Strecke führt von Grainau auf die Zugspitze und ist ein Meisterwerk historischer Ingenieursbaukunst.*

Schließlich sind wir am Ostufer angekommen, wo es deutlich rummeliger wird. Hier können wir nach Lust und Laune den Rest des Tages verbringen. Ruderboote, Tretboote oder SUPs kann man am Ostufer ausleihen, über den See schippern und dann vielleicht vor einer der Inseln anlegen und sich den ganz persönlichen Badestrand suchen. Alternativ kann man mit dem öffentlichen Ausflugsboot „Reserl“ den See erkunden.

Natürlich können wir auch einfach ein Eis schlecken oder uns im **Biergarten** 8 bei Seeblick stärken. Mit unvergesslichen Bildern im Kopf laufen wir zum Bahnhof der **Zugspitzbahn** 9 oder zur Bushaltestelle vom Eibsee-Bus und lassen uns zurück nach Grainau kutschieren.

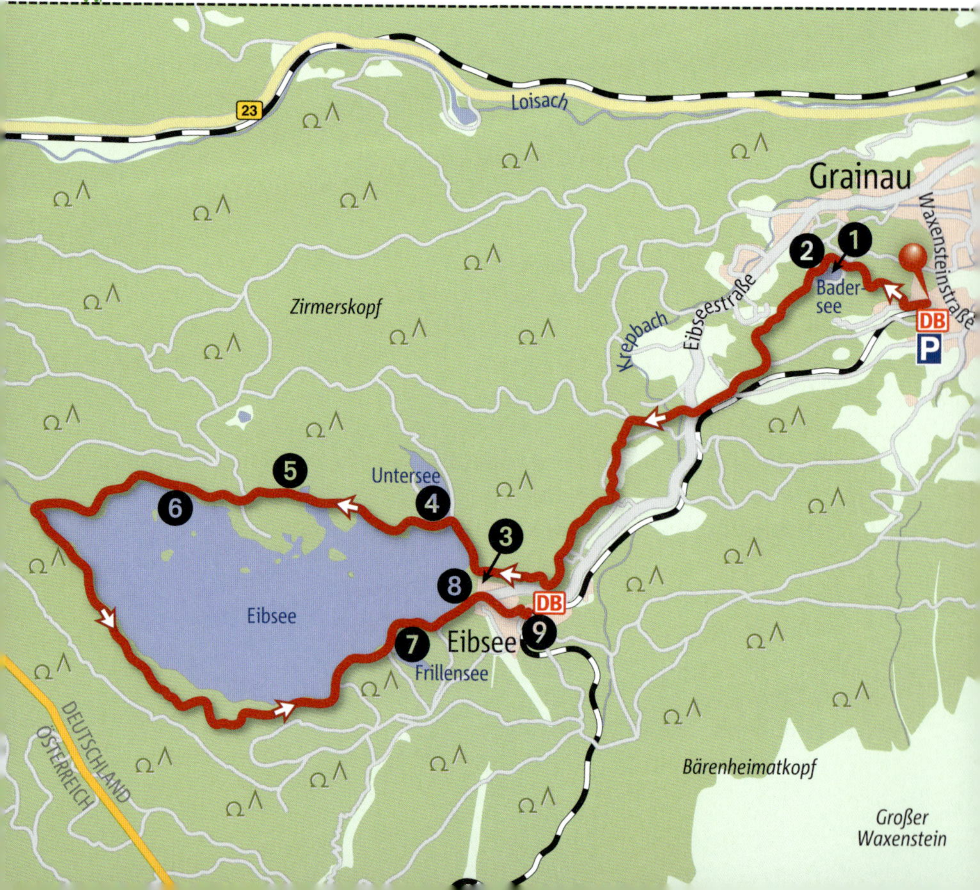

Entspannung ★★★★★

Genuss ★★★★★

Romantik ★★★★★

WIE & WANN:
Der Eibsee ist immer schön. An Sommerwochenenden sollte man ihn jedoch meiden – es sei denn, man kommt ganz früh oder ganz spät. Besonders schön ist der See im Herbst, wenn bunte Laubbäume für ein herrliches Farbspektakel sorgen. Aber auch eine Winterwanderung hat ihren Reiz. Der Weg ist durchgehend sehr gut ausgebaut, deshalb auch für Fahrräder, Kinderwagen und im Winter für Schlitten passierbar.

HIN & WEG:
PKW: Parkplatz am Kurhaus in Grainau (die ersten 4 Stunden sind frei). Wer direkt am Eibsee starten möchte: gebührenpflichtiger Parkplatz am Eibsee (Am Eibsee 1, 82491 Grainau). Im Sommer sind die Parkplätze schnell voll, deshalb unbedingt früh kommen. (GPS: 47.471866, 11.022301)
ÖPNV: Zugspitzbahn ab Garmisch-Partenkirchen oder Eibsee-Bus bis Grainau

ESSEN & ENTSPANNEN:
Hotel Am Badersee ❷ Am Badersee 1–5, 82491 Grainau,
Tel. (0 88 21) 82 10, www.hotelambadersee.de
Eibsee-Hotel ❸ Am Eibsee 1–3, 82491 Grainau, Tel. (0 88 21) 9 88 10, www.eibsee-hotel.de
Biergarten am See ❽ (in den Sommermonaten)

Weitere Einkehrmöglichkeiten am Eibsee:
bergGasthof EIBSEE Alm, oberhalb des Eibsees, ca. 200 Meter von der Talstation der Seilbahn Zugspitze entfernt, www.eibsee.de/de/essen-trinken/
seeRestaurant EIBSEE Pavillon, direkt am See mit großer Seeterrasse (im Winter geschlossen)

ENTDECKEN & ERLEBEN:
Badersee ❶ **Untersee** ❹ **Steingringpriel** ❺
Aussichtspunkt Wankle ❻
Frillensee ❼
Zugspitzbahn ❾ zugspitze.de/de

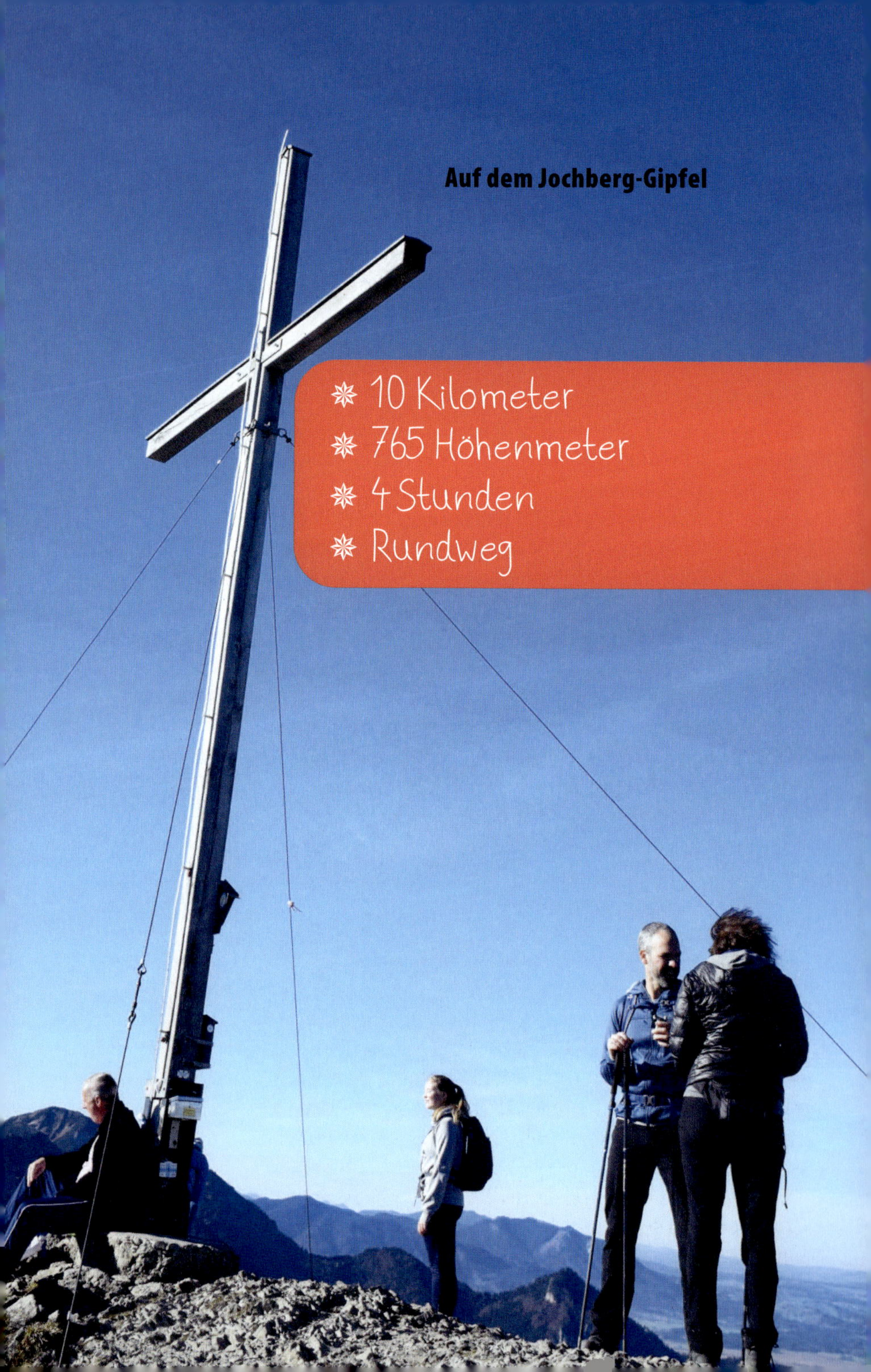

Auf dem Jochberg-Gipfel

- 10 Kilometer
- 765 Höhenmeter
- 4 Stunden
- Rundweg

Nein, ein Geheimtipp ist der **Jochberg** nicht. Dafür ist der Blick von oben über Seen und Alpengipfel einfach viel zu schön. Er ist ein Lieblingsberg der Münchner und an schönen Wochenenden wird's voll. Der Aufstieg lohnt sich dennoch unbedingt: Die grandiosen Ausblicke vom Gipfelkreuz in 1565 Metern Höhe ver-

Gipfelparade

Auf den Jochberg

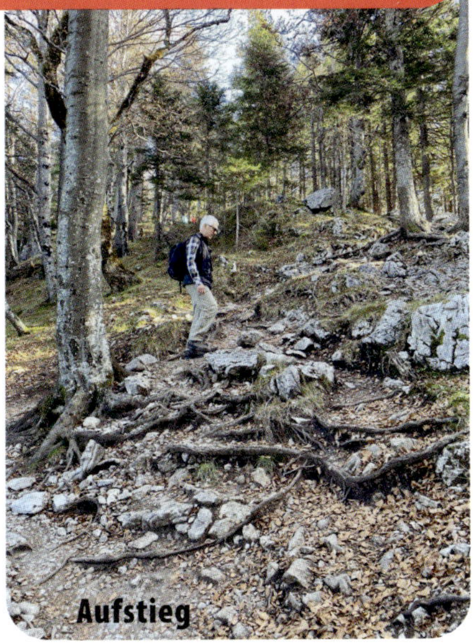

Aufstieg

leihen der Seele Flügel, und einen aussichtsreicheren Picknickplatz kann man sich kaum vorstellen. Am besten wandert man antizyklisch – möglichst unter der Woche oder möglichst früh – dann muss man die Gipfelwelt mit deutlich weniger Menschen teilen. Wenn man im Sommer unterwegs ist, wartet am Ende der Wanderung außerdem Erfrischung im Walchensee.

Der Einstieg zur Wanderung liegt gegenüber vom Parkplatz an der Kesselbergstraße. Recht flott schlängelt sich der Wanderpfad aufwärts durch den schattigen Bergwald – immer den gelben **Wegweisern zum Jochberg** folgend. Treppenstufen aus Holzbohlen hier und da mildern die Steigung. Mehrere Gruppen von Wanderern kommen uns bereits entgegen. Sie sind zum

Sonnenaufgang aufgestiegen. Das nehmen wir uns fürs nächste Mal vor!

Nach einer knappen Stunde erspähen wir zur Linken unter uns zum ersten Mal den **Kochelsee** **1**. Wie ein riesiges blaues Auge liegt er inmitten der Voralpenlandschaft. Viele Wanderer zücken die Kameras für die ersten Selfies – aber es kommt noch viel besser!

Nach einer weiteren halben Stunde erreichen wir eine Lichtung, wo Wegweiser unter anderem zur Jocheralm weisen. Aber wir wollen ja erst mal zum Gipfel und halten uns links, dem Wegweiser **„Jochberg"** folgend. Nach insgesamt etwa 1,5 Stunden erreichen wir die Baumgrenze und durch ein Weidegatter führt der Weg auf eine Almwiese. Hier rückt erstmals der **Walchensee** in den Blick, der 200 Meter oberhalb vom Ko-

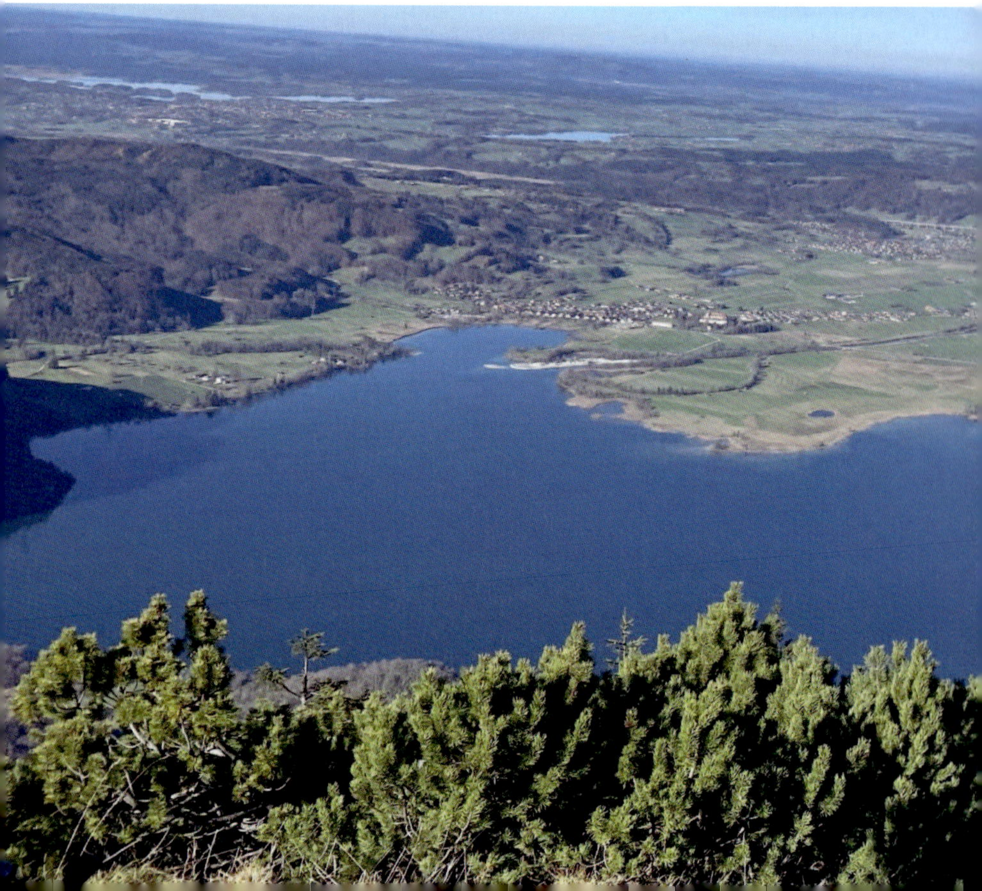

chelsee liegt. Der Jochberg thront genau zwischen den beiden See-Schönheiten. Wir verschnaufen ein paar Minuten, um das Panorama ausgiebig zu genießen und Kraft zu tanken für die letzte Etappe.

Noch 20 Minuten geht es recht steil bergauf, dann liegt der Gipfel vor uns. Geschafft – wir können stolz auf uns sein! Oben am **Gipfelkreuz 2** schweift der Blick

Für die Seele

Traumhaft sind die Blicke übers blau-grüne Voralpenland, erfrischend ist der Ausklang am Walchensee.

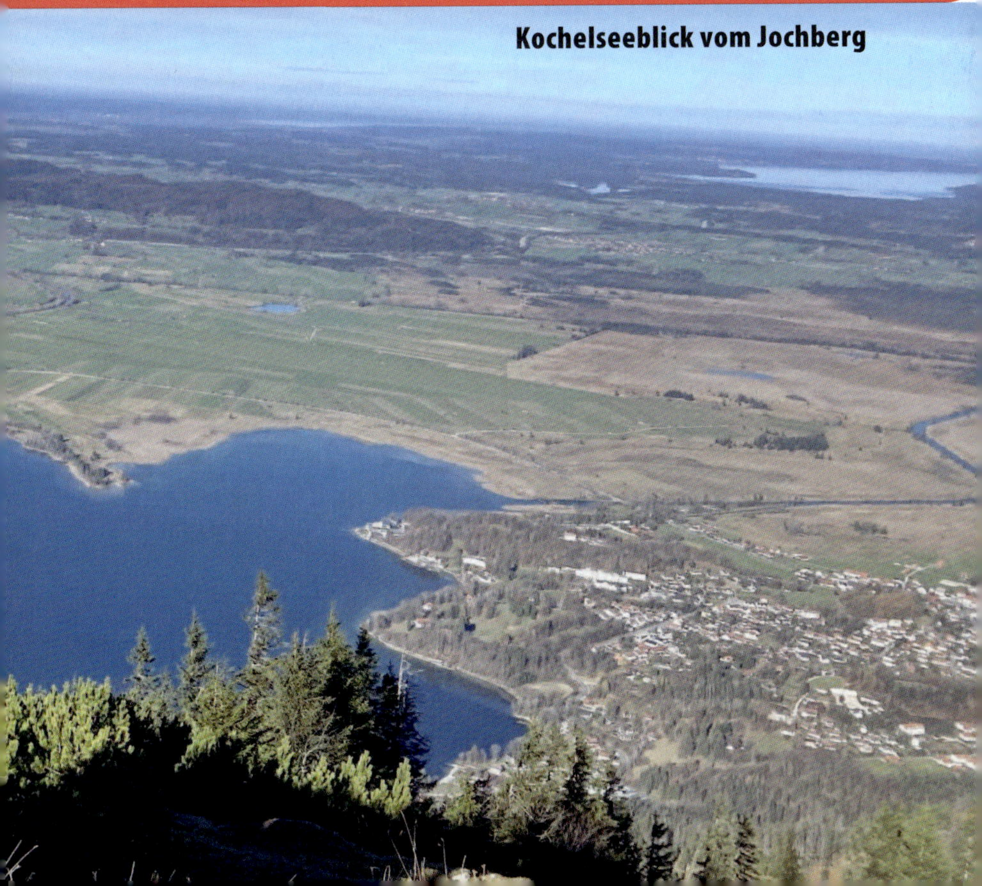

Kochelseeblick vom Jochberg

*Das **Walchenseekraftwerk,** seit 1924 in Betrieb, nutzt das natürliche Gefälle von gut 200 Metern zwischen Walchensee und Kochelsee zur Stromerzeugung. Auf der Rückfahrt Richtung Kochel lohnt ein Abstecher zum Besucherzentrum.*

in alle Richtungen. Wenn wir nach Norden in Richtung München blicken, erspähen wir Ammersee, Riegsee und Staffelsee in der Ferne. Der Kochelsee macht sich im Vordergrund breit. Auch den lang gezogenen Hohen Peißenberg mit dem Sendemast können wir ausmachen. Und mit viel Glück, bei sehr klarer Sicht, sehen wir, wie sich München in der Ferne aus dem Dunst schält.

Auf der anderen Seite liegt der Walchensee vor der Kulisse des Karwendelgebirges, aber auch Stubaier Alpen und das Wettersteingebirge mit der Zugspitze können wir erspähen. Im Osten grüßen die Benediktenwand, die Jachenau und dahinter Bergspitzen wie der Wilde Kaiser, die schon in Österreich liegen. Ein **Panorama,** das schwindelig macht! Im Frühsommer sind die meisten Gipfel noch weiß überpudert und allesamt blasse Schönheiten. Besonders klar ist oft die Sicht im Herbst.

Ist man hier oben auch nicht allein – am Hang finden alle Wanderer ihr Picknickplätzchen. Auch wir holen die Brotzeit aus dem Rucksack, die in klarer Bergluft – entrückt vom Alltag – einfach herrlich

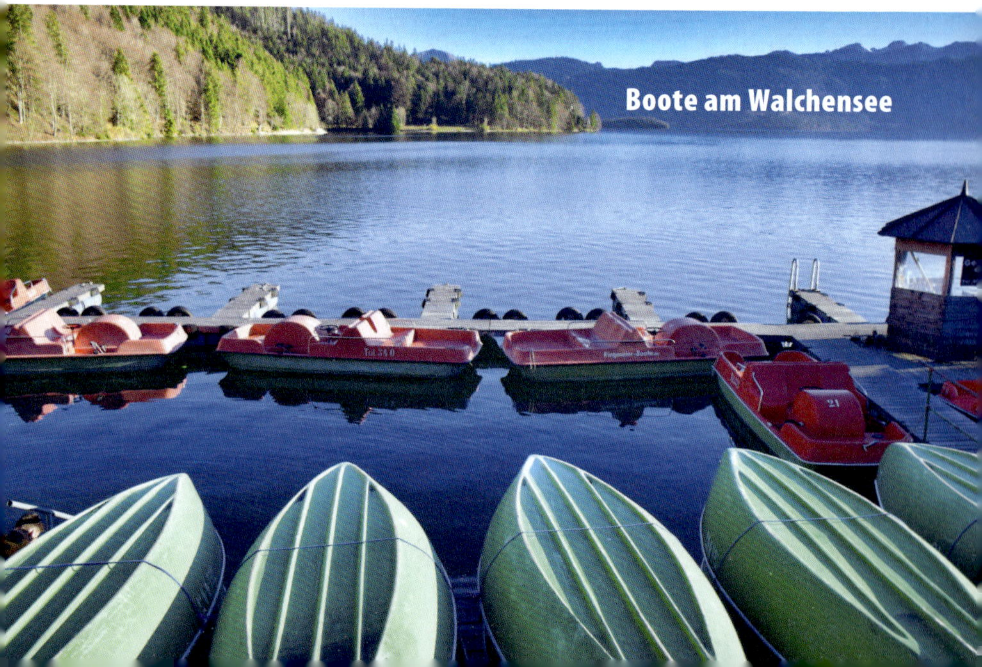

Boote am Walchensee

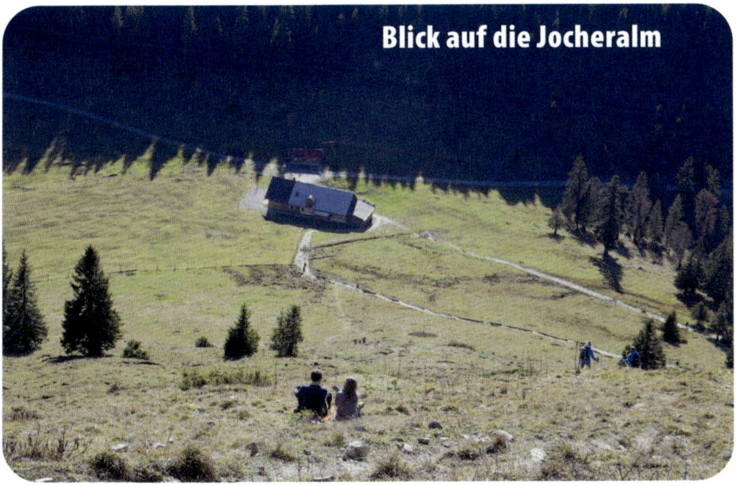

Blick auf die Jocheralm

schmeckt. Und natürlich lassen wir uns alle Zeit der Welt, um die Sonnenstrahlen einzufangen und das Panorama aufzusaugen. Wir haben ja noch den ganzen Nachmittag Zeit.

Der Abstieg führt an der **Jocheralm** 3 vorbei, die wir vom Gipfel aus bereits erspäht haben. Ein schmaler Pfad führt recht steil direkt über die Weide, auf der sich im Sommer Kühe an Bergkräutern laben, zum Berggasthof. Alternativ gehen wir ein Stück zurück und laufen – der Beschilderung zur Jocheralm folgend – auf einem breiten Wanderweg abwärts. Im Biergarten vor der Jocheralm sitzt man herrlich – im Sommer bei Kuhglockengebimmel – und wird bestens versorgt.

Für den Rückweg ins Tal nehmen wir den breiten Zufahrtsweg, der nach rechts in **Richtung Urfeld** führt. Nach rund 500 Metern folgen wir dem Wegweiser nochmals nach rechts auf einen Waldpfad, der sich über Stock und Stein abwärts windet. Der Weg ist größtenteils schattig, teilweise recht schotterig und führt vorbei an Kollektionen von Steinmännchen, die Wanderer errichtet haben. An Biegungen halten wir nach dem Wegweiser nach Urfeld oder dem rot-weißen Pfeil, der den Wanderweg markiert, Ausschau.

Auf 1382 Metern kommen im ***Berggasthof Jocheralm*** *köstliche regionale und hofeigene Produkte des Jachenauer Seppenbauernhofs auf den Tisch.*

Der ***Walchensee*** *ist mit einer Tiefe von bis zu 190 Metern einer der tiefsten Alpenseen Deutschlands. Mit einer Sichtweite von 40 Metern unter Wasser und mehreren Wracks zieht er viele Taucher an. Thermische Winde bieten außerdem ideale Bedingungen für Windsurfer, Kitesurfer und Segler.*

Panoramatour 6

Auf dem letzten Stück bergab glitzert schon der **Walchensee** ④ türkisfarben durch die Bäume. Wir suchen uns am Ufer ein Plätzchen am Kiesstrand, kühlen die wandermüden Füße im eiskalten Wasser oder schwimmen an warmen Tagen ein paar Runden. Fast immer können wir Windsurfern zuschauen, die über den See flitzen. Zurück zum Ausgangspunkt geht es zunächst auf einem befestigten Weg in etwa 30 Minuten am Seeufer entlang nach Urfeld. Wer öffentlich unterwegs ist, wartet dort auf den Bus – im **Café am See** ⑤ mit großer Seeterrasse zum Beispiel. In dem urigen Selbstbedienungslokal gibt es selbst gebackene Kuchen zum Seeblick.

Zurück zum Parkplatz wandern wir durch zwei Serpentinen ein Stück entlang der Straße.

*Auf dem Rückweg per PKW durch Kochel lockt das **Franz Marc Museum** mit Werken des Blauer-Reiter-Künstlers.*

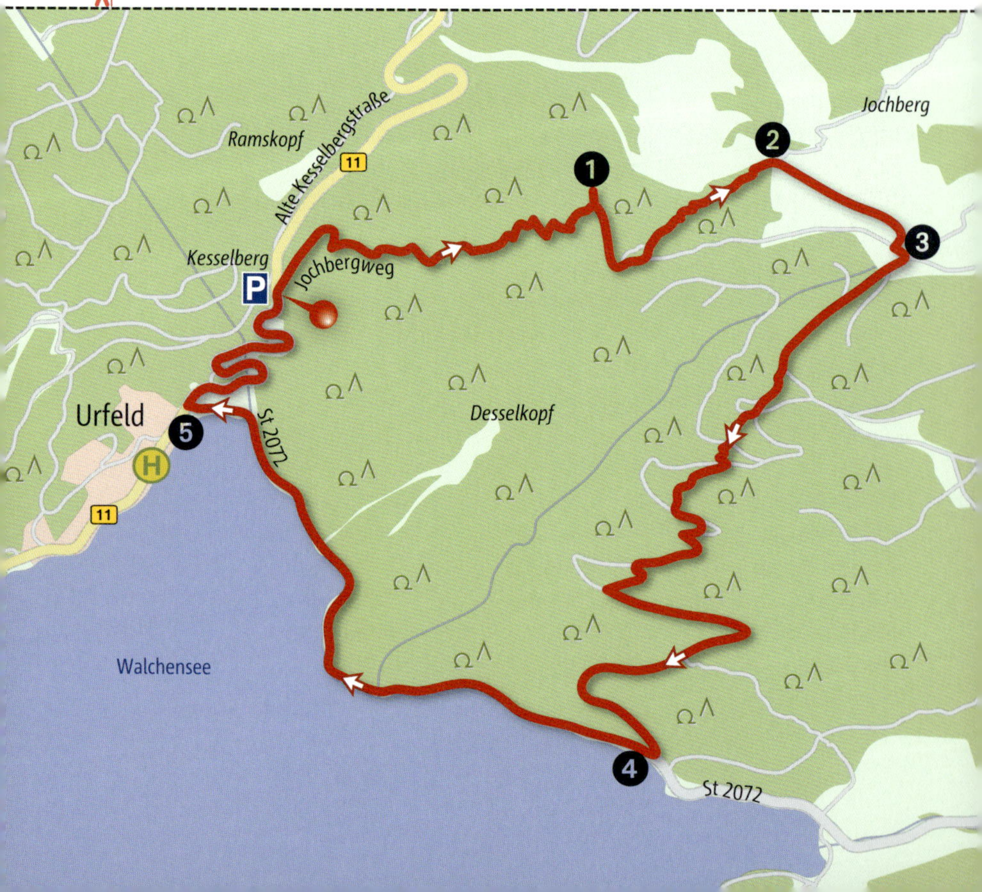

Alles auf einen Blick

WIE & WANN:
Meist schattige Waldpfade bergauf und bergab. Die rund 700 Höhenmeter sind bei solider Grundkondition gut zu bewältigen. Trittsicher sollte man jedoch sein. Bergschuhe sind ein Muss, Wanderstöcke hilfreich. Aufsteigen kann man, sobald der Berg schneefrei ist, in der Regel von Mai bis Mitte Oktober.

Entspannung ★★★★☆
Genuss ★★★★☆
Romantik ★★☆☆☆

HIN & WEG:
PKW: Der Wanderparkplatz an der Kesselbergstraße hinter 82432 Kochel besteht aus mehreren kleinen Parkbuchten in der Kehre am Kesselbergsattel, die sich im Laufe des Vormittags schnell füllen. (GPS: 47.619560, 11.349345)
ÖPNV: Zugverbindung München–Kochel. Am Bahnhof Kochel wartet bei Ankunft der Bus (Linie 9608), der Wanderer zur Haltestelle Urfeld bringt.

ESSEN & ENTSPANNEN:
Jocheralm ❸ unterhalb des Gipfels, www.jocheralm.de, geöffnet von Mitte Mai bis Mitte Oktober
Café am See ❺ Urfeld 27, 82432 Kochel, direkt am Walchensee

ENTDECKEN & ERLEBEN:
Blick auf den Kochelsee ❶
Gipfelkreuz ❷
Walchensee ❹

Nicht direkt auf dem Weg, aber lohnende Ergänzungen:
Walchenseekraftwerk mit Besucherzentrum, www.walchenseekraftwerk.de
Franz Marc Museum, Mittenwalder Straße 50, 82431 Kochel am See, franz-marc-museum.de

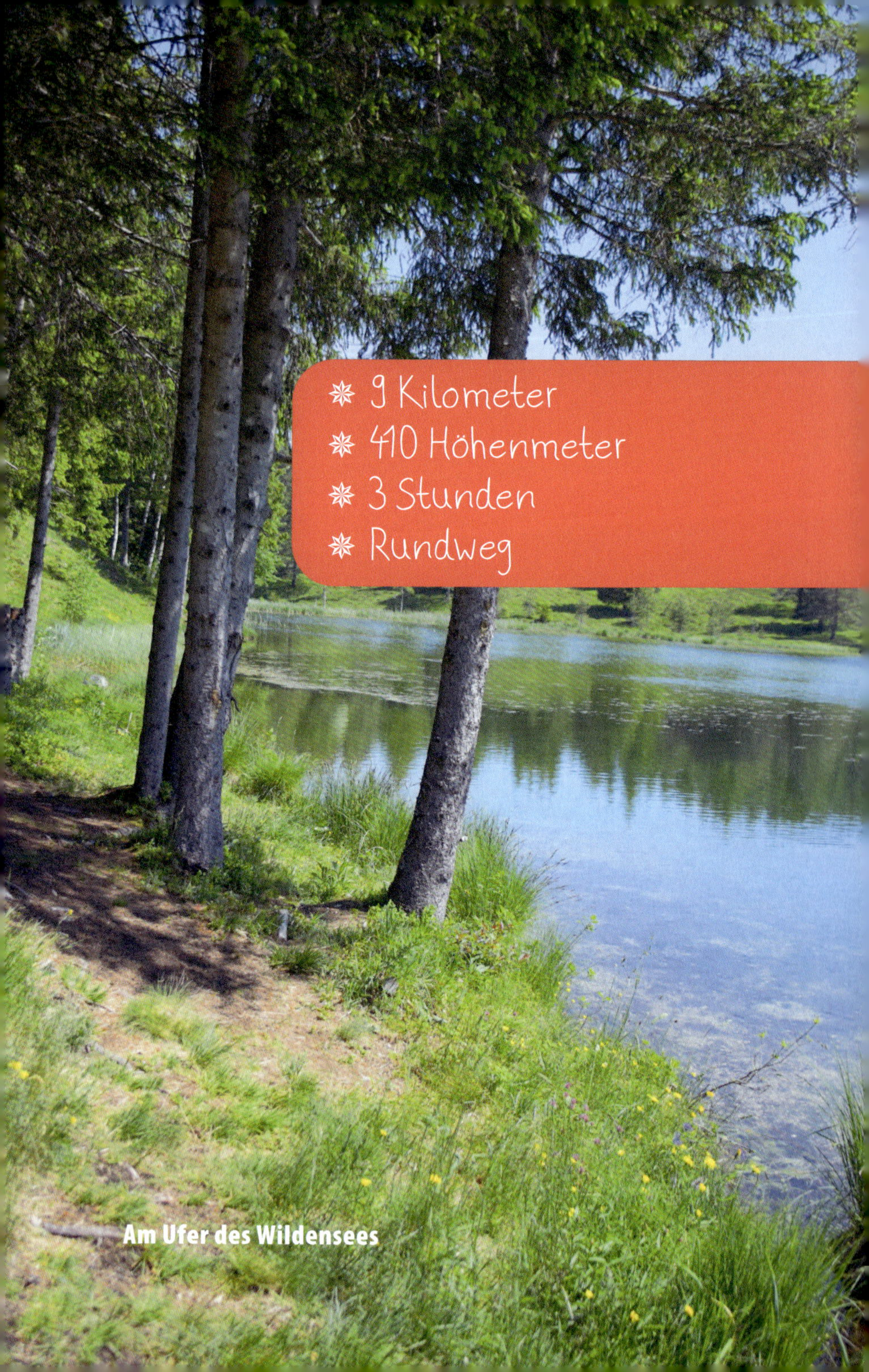

Am Ufer des Wildensees

Ist der **Hohe Kranzberg** (1391 m) bei Mittenwald auch keiner der ganz Großen – was die Aussicht betrifft, spielt er in der ersten Liga. Und weil er früher schneefrei ist als die Wolkenkratzer ringsum, kann man ihn auch schon im Frühjahr besteigen. Im Frühjahr und Frühsommer lockt die Blütenpracht, im Sommer der

Naturkino

Hoher Kranzberg und Wildensee

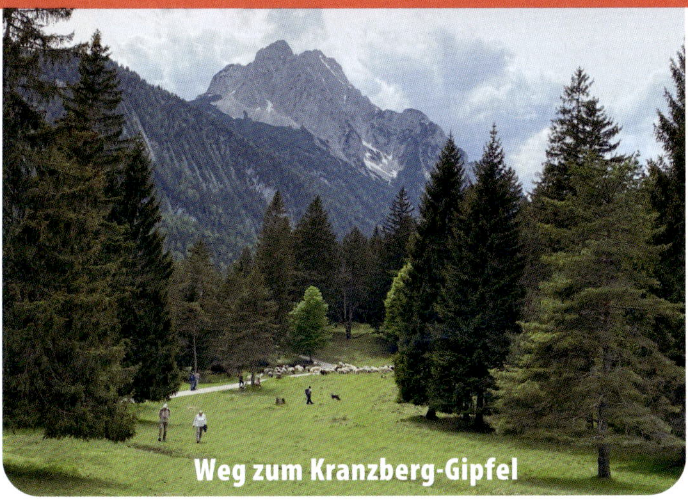

Weg zum Kranzberg-Gipfel

Badesee. Aber auch im Herbst ist es eine schöne Runde. Die Rundwanderung führt auf direktem Weg zum Gipfel und kann teilweise mit einer nostalgischen Sesselbahn abgekürzt werden. Nach einer ausgedehnten Pause mit Gipfelkino geht es mit Gelegenheit zu Badepause und Einkehr im Berggasthof über den Wildensee zum Ausgangspunkt zurück. Alternativ kann man den Wanderbus von Mittenwald zum Lautersee

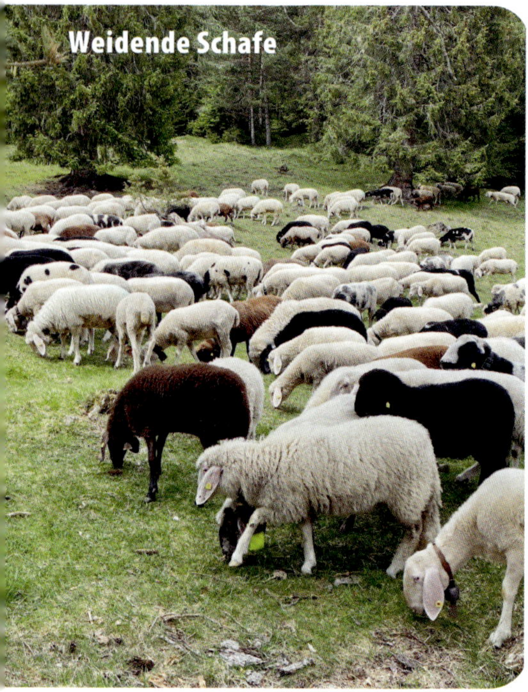

nehmen und von dort zum Berggasthof St. Anton aufsteigen.

Der Aufstieg ist problemlos, weil gut ausgeschildert. Vom Parkplatz laufen wir links von der **Talstation des Sessellifts** bergauf und folgen stets den **Schildern „Hoher Kranzberg".** Wer Höhenmeter sparen möchte, kann mit der nostalgischen Sesselbahn aufwärts schweben. Sie führt allerdings nicht ganz bis zum Gipfel. Das letzte Stück ist den Fußgängern vorbehalten. Die Länge des Aufstiegs ist mit insgesamt 1 ½ Stunden angegeben, die Gondel spart eine halbe Stunde. Wer sich für den Fußweg entscheidet, läuft auf einem breiten Wanderweg durch den **Bergwald.** Anders als anderswo geht es zunächst durch einen Latschenwald. Oberhalb des Latschengürtels liegt Buchen- bzw. Mischwald, gefolgt von Nadelwald. Verkehrte Welt.

Es geht vorbei an einer hübschen kleinen **Gerltafelkapelle** 1 und unterwegs unterqueren wir mehrmals die Sesselbahn. Auf unserem Weg begegnet uns möglicherweise eine Schafherde mit etlichen schwarzen Schafen, die immer irgendwo in der Region friedlich auf den Bergwiesen weidet und hübsch anzusehen ist. Ein Hinweisschild schickt Wanderer zur **Korbinianhütte –** ein prächtiger Berggasthof mit tollem Ausblick. Aber noch ist es ein bisschen früh für eine Einkehr. Der Weg schlängelt sich durch saftige **Almwiesen.** Hier wachsen im Frühjahr und Frühsommer Wildblumen in allen Farben wie Alpen-Fettkraut, Mehl-Primeln, Berg-Flockenblumen oder Knabenkraut.

Nach etwa 30 Minuten erreichen wir die **Bergstation der Sesselbahn.** Jetzt einfach mal umdrehen. Hier haben wir bereits einen prächtigen Blick aufs Karwendelgebirge. Aber es kommt noch besser! Oberhalb der Sesselbahnstation liegt der **Berggasthof St. Anton** ②. Auch wer nicht einkehren will, sollte zumindest einen Schlenker zur Anhöhe bei der Hütte machen. Hier liegt uns der **Lautersee** zu Füßen, ein bildhübscher kleiner Badesee. Von dort könnte man alternativ aufsteigen oder auch später zum See absteigen und nach ei-

Für die Seele

Auf Panoramaliegen genießen wir am Gipfel das Naturkino und am Wildensee bayerische Schmankerln mit Seeblick.

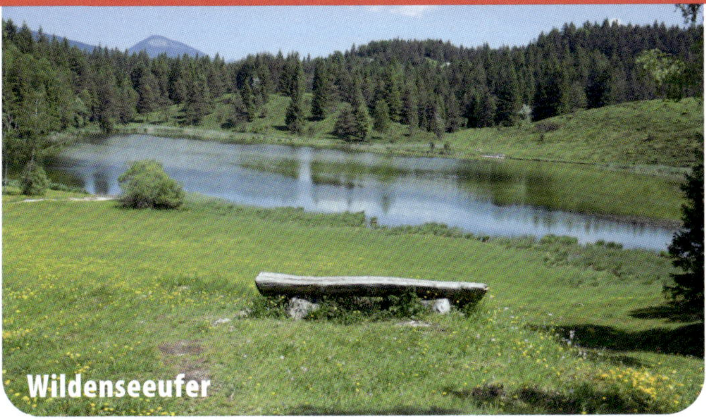

Wildenseeufer

ner Badepause den Wanderbus nach Mittenwald nehmen. Das heben wir uns fürs nächste Mal auf. Heute gehen wir über den Wildensee zurück nach Mittenwald. Der Gasthof St. Anton hat eine schöne Sonnenterrasse mit Bergblick. Hier beginnt auch ein **Barfußpfad** ③ mit 24 Stationen über 1,6 Kilometer, der besonders bei Familien Anklang findet. Über Wackelbalken und durch einen Kneippbach, über Tannenzapfen, Kiesel oder Wiesen. Eine nette Einlage auf dem Weg zum Gipfel, die neben den Fußsohlen auch den Geist belebt.

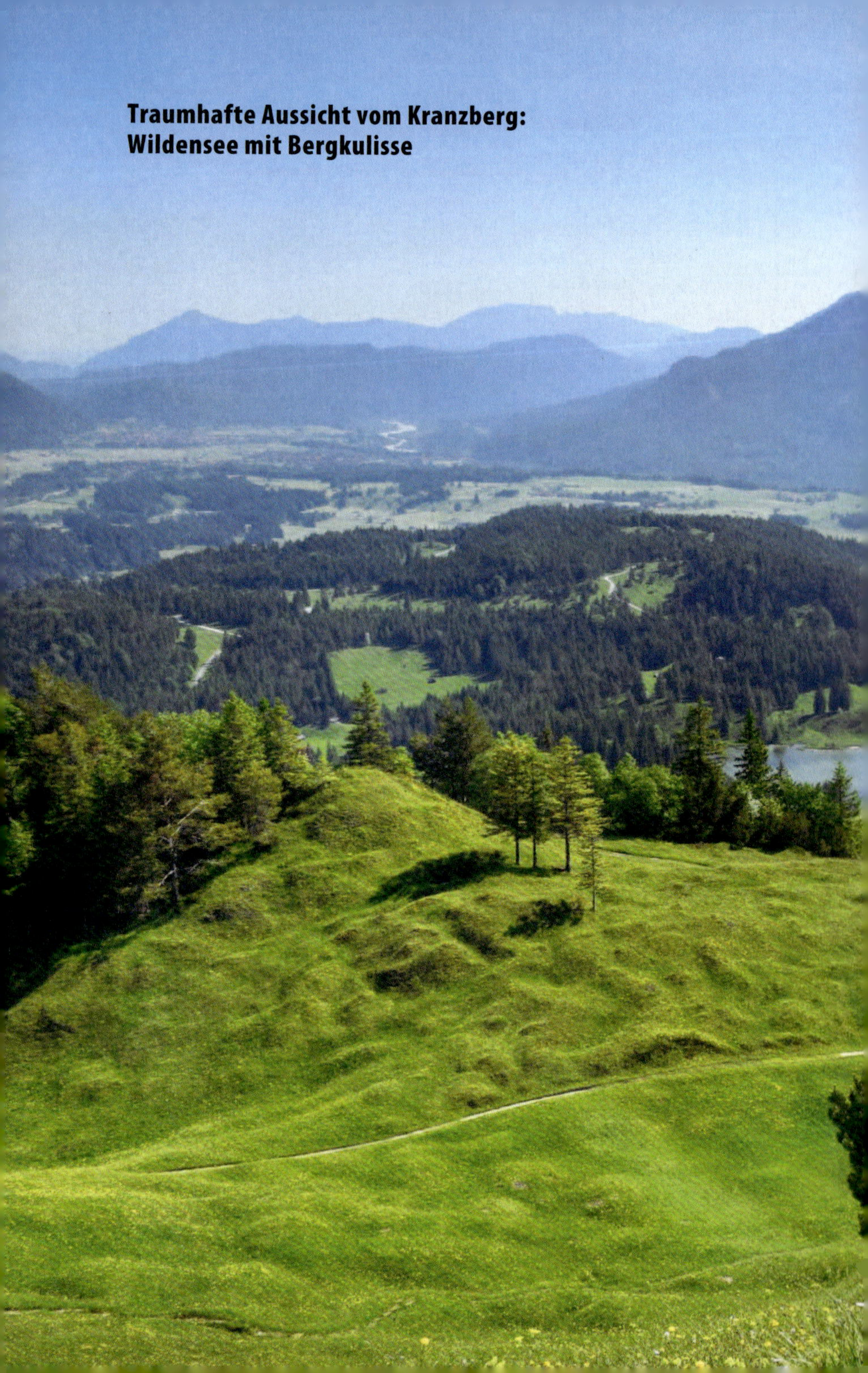

Traumhafte Aussicht vom Kranzberg:
Wildensee mit Bergkulisse

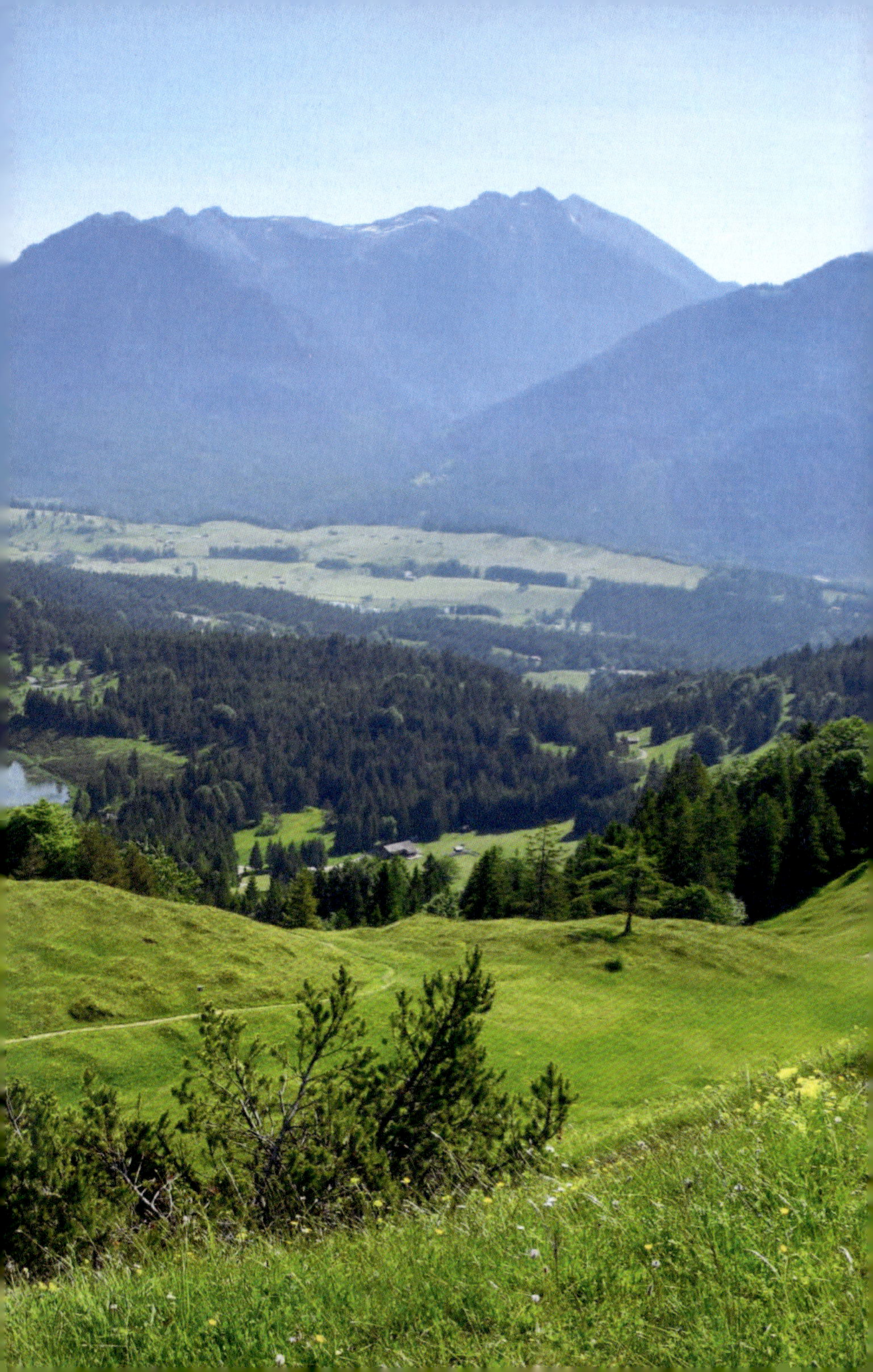

Panoramatour 7

*Die Bergbauern, die das Bergheu ins Tal transportierten, mussten sich am **Fuchstadele** besonders plagen. Im Volksmund hat es sie „gfuxt". Daher der Name. An der steilsten Stelle steht ein kleiner Stadel.*

Nach dem Berggasthof St. Anton – beim **Fuchstadele,** einem überdachten Unterstand – wird es steil. Glücklicherweise nur für ein paar Minuten. Die Fuhrleute, die hier einst mit Heuschlitten unterwegs waren, um das Heu vom Berg ins Tal zu bringen, fürchteten den Streckenabschnitt. Für uns kein Problem.

Wer sich nicht im Gasthof gestärkt hat, hat vermutlich eine Brotzeit im Rucksack. Eine gute Idee, denn der Kranzberg ist ein herrlicher Platz fürs Gipfelpicknick. Zunächst laufen wir aber noch am Kranzberghaus vorbei, das seit Jahren geschlossen ist und auf seine weitere Bestimmung wartet.

Geschafft! Wir stehen auf dem **Gipfel des Kranzbergs** **4** und wissen nicht so recht, wohin wir zuerst blicken sollen. Der Rundumblick ist gigantisch! In der Ferne sehen wir Heimgarten, Jochberg, Herzogstand und die Benediktenwand aufragen. Näher liegt das Karwendel mit Zweitausendern wie der Schöttelkarspitze (2050 m), der Soiernspitze (2257 m), der Tiefkarspitze (2431 m) oder den Karwendelspitzen. Daran schließt sich das Wettersteingebirge an und bei klarer Sicht können wir die Zugspitze hervorlugen sehen.

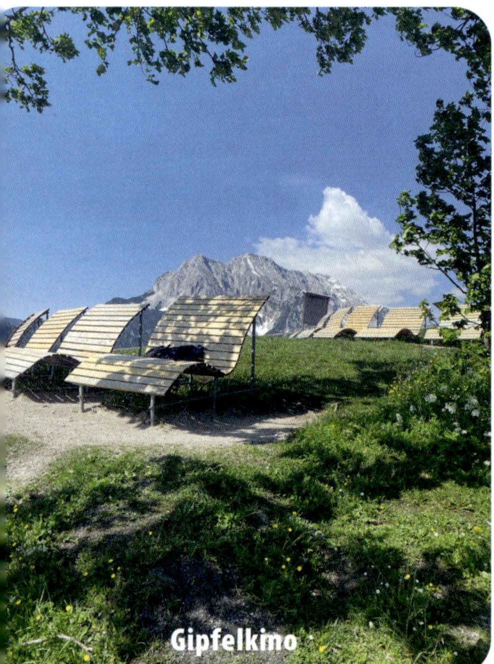

Gipfelkino

Dann heißt es: Bitte Platz nehmen zum **Gipfelkino!** Liegen aus Holz laden zum Entspannen ein und wer früh kommt, sitzt in der ersten Reihe. Wir atmen die frische Bergluft ein und genießen den Weitblick. Ein herrlicher Platz fürs Gipfelpicknick und eine ausgiebige Auszeit vom Alltag.

Dann lockt der Wildensee, den wir von oben stets im Blick haben. Smaragdgrün schimmert er zwischen Almwiesen und Bergwäldern. Ein schmaler Wanderpfad schlängelt sich langsam, aber stetig durch die **Buckelwiesen.** Mal geht es leicht bergauf

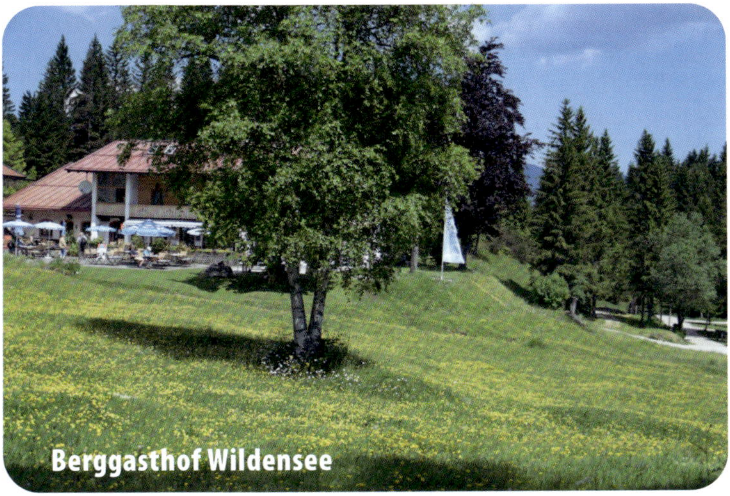

und mal leicht bergab. Ein wunderbarer Wanderpfad. Im Frühjahr und Frühsommer blüht es entlang des Wegs in allen Farben. Der Star der Flora aber ist zweifellos der Blaue Enzian. Nach einer Weile mündet der Pfad auf einen breiten Weg durch den Wald.

Wenn es knallt, nicht in Panik geraten und Ruhe bewahren. Wir berühren eine militärische Sicherheitszone. Wir sind ja noch im Entspannungsmodus und lassen uns nicht irritieren. Die letzten 10 Minuten bis zum **Wildensee** ⑤ geht es bergab auf der Teerstraße. Doch dann liegt schon der Bergsee vor uns, der sich zwischen Buckelwiesen räkelt, die im Frühjahr blütengelb gesprenkelt sind. Erst einkehren oder erst baden? An Sommertagen lockt natürlich der See. Weil er nur maximal 2 Meter tief ist, ist er einer der wärmeren Seen der Umgebung. Perfekt für einen Sprung ins Nass. Wenn es zu kühl zum Schwimmen ist, genießen wir einfach die blau-grüne Schönheit vom Ufer aus. Bänke laden dazu ein, das Gesamtkunstwerk aus See, Wiesen und Bergen in aller Ruhe aufzusaugen.

Oberhalb des Ufers liegt der **Berggasthof Wildensee** ⑥. Er ist das einzige Anwesen in der Einöde Wildensee, die zu Mittenwald gehört. Es gibt ein paar Zimmer für Wanderer, die sich von dem bildschönen

Zwischen Heimgarten, Jochberg und Herzogstand auf der einen und Wettersteingebirge auf der anderen Seite ragt das ***Karwendelgebirge*** *mächtig und fotogen mit zahlreichen Zweitausendern auf. Eine grandiose Gipfelschau.*

Platz gar nicht mehr trennen möchten. Ansonsten gibt es auf der Sonnenterrasse bayerische Schmankerl und Kuchen aus der eigenen Backstube.

Produkte vom Kitz, Lamm und Rind stammen auf der ***Gröbl-Alm*** *aus eigener Biolandwirtschaft und von Bauern der Region. Spezialität der hauseigenen Konditorei sind Windbeutel. In der Brennerei werden Edelbrände destilliert.*

Buckelwiesen säumen auch den Weg nach Mittenwald. Sibirische Schwertlilien wachsen am Wegesrand. Wo wir auf einen alten Schlepplift stoßen, laufen wir links abwärts zur Gröbl-Alm. Das steilste Stück ist asphaltiert. Auf einem schönen Wanderweg durch die Buckelwiesen führt auch wieder das letzte Stück, dem wir zur Sesselbahn Kranzberg folgen. Wer am Wildensee noch nicht hungrig war und zum Abschluss der Wanderung zünftig einkehren möchte, kann links zur **Gröbl-Alm** laufen, die manches Schmankerl bereithält. Ansonsten geht es rechts weiter und zurück zum Parkplatz.

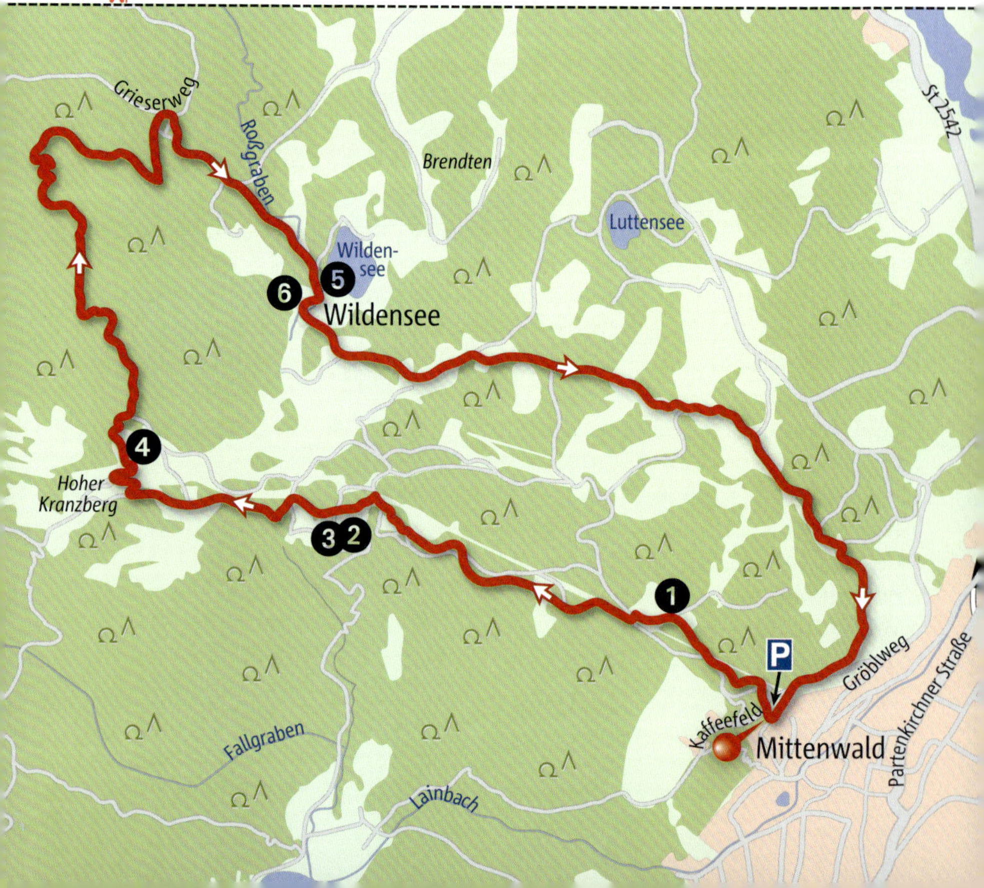

Alles auf einen Blick

WIE & WANN:
Bergauf geht es meist auf breiten Wanderwegen, bergab zum Wildensee auf Wanderpfaden. Die knapp 500 Höhenmeter sind bei solider Grundkondition gut zu bewältigen. Wer bergauf lieber Höhenmeter spart, kann mit der Sesselbahn eine halbe Stunde abkürzen. Sobald der Kranzberg schneefrei ist – meist schon im Mai – lädt er zum Gipfelsturm ein.

Entspannung ★★★★☆
Genuss ★★★☆☆
Romantik ★★★☆☆

HIN & WEG:
PKW: Wanderparkplatz an der Kranzberg-Sesselbahn, Am Kalvarienberg, 82481 Mittenwald (gebührenpflichtig) (GPS: 47.444565, 11.256727)
ÖPNV: Bahnhof Mittenwald, an der Bahnhofstraße ca. 10 Minuten den Schildern zum Sessellift Kranzberg folgen

ESSEN & ENTSPANNEN:
Berggasthof St. Anton ❷ Am Kranzberg, 82481 Mittenwald, Tel. (0 88 23) 80 01
Berggasthof Wildensee ❻ Am Wildensee 1, 82481 Mittenwald, Tel. (0 88 23) 80 24

Abseits der Route empfehlenswert:
Alpengasthof Gröbl-Alm, Gröblalm 2, 82481 Mittenwald, Tel. (0 88 23) 91 10, www.groeblalm.de

ENTDECKEN & ERLEBEN:
Gerltafelkapelle ❶
Barfußpfad ❸
Gipfel Kranzberg ❹
Wildensee ❺

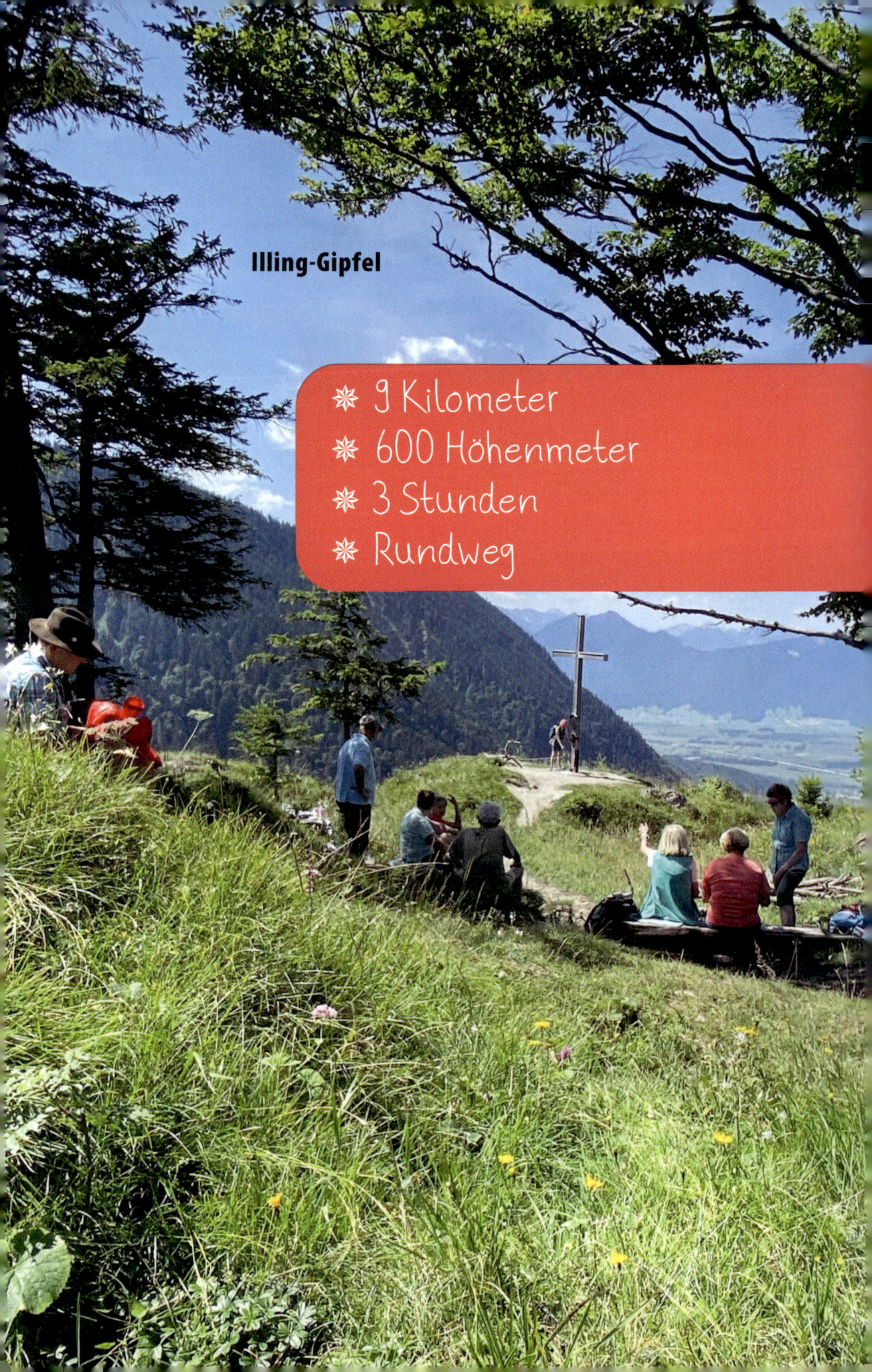
Illing-Gipfel
9 Kilometer
600 Höhenmeter
3 Stunden
Rundweg

Von Ohlstadt steigen viele Wanderer zum Heimgarten auf – eine anspruchsvolle Bergwanderung. Deutlich weniger Beachtung findet der **Große Illing,** auf den eine Halbtagestour für Genusswanderer führt, die sich über Forstwege und schmale Waldpfade schlängelt.

Gipfelpicknick

Auf den Hohen Illing

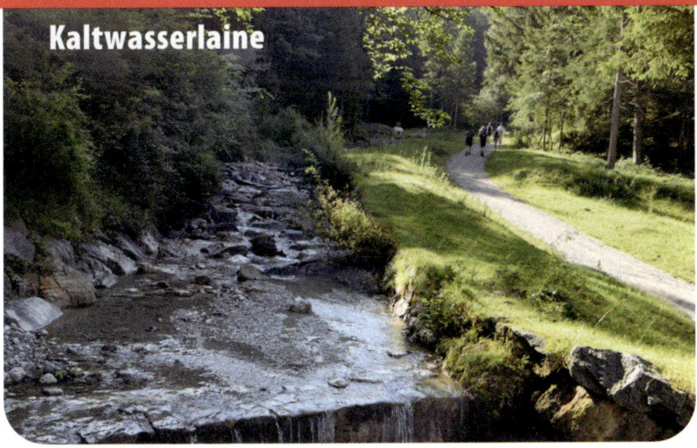

Eine wunderbare Wanderung zu einer tollen Aussichtskanzel über dem Loisachtal, die sich unter dem Heimgarten duckt. Oben lockt ein gemütliches Gipfelpicknick. Unterwegs erfrischen die Kaltwasserfälle inmitten einer Landschaft, die verwunschen und geheimnisvoll wirkt. Ein Grund, warum der Berg im Verborgenen blüht: Es gibt keine Bergbahn und keine Einkehr, der Weg auf den Großen Illing ist nicht einmal ausgeschildert. So bleibt er – glücklicherweise! – ein Berg für Kenner, der anders als so viele andere Gipfel in der Region nie überlaufen ist.

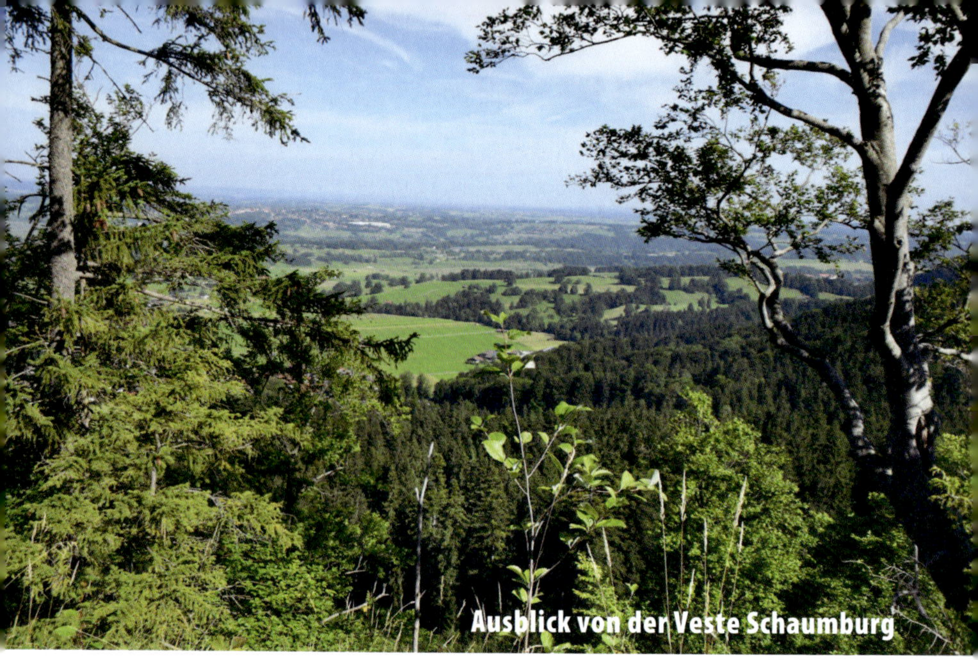

Ausblick von der Veste Schaumburg

Durch ein Gatter geht es vom Wanderparkplatz am Ortsrand von **Ohlstadt** zum Wanderweg, der zunächst an der **Kaltwasserlaine** entlangführt. Der Bergbach stammt aus Gräben an den Nordhängen des Heimgartens und plätschert über Felsen bergab nach Ohlstadt. Später mündet er in die Loisach. Kühe, die am Ufer grasen, empfangen uns mit reichlich Kuhglockengebimmel. Der Weg führt schon bald in den Wald und wird schmaler. Über Kaskaden stürzt sich das Wasser der Kaltwasserlaine an den **Kaltwasserfällen** ❶ abwärts über bucklige Felsen, die moosgrün schimmern und von Farnen umrankt sind. Auf einer Brücke überqueren wir den Bergbach. Eine verwunschene Landschaft. Ein bisschen fühlen wir uns wie in der Szenerie für einen Fantasyfilm und würden uns nicht wundern, wenn Hobbits plötzlich hinter den Felsen hervorsprängen.

Nach dem Abstecher ins Reich der Fantasie kommen wir auf einen breiten, geschotterten Weg. Wenn dieser sich gabelt, folgen wir links dem Wegweiser in Richtung Veste (20 Minuten), denn wir haben einen Schlenker ins Mittelalter zur **Veste Schaumburg** ❷ eingeplant, die manchmal auch als Schauenburg bezeichnet

*Die **Veste Schaumburg** war eine Gipfelburg auf dem Felsplateau, 250 Meter über dem Loisachtal, unweit des Kleinen Illings. Vermutlich von den Grafen von Ohlstadt um 1100 erbaut, erlebte sie viele Herren und wurde 1414 nach elfwöchiger Belagerung zerstört.*

wird. Nach einer Weile folgen wir einem weiteren Wegweiser ebenfalls nach links. Der Weg schlängelt sich nun angenehm durch den Wald, bis ein gewaltiger monolithischer Felsen in Sicht kommt, auf dem sich einst die Burg erhob.

Wir schieben uns am Fels vorbei und steigen dann über Serpentinen den Felsen hinauf. Ein paar aus dem Stein gehauene Stufen erinnern daran, dass hier vom 11. bis 15. Jahrhundert Menschen lebten. Nach ihrer Zerstörung verfielen die Gebäude zusehends, bis man die letzten Reste Ende des 19. Jahrhunderts abtrug.

Für die Seele

Herrlich ist das Picknick unterm Gipfelkreuz, und die verwunschene Wasserwelt der Kaltwasserfälle verzaubert.

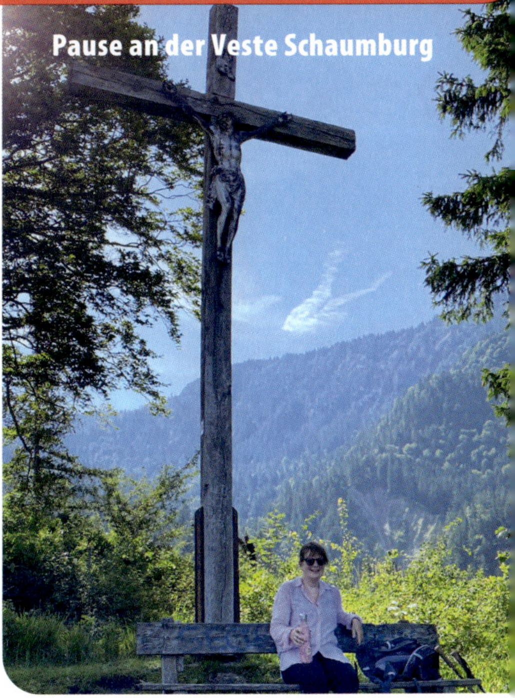

Pause an der Veste Schaumburg

Wir finden auf dem **Gipfel** des Felsens (904 m) nur eine Bank unterhalb eines hölzernen Kreuzes, nehmen Platz und reisen in Gedanken zurück ins Mittelalter, während wir den Blick über Ohlstadt genießen. Wie haben die Grafen von Ohlstadt hier wohl gelebt? Einen grandiosen Blick haben sie auf jeden Fall genossen!

Auf gleichem Weg geht es zurück zum Hauptwanderweg, der geschottert ist und stetig bergauf führt. Wer mag, nimmt immer wieder Alternativwege zur Rechten und Linken, die nach einer Weile zurück auf den Hauptweg führen. Es sind allesamt **Waldpfade über Stock und Stein,** die deutlich mehr Spaß machen als der monotone Wirtschaftsweg. Nur nach Regentagen ist Vorsicht geboten, dann kann es rutschig sein. Dass festes Schuhwerk ein Muss auf einer Bergtour ist, versteht sich von selbst.

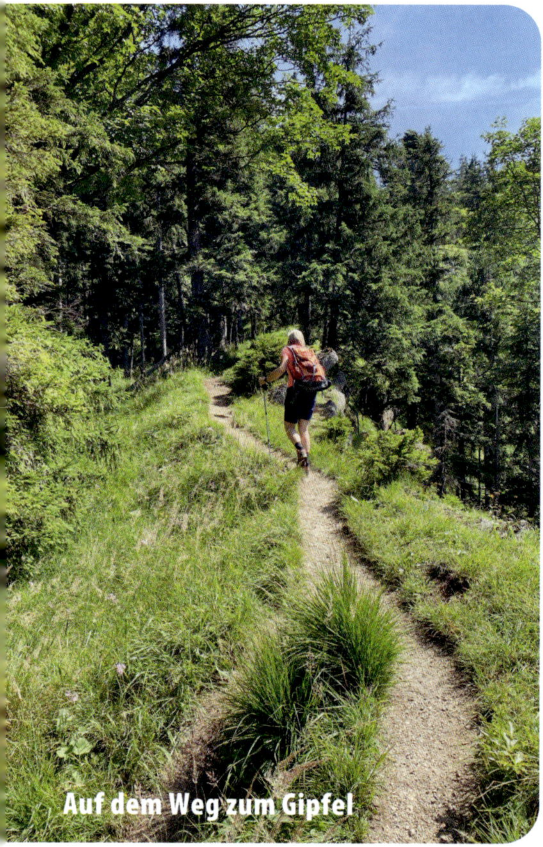
Auf dem Weg zum Gipfel

Wenn wir nach vielen Abwegen wieder auf dem Hauptweg landen, zweigt rechts ein Weg zum Heimgarten ab. Wir laufen jedoch geradeaus auf dem unbeschilderten Weg weiter. Es geht meist schattig durch den Mischwald, dazwischen gibt es aber auch die ein oder andere sonnige Passage. Wunderbar ist der Weg auch im Herbst, wenn das Laub in rotbraun und ockergelb höchst fotogen erglüht.

Wenn wir aus dem Wald kommend direkt auf einen breiten Schotterweg stoßen, heißt es aufpassen. Der **Kammweg,** den wir zum Gipfel nehmen wollen, führt direkt geradeaus über den Schotterweg hinweg wieder in den Wald. Er ist schmal und auf den ersten Blick als Wanderpfad kaum zu erkennen. Eine Weile geht es relativ steil bergauf, dann wird es nach und nach flacher und durch die Bäume können wir bereits den ein oder anderen Blick auf bewaldete Hänge werfen. Faszinierende Formationen erwarten uns unterwegs: Wurzeln, die Felsen umwuchern, als wollten sie sie an sich reißen. Ein Weg, der das Herz aller Genusswanderer höherschlagen lässt. Über die licht bewaldete Gipfelflanke des Illings geht es weiter bergauf und nach wenigen Minuten erreichen wir eine Abbruchkante. Nun heißt es aufpassen. Der Weg ist nicht gefährlich, aber schwindelfrei sollte man sein.

Auch im Spätsommer blühen hier oben noch Blumen in allen Farben, unzählige Schmetterlinge umflattern uns. Immer wieder bleiben wir stehen, um ihr Spiel zu beobachten. Hier ist der Alltag eine Weltreise entfernt. Zwischendurch sollten wir auch mal den Blick voraus richten: Nach einer Weile lugt nämlich das Gipfelkreuz des Illings auf einem Gipfelplateau unterhalb des Heimgartens vor uns auf.

Noch ein paar Serpentinen, dann haben wir es geschafft. Das **Gipfelkreuz 3** liegt in 1313 Metern Höhe vor uns. Vielleicht haben wir Glück und ergattern eine der beiden Bänke mit Ausblick. Ansonsten genießen wir den Ausblick übers Loisachtal zu den Ammergauer Alpen, aufs Murnauer Moos, den lang gezogenen Hohen Peißenberg und auf Staffelsee und Riegsee erst einmal ausgiebig vom Gipfelkreuz aus, das sich leicht

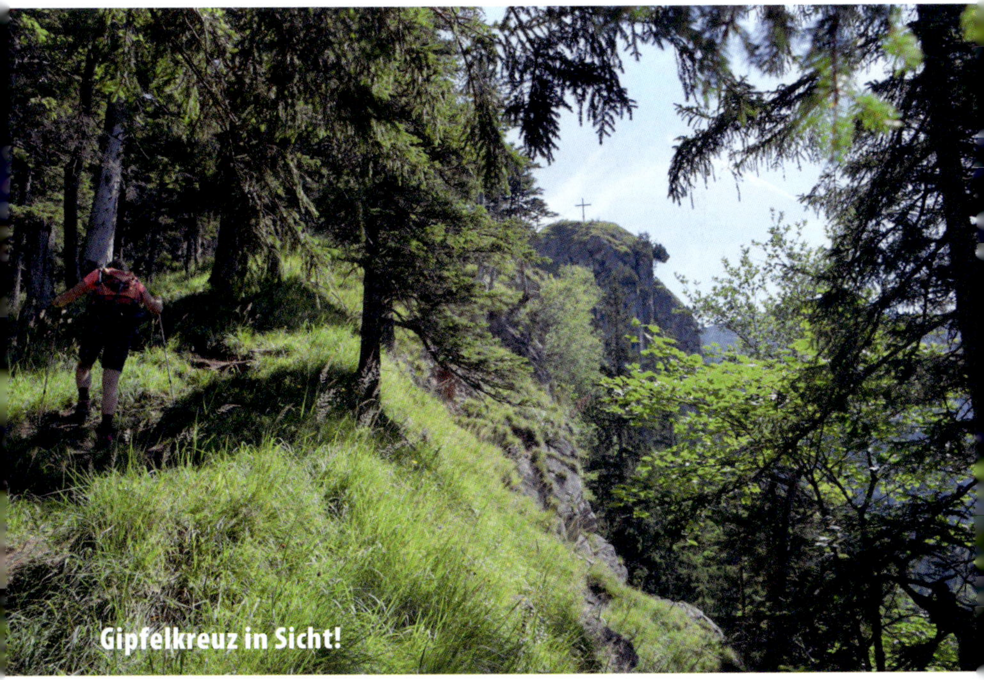

Gipfelkreuz in Sicht!

unterhalb des Plateaus erhebt. Dann suchen wir uns einen Platz im Gras und breiten die Picknickdecke aus. Nach der Anstrengung schmeckt die Brotzeit aus dem Rucksack einfach köstlich. Wir schweben hier hoch über der Alltagswelt – der perfekte Ort, um frische Energie zu tanken.

Zurück geht es ein kurzes Stück auf dem Weg, auf dem wir gekommen sind. Wo sich der Weg gabelt, biegen wir aber nun rechts ab und laufen über einen reizvollen Wurzelweg bergab. Überall liegen Felsen, von Vegetation überwuchert, am Wegesrand.

Wenn wir auf einen breiten Wanderweg kommen, gehen wir rechts zunächst sanft bergab. Dann ein kurzes Stück links und endlich taucht wieder einmal ein Wegweiser auf. Er weist uns nach **Ohlstadt** (1 ¼ Stunden, Nr. 441).

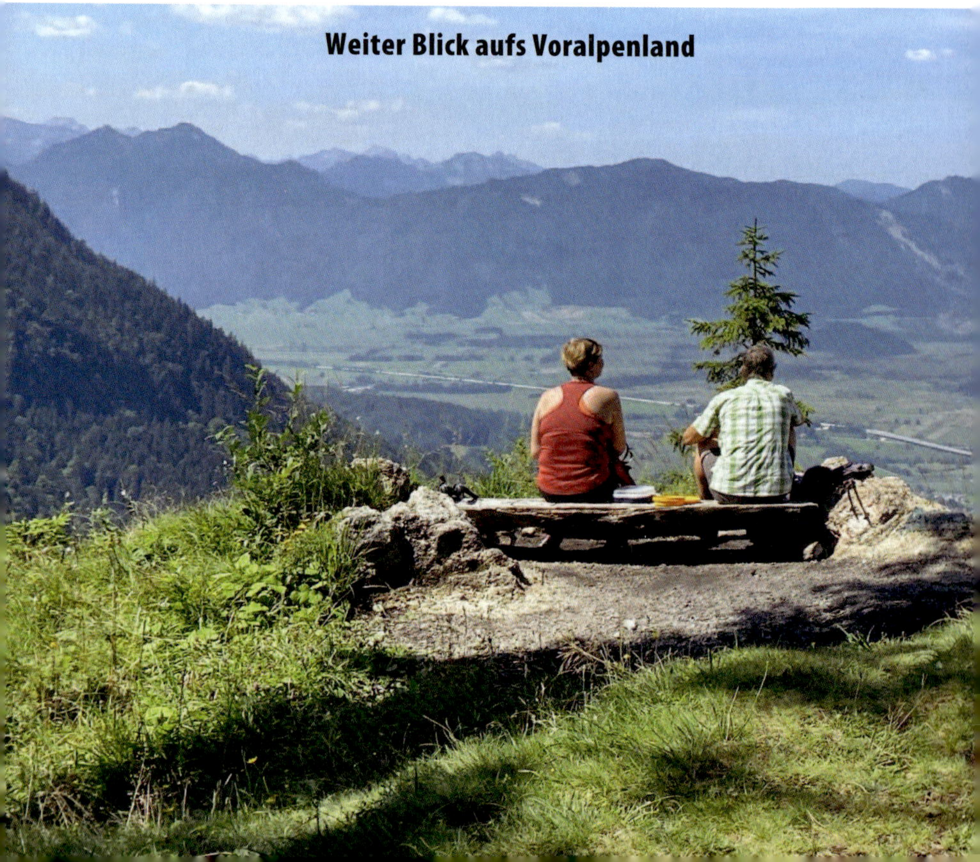

Weiter Blick aufs Voralpenland

Beim nächsten Abzweig haben wir wieder zwei Optionen. Ein Weg führt rechts steil bergab. Wir nehmen den Wanderpfad links an einem hoch aufgetürmten Felsen vorbei. Dann weiter auf einem gut präparierten Weg, der wiederum auf einen breiten Pfad mündet. Nach links gehen wir in Richtung Ohlstadt auf dem kürzeren Weg (1 Stunde). Wenn wir uns umblicken, schauen wir noch einmal von unten auf den Gipfel des Illings. Da oben haben wir gestanden! Wenn wir zum wiederholten Mal auf einen Schotterweg kommen, weist uns der Wegweiser nach links in Richtung Ohlstadt (30 Minuten).

Das Rauschen des Bachs holt uns wieder ein – es kann nicht mehr weit sein. Wir halten uns links in Richtung Parkplatz über die Kaltwasserfälle. Wunderbar ist die kühle Luft, die vom Bach aufsteigt. So

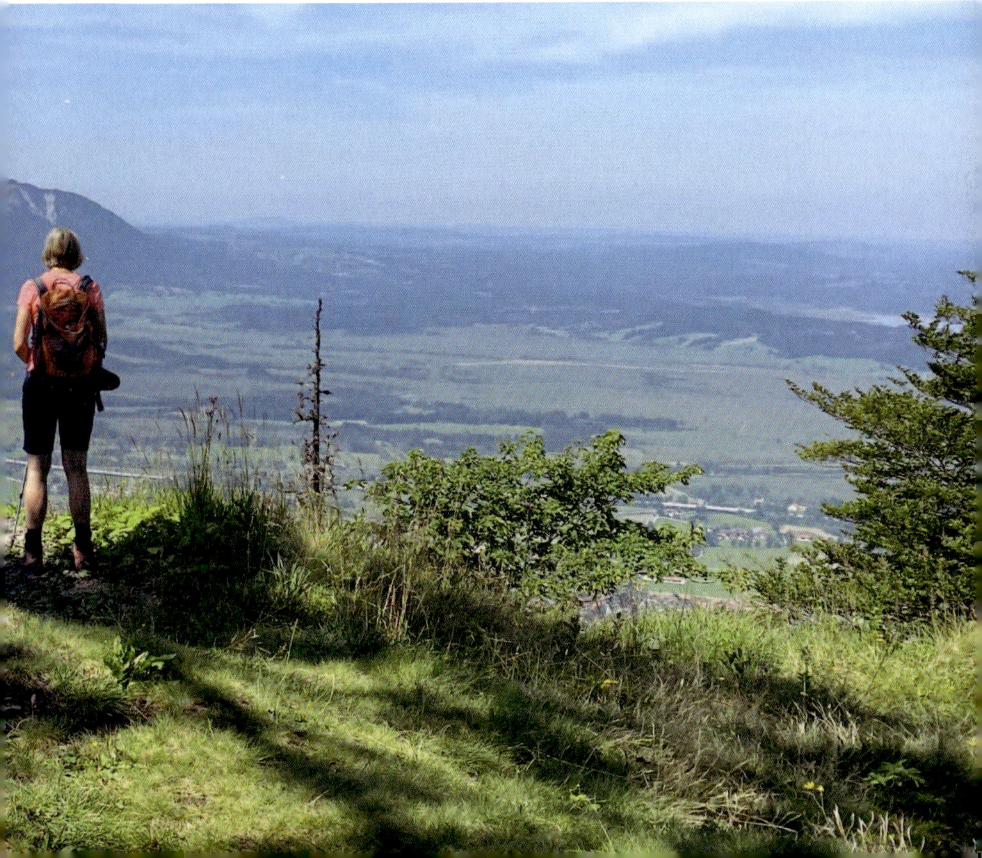

In Ohlstadt betrieb man an der Kaltwasserlaine einst ***Schleifmühlen*** *zur Produktion von Wetzsteinen. Im Ortszentrum steht eine originalgetreue Rekonstruktion an der Stelle einer alten Mühle an der Heimgartenstraße.*

erfrischend! Noch einmal magischer als auf dem Hinweg erscheint uns die Landschaft. Wer Lust auf eine kleine Kraxeleinlage hat, kann die Füße im Wasser baden.

Wer hungrig ist, findet im Ort die ein oder andere schöne Einkehr und kann bei der Gelegenheit auch noch ein bisschen Kultur tanken. Die **Schleifmühle** 4 im Ortszentrum, die nach historischem Vorbild erst 2020/21 errichtet wurde, erzählt von der Vergangenheit Ohlstadts als Zentrum der Wetzsteinmacherei. 1350 wurde das Handwerk erstmals erwähnt und war 600 Jahre lang wichtiger Wirtschaftsfaktor. Die östlich von Ohlstadt gelegenen Steinbrüche lieferten das Rohmaterial, das in zeitweise 24 Schleifmühlen verarbeitet wurde.

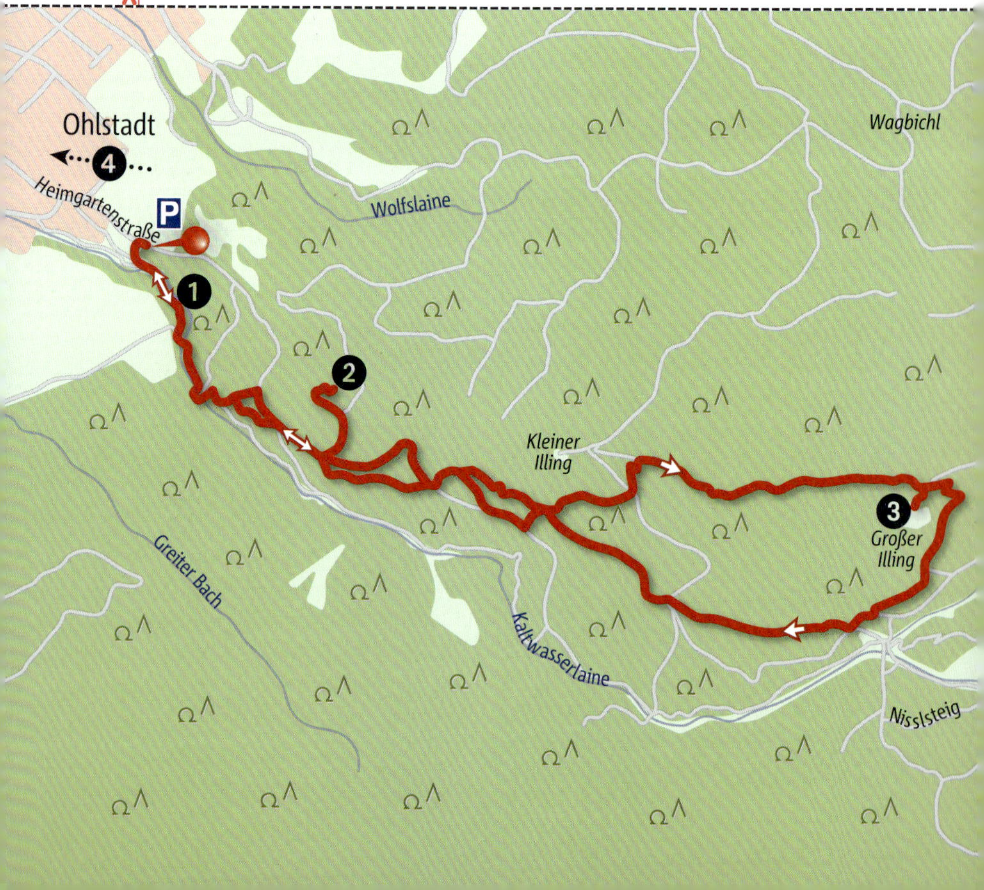

Alles auf einen Blick

WIE & WANN:
Eine prächtige Bergtour auf einen der kleineren Aussichtsberge.
Dennoch ist sie eine echte Bergwanderung auf breiten Schotterwegen und schmalen Bergpfaden. Trittsicherheit und Schwindelfreiheit sind Voraussetzungen, Bergschuhe und Stöcke sowieso. Wenn der Schnee geschmolzen ist, bricht die Wandersaison auf den Illing an, die bis in den Herbst dauert.

Entspannung ★★☆☆☆
Genuss ★★☆☆☆
Romantik ★★★★☆

HIN & WEG:
PKW: Wanderparkplatz in Ohlstadt, am Ende der Heimgartenstraße (gebührenpflichtig) (GPS: 47.629210, 11.241381)
ÖPNV: Bahnhof Ohlstadt, Fußweg von dort 2,1 Kilometer (ca. 30 Minuten) zum Ausgangspunkt

ESSEN & ENTSPANNEN:
Einkehrmöglichkeiten am Ende der Tour:
Gasthof Herzogin Anna, Schwaiganger 1, 82441 Ohlstadt, Tel. (0 88 41) 6 78 62 60, www.gasthofschwaiganger.de
Gasthof zur Post, Hauptstraße 21, 82441 Ohlstadt, Tel. (0 88 41) 6 26 96 86, gasthaus-post-ohlstadt.de

ENTDECKEN & ERLEBEN:
Kaltwasserfälle ❶
Veste Schaumburg ❷
Gipfelkreuz ❸
Schleifmühle ❹

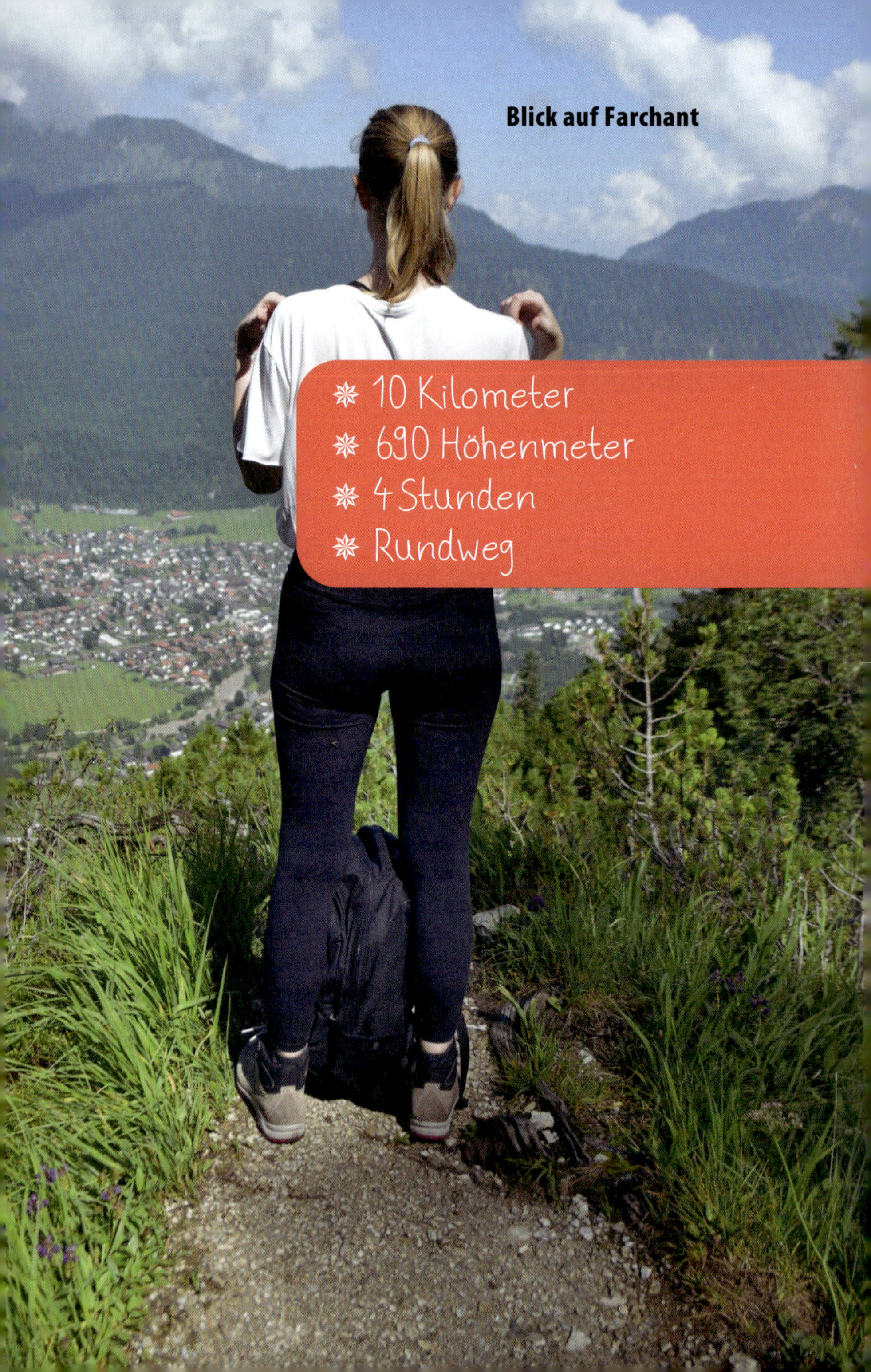

Blick auf Farchant

* 10 Kilometer
* 690 Höhenmeter
* 4 Stunden
* Rundweg

Als Panoramaberg ist der **Wank** zu Recht berühmt. Kann er auch an Höhe nicht mit den Stars der Region wie Zugspitze oder Alpspitze mithalten – der Rundumblick auf Ester-, Ammer-, Karwendel- und Wettersteingebirge ist fantastisch. Kein Wunder, dass viele Besucherinnen und Besucher mit der Wank-

Rundumblick

Auf den Wank

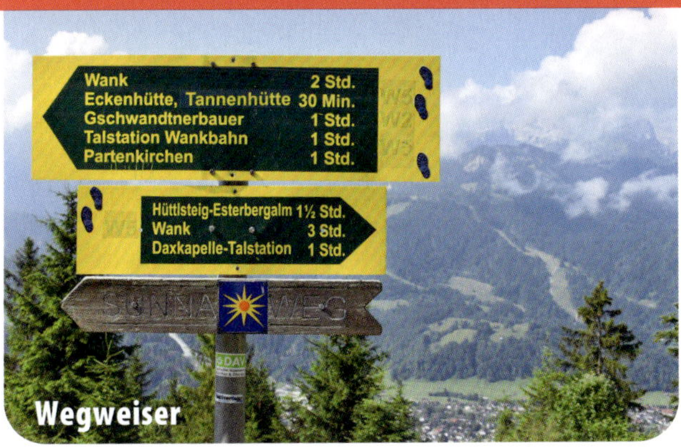

Wegweiser

bahn nach oben schweben. Bergfexe laufen die strammen 900 Höhenmeter zu Fuß. Der Reiz liegt wie so oft in der Kombination. Die Fahrt mit der Bergbahn zur Mittelstation spart ein paar Höhenmeter – das ist äußerst willkommen. Zusätzlich führt die Abkürzung auf einem wenig bekannten, aber äußerst reizvollen Weg zum Gipfel. Nach der Gipfelschau schweben wir mit einer der königsblauen Gondeln der Bergbahn abwärts.

Nostalgisch wirken die blauen Kabinen der **Wankbahn** ①, mit denen wir aufwärts gondeln. Seit der

*Der 1780 Meter hohe **Wank** ist ein traumhafter Aussichtsgipfel gegenüber der Zugspitze. Auf dem lang gezogenen Gipfelplateau fühlt man sich der Welt unten mehr als die knapp 2000 Meter weit entrückt.*

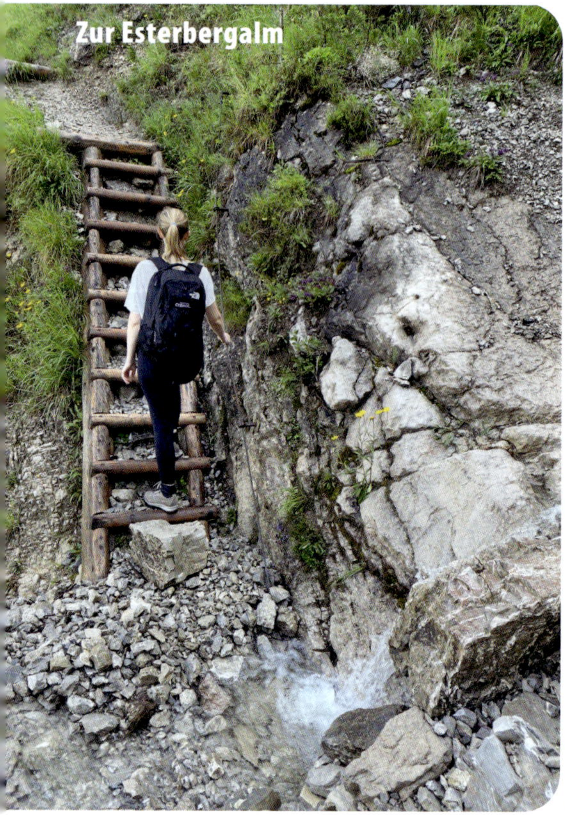

Skibetrieb vor rund 20 Jahren eingestellt wurde, ist sie eine reine Sommerbahn. An der **Mittelstation** ist für uns Endstation. Wir folgen dem Hinweis „Hüttlsteig-Esterbergalm, 1 ½ Stunden“.

Idyllisch schlängelt sich der schmale Wanderweg durch den Wald. Immer wieder bleiben wir stehen und bewundern Schmetterlinge mit fantasievollen Mustern, die auf bunten Blüten landen. Hier und da öffnet sich der **Bergwald** und gibt den Blick auf die Gemeinde Farchant im Tal frei. Zwischendurch überraschen ein paar ausgesetzte Passagen, die uns aber nicht vor große Herausforderungen stellen. Den schmalen Wildbach, der sich über die Felsen ins Tal stürzt, überqueren wir mit einem großen Schritt, um anschließend auf einer drahtseilgesicherten Leiter ein paar Höhenmeter zu überwinden.

Der Wanderpfad durchs Grün mündet nach etwa einer Stunde in den breiten Wanderweg, der von der Talstation zur Esterbergalm führt. Wenn wir die Alm in der Ferne erspähen, verlassen wir den breiten Wanderweg. Ein Wegweiser schickt uns nach links auf einen Pfad, der sich durch eine Viehweide schlängelt. Hier weiden die Kühe, Pferde und Schafe der **Esterbergalm** ❷.

1380 wurde der denkmalgeschützte Berggasthof in einem Hochtal zwischen Wank und Hohem Fricken erstmals urkundlich erwähnt. Bis heute ist er – auf 1262 Metern gelegen – der höchste Bergbauernhof

*Auf der Sonnenterrasse oder in den Gaststuben der **Esterbergalm** serviert die Wirtin Brotzeiten und wechselnde Tagesgerichte. Rind- und Lammfleisch stammen von den eigenen Tieren. Das Wild stammt aus den umliegenden Jagden. Aber auch Vegetarier kommen auf ihre Kosten.*

Deutschlands. Die Tiere sind ganzjährig auf der Alm. Außerdem ist die Gegend ringsum reich an Wild, was sich auch auf der Speisekarte widerspiegelt.

Wir stärken uns auf der Terrasse, während sich nebenan auf der Wiese die Ziegen das frische Gras schmecken lassen. Alles mundet wunderbar in der Almidylle mit Blick auf unser Ziel. Bevor wir wieder

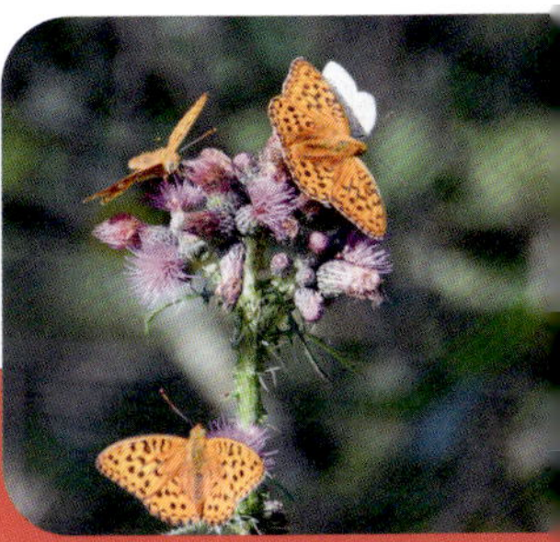

Für die Seele

Schmetterlinge umflattern uns auf verträumten Wandersteigen, und Naturkino erwartet uns am Gipfel.

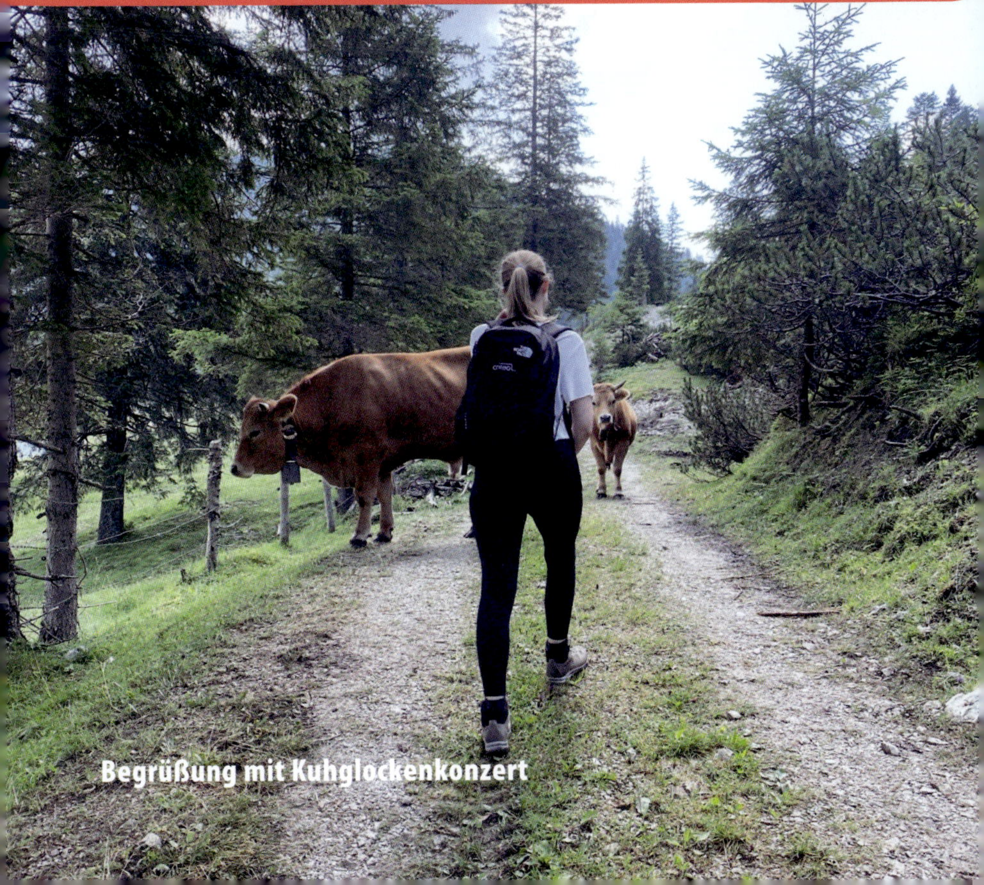

Begrüßung mit Kuhglockenkonzert

den Rucksack schultern, werfen wir noch einen Blick in die denkmalgeschützte **Josefs-Kapelle ③** von 1803, die den Bauern den langen Weg zur Andacht im Tal ersparte.

Über die Wiesen erreichen wir den Wanderpfad, der zum Gipfel führt **(„Wank, 2 Stunden").** Auf zwei Brücken geht es über den Bergbach. Der Pfad wird nun deutlich schmaler und führt zusehends steiler bergauf. Im Sommer geht es im weiteren Verlauf durch einen Farbteppich aus hellroten Alprosen, zwischen denen gelbe Schmetterlinge flattern. Lauter kleine Glücksmomente.

Ein Rauschen in der Ferne kündigt den ein oder anderen Bergbach an. Tatsächlich kein Spazierweg, sondern ein alpiner Trampelpfad, den wir manchmal nur erahnen können. Aber während wir uns zwischen den Zweigen der Latschen hindurchwinden, sind wir eins mit der Natur.

Sobald wir eine Lichtung erreichen, taucht unter uns die Esterbergalm vor der **Kulisse des Estergebirges** auf. Wir hören von unten das Gebimmel der Ziegen. So weit sind wir tatsächlich schon aufgestiegen! Jetzt ein Plätzchen im Gras suchen und den Blick genie-

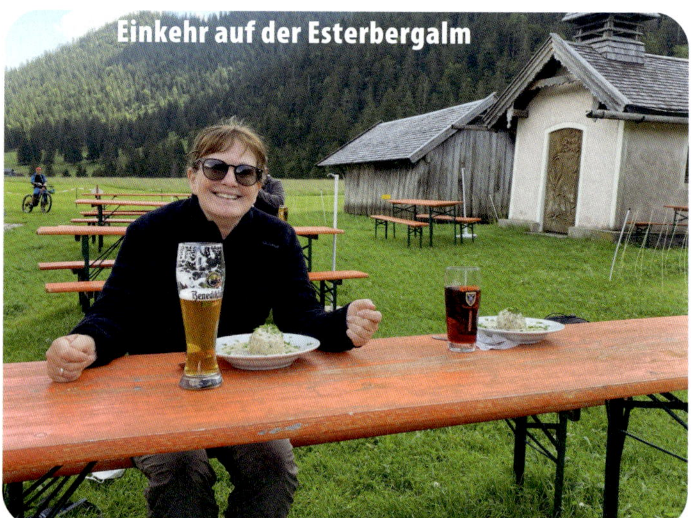
Einkehr auf der Esterbergalm

ßen, bevor wir die letzte anstrengende Passage in Angriff nehmen.

In Serpentinen geht es steil nach oben. Kaum zu glauben, dass der Wank bis vor 20 Jahren Skigebiet war. Heute gehört der Berg den Wanderern. Die Serpentinen münden in einen breiten Wanderweg. Jetzt haben wir es fast geschafft! Eine letzte Steigung, dann erreichen wir auch schon das lang gezogene **Gipfelplateau** **4** des Wanks.

Ein Panoramarundweg führt zu den schönsten Aussichtspunkten – mit Ruheplätzen, die zum Naturkino einladen. Wer sich noch nicht ausgepowert hat, kann die 3 Kilometer lange Runde in Angriff nehmen. Wir laufen direkt in Richtung **Bergstation der Wankbahn.** Mit ein bisschen Glück ergattern wir eine der hölzernen Liegen und Schaukeln ringsum und genießen das herrliche Bergpanorama

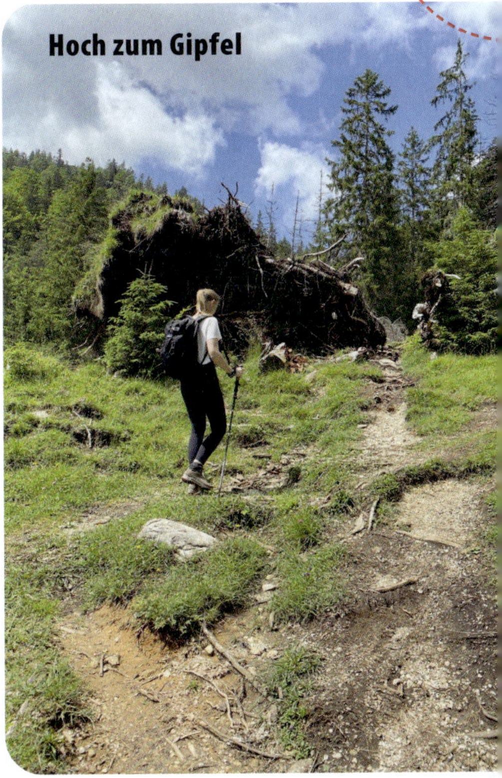

Hoch zum Gipfel

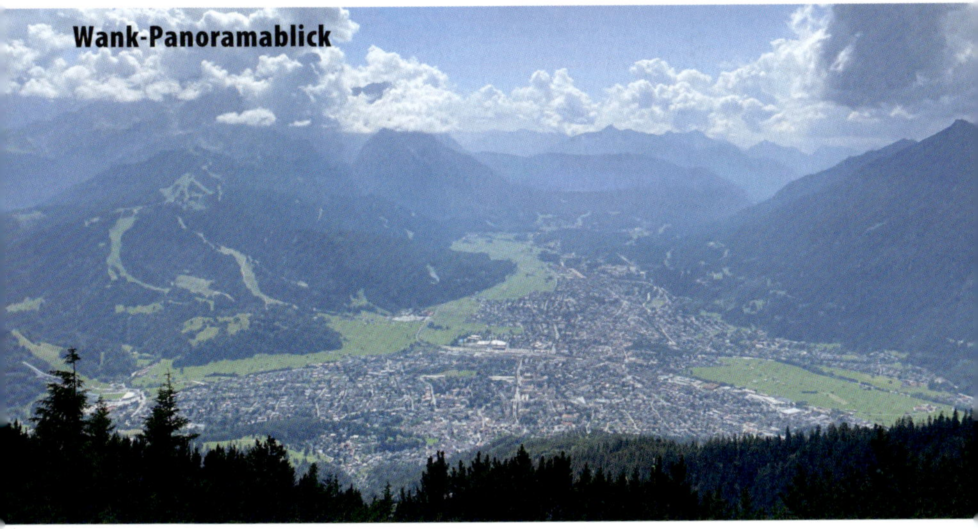

Wank-Panoramablick

Seit 1928 bringt die **Wankbahn** Besucher von Garmisch-Partenkirchen aus auf den Gipfel. 1982 ersetzte man die alte Gipfelbahn durch eine moderne Umlaufkabinenbahn, die aber im Vergleich zu anderen Bahnen wunderbar nostalgisch wirkt.

in vollen Zügen. Tief durchatmen und loslassen – hier sind wir dem Alltag ein gutes Stück entrückt.

Den vollen Rundumblick gibt es vom **Gipfelkreuz** 5 oberhalb der Bergstation. Hier oben steht auch seit 1911 das **Wankhaus** 6, das dem Alpenverein gehört. Wir blicken im Süden aufs Wettersteingebirge, wo sich hoffentlich Zug- und Alpspitze nicht in Wolken hüllen. Im Norden ragen Krottenkopf und Hohe Kisten auf. Im Westen erspähen wir den Daniel, etwas näher die Kramerspitze und im Westen das Karwendelgebirge. Direkt unterhalb Garmisch-Partenkirchen. Sattsehen geht gar nicht. Aber irgendwann ist es doch Zeit für den Abschied. Von der Bergstation bringt uns die Wankbahn in wenigen Minuten wieder ins Tal.

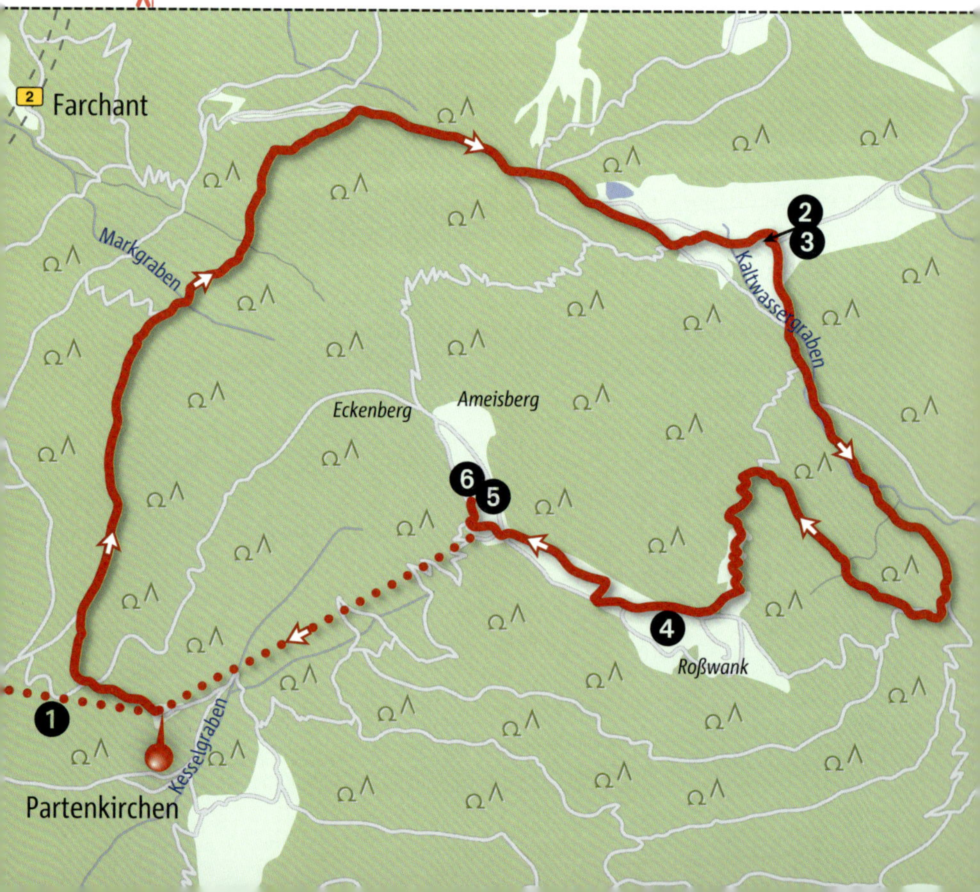

Alles auf einen Blick

WIE & WANN:
Eine Bergwanderung, für die man Trittsicherheit und ein bisschen Kondition mitbringen sollte. Es geht teilweise auf schmalen Wanderpfaden mit ausgesetzten Passagen über Felsen und Baumwurzeln. Sobald die Wanderwege schneefrei sind, beginnt die Wandersaison. Besonders schön ist die Runde auch im Herbst, wenn die Sicht oft besonders klar ist.

Entspannung ✸✸✸✸✸
Genuss ✸✸✸✸✸
Romantik ✸✸✸✸✸

HIN & WEG:
PKW: Parkplatz an der Wankbahn, Wankbahnstraße, 82467 Garmisch-Partenkirchen (gebührenpflichtig) (GPS: 47.504953, 11.107040)
ÖPNV: Bahnhof Garmisch-Partenkirchen, von dort mit dem Ortsbus Nr. 3 oder 5 zur Haltestelle Wankbahn

ESSEN & ENTSPANNEN:
Esterbergalm ❷ Tel. (0 88 21) 32 77
Wankhaus ❻ Tel. (0 88 21) 5 62 01, www.alpenverein-gapa.de/berghuetten/wankhaus.html
Alternative mit ebenfalls fantastischer Aussicht:
Sonnenalm am Wank, Tel. (0 88 21) 79 70, zugspitze.de/de/Wank/Sonnenalm

ENTDECKEN & ERLEBEN:
Wankbahn ❶ zugspitze.de/de/Wank
Josefs-Kapelle ❸
Gipfelplateau ❹
Gipfelkreuz ❺

Bohlenweg durchs Lange Filz

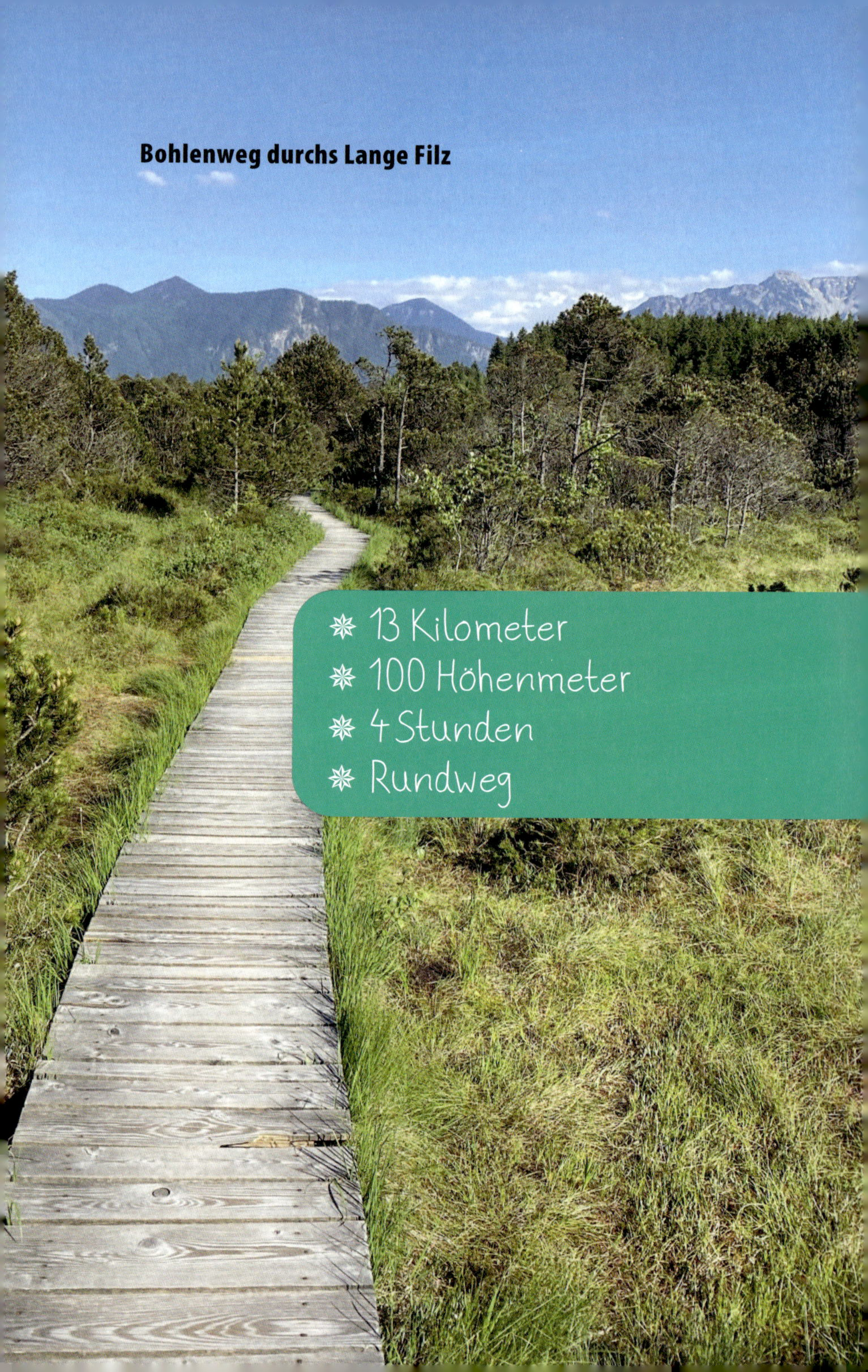

- 13 Kilometer
- 100 Höhenmeter
- 4 Stunden
- Rundweg

Im **Blauen Land** rund um Murnau tauchen Besucher in die Wahlheimat der Künstler des Blauen Reiters ein. Die Landschaft zwischen Bergen, Seen und Murnauer Moos inspirierte vor dem Ersten Weltkrieg Gabriele Münter, Wassily Kandinsky, Franz Marc und Kollegen zu traumhaften Bildern. Die Moorwanderung vor der Alpenkulisse lohnt zu allen Jahreszeiten – besonders schön ist sie im späten Frühjahr oder Frühsommer, wenn unzählige Blüten für Farbzauber sorgen und an langen Abenden das Moor so geheimnisvoll bläulich schimmert, wie es der Name Blaues Land verspricht. Aber auch im Herbst, der den melancholischen Charakter der Landschaft verstärkt, ist die Wanderung ein Genuss.

*Das größte lebende **Moor** Mitteleuropas bietet alle Entwicklungsformen von Nieder- bis Hochmoor und ist Heimat seltener Pflanzen und Tiere. Wachtelkönig, Zwerglibelle, Wanzen-Knabenkraut und viele mehr gehören zu den Raritäten unter den Moorbewohnern.*

Moormomente

Durch das Murnauer Moos

Wann auch immer wir unterwegs sind – die faszinierende Runde durch unterschiedliche Moorlandschaften klingt für die meisten Wanderer nach gut 3 Stunden mit Kirchenkunst und Kochkunst aus.

Ausgangspunkt der Wanderung durchs Murnauer Moos ist der Parkplatz an der Ramsacher Straße. Ein kleines **Infozentrum (Biologische Station)** 1 informiert dort über Naturschätze und Naturschutz in der Region.

Nun laufen wir in Richtung der kleinen Kirche, die von einem Hügel grüßt – die Kapelle St. Georg, auch genannt Ähndl oder **Ramsachkircherl** 2, die wir am Ende der Wanderung noch erkunden können. Nebenan liegt das zweite **Ähndl** 3, ein wunderbares Restaurant

*Das ehrwürdige **Ramsachkircherl** thront laut Überlieferung schon seit Mitte des 8. Jahrhunderts über dem Moor. Längst zeigt es sich bunt und barock, mit vielen Darstellungen des Drachentöters Georg, dem es geweiht ist.*

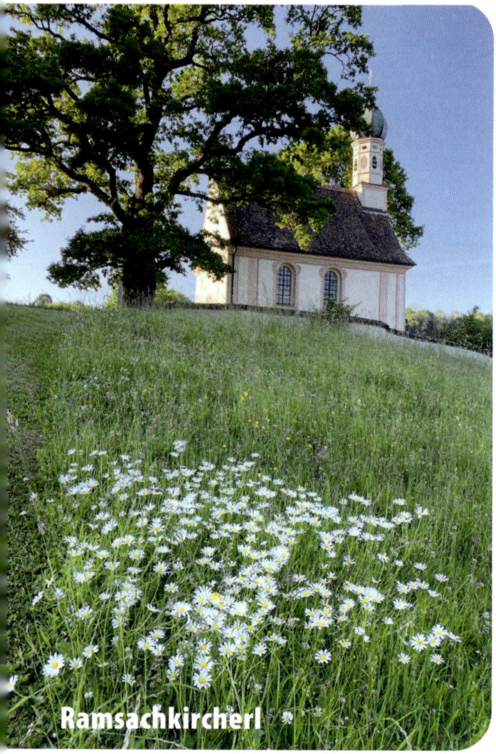

Ramsachkircherl

mit Biergarten, wo die meisten Wanderer ihre Tour genussvoll ausklingen lassen. Letzte Chance zum Reservieren, am Wochenende unbedingt zu empfehlen!

Der Loisachgletscher, dessen Zungenbecken sich einst bis zum Ammersee zog, verlieh der Landschaft ihr heutiges Gesicht. Als er vor 20.000 Jahren zu schmelzen begann, entstand durch Verschiebung von Eis- und Geröllmassen ein gewaltiger Trichter, in dem ein eiszeitlicher See zurückblieb. Wo, wie im Murnauer Moos, das Gletscherwasser nicht abfließen konnte, kam es zur Versumpfung durch Schlamm und absterbende Pflanzenreste. Ein Moor entstand.

Mit 3200 Hektar (davon 2355 Hektar unter Naturschutz) ist das **Murnauer Moos** das größte zusammenhängende Moorgebiet nördlich der Alpen. Das Feuchtbiotop weist alle Stadien der Moorbildung auf. Dominierend ist das Niedermoor, das im Gegensatz zum Hochmoor artenreich ist. So findet sich hier eine Vielfalt an Pflanzen und Tieren, die anderswo längst ausgestorben sind.

Unterhalb von Kirche und Biergarten Ähndl beginnt die Wanderung. Ein bequemer, geschotterter Wanderweg schlängelt sich sanft und ebenerdig durch die Landschaft. Zur Rechten gurgelt die Ramsach, zur Linken ragen unzählige Gipfel – im Frühjahr noch mit Schneezipfeln – in den Himmel. Darunter charakteristische Spitzen des Voralpenlands wie Jochberg, Herzogstand, Heimgarten, Hohe Kiste und Krottenkopf, Wank, Scharnitzspitze, Teufelsgrat, Hörnle und das Ettaler Mandl, das sich keck wie ein Zeigefinger in die Höhe reckt.

Wer im Frühjahr oder Frühsommer unterwegs ist, darf sich auf ein Feuerwerk der Farben freuen: Rosa, blau, gelb und violett blüht es auf den Wiesen. Sibirische Schwertlilie, fleischfarbenes Knabenkraut, Heilziest und Prachtnelke, Sumpfdotterblumen, Mehlprimel, Alpen-Fettkraut oder Trollblume. Schneeweiß wiegen sich die Wollgrasbüschel im Wind. Aber auch im Spätsommer finden sich noch ein paar Farbtupfer, wenn zum Beispiel Duftlauch und Schwalbenwurz-Enzian blühen.

Eine kleine Warnung vorab: Nach der ersten Begeisterung über die Vielfalt der Vegetation erscheint der erste Teil der Strecke vielen Wanderern eintönig. Und an einem heißen Sommertag im Moor würde manch ein Wanderer gern mit den Radlern tauschen,

Für die Seele

An der üppigen Blütenpracht können wir uns kaum sattsehen, und von der feinen Wirtshausküche zum Finale werden wir noch lange schwärmen.

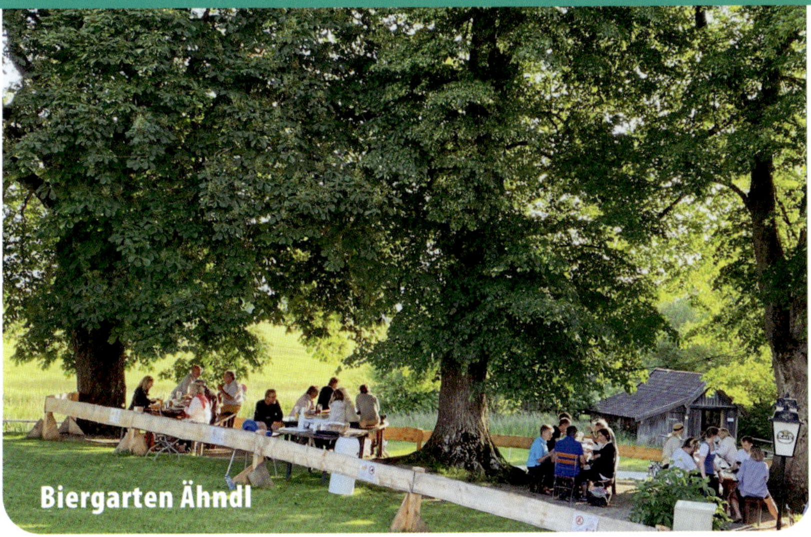

Biergarten Ähndl

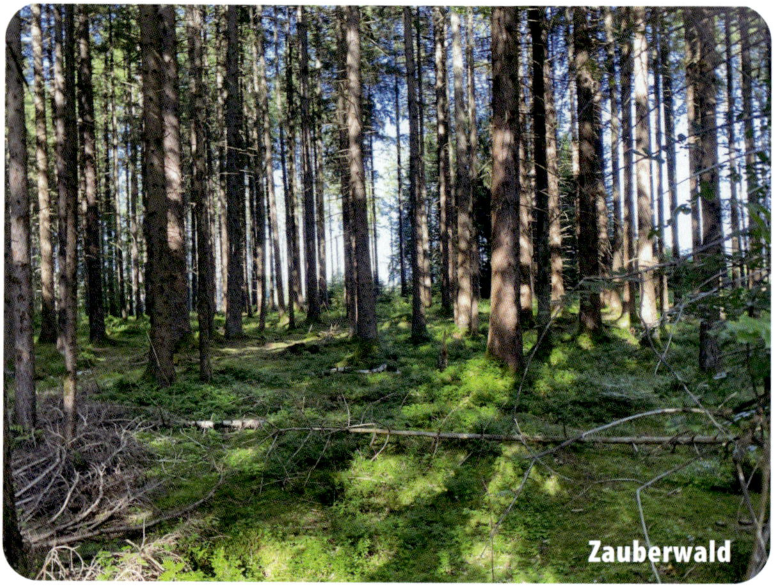

Zauberwald

die hier auch unterwegs sind. Durchhalten heißt die Devise, denn das Beste kommt noch! Und das ist den Wanderern vorbehalten.

Nach 4 Kilometern und rund einer Stunde Wanderzeit führt ein Abzweig zum Moorrundweg nach rechts in Richtung Wald. Der richtige Platz für die erste Pause ist ein **Picknicktisch am Waldrand.** Jetzt erst mal stärken und den Blick übers Moor auf die Berge genießen.

An heißen Sommertagen erschwert die Sonne zusätzlich die ersten Kilometer, denn es gibt weit und breit keinen Schatten. Umso schöner, wenn wir plötzlich – für eine Weile zumindest – in einen kühlen **Nadelwald** eintauchen können. Ein echter Zauberwald wartet, der zum Waldbaden einlädt. Es duftet nach Fichtennadeln, es weht es kühles Lüftchen. Ein wunderbarer Frischekick vor dem Eintauchen ins Hochmoor.

Nach dem Waldintermezzo erreichen wir eine Kreuzung und nehmen den Weg, der für Radler und Reiter gesperrt ist. Der nächste Teil des Wegs gehört

den Wanderern allein. Wir laufen vorbei an einer Ruhebank und haben nach circa 500 Metern das **Lange Filz** **4** erreicht, ein Stück Hochmoor im Murnauer Moos. Eine so faszinierende wie schwermütige Landschaft in Brauntönen, durch die wir auf einem Bohlenweg (Vorsicht – rutschig an Regentagen!) spazieren.

Im Gegensatz zum Niedermoor sind Hochmoore nährstoffarm, weil sie nur von Regenwasser genährt werden. Junge Birken ragen vor krüppeligen Moorkiefern auf. Nah am Boden wachsen Torfmoose, Rosmarinheide, die im Spätsommer violett blüht, und Sonnentau. Hier und da passieren wir sumpfiges Gelände, in dem wir nicht versinken möchten. Ein gutes Zeichen und der Beweis, dass sich das Moor von den Sünden der Vergangenheit erholt hat.

Bis in die 1980er-Jahre entwässerte man das Murnauer Moos wie viele andere Moorlandschaften zur Torfgewinnung. Erst spät erkannte man, wie kostbar und schützenswert Moore und wie wichtig sie für den Reichtum an Flora und Fauna sind, und nicht zuletzt auch fürs Klima. Ein aufwendiges Renaturierungsprojekt versetzte das geschädigte Hochmoorgebiet

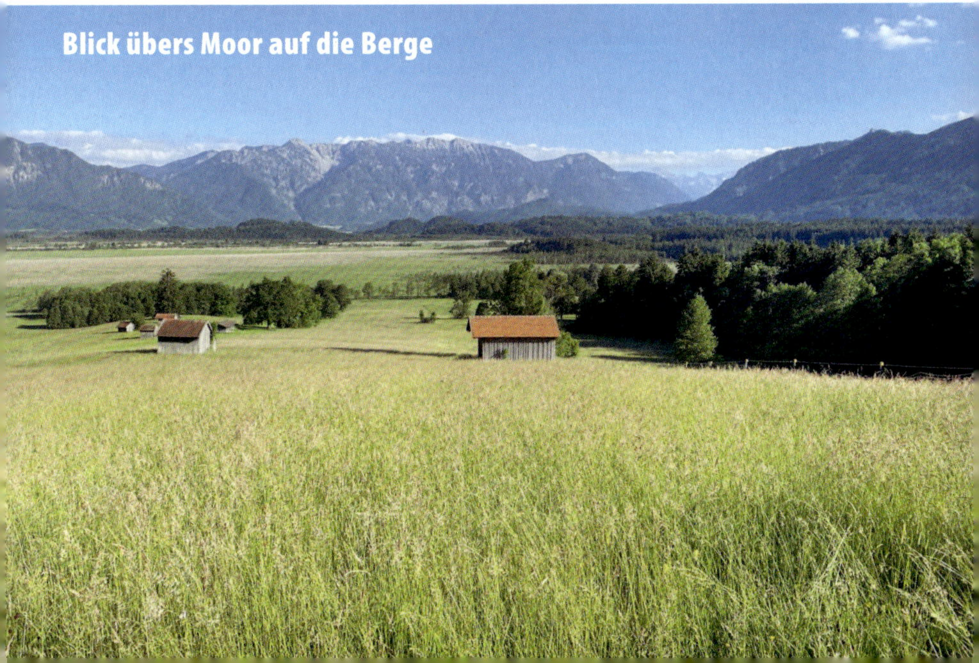

Blick übers Moor auf die Berge

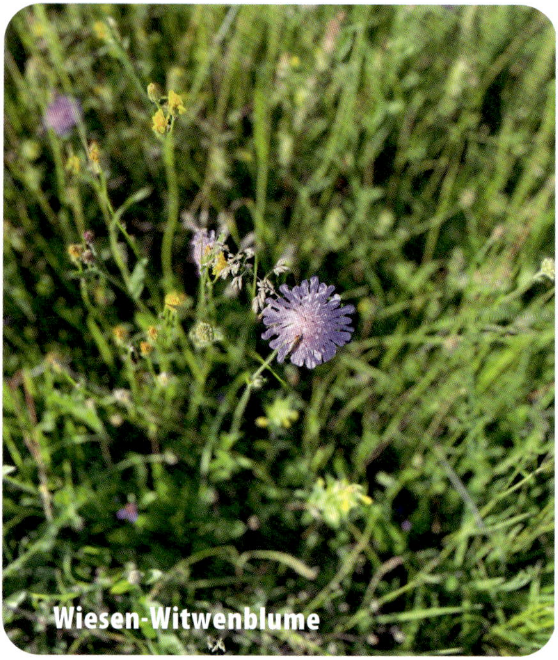

Wiesen-Witwenblume

„Lange Filz“ ab 2001 nach und nach wieder in seinen Naturzustand.

Bei aller Faszination für die Vegetation am Wegesrand – ab und zu umblicken nicht vergessen! Die schwermütige Moorlandschaft vor der Kulisse der Berge ist traumhaft.

Wenn der Bohlenweg endet, passieren wir ein Gatter und folgen dem Wegweiser **„Moorrundweg“** nach rechts in Richtung **Westried.** Im Ort wenden wir uns an einer Querstraße nach rechts und biegen bei der nächsten Weggabelung in die Graf-Alban-Straße ein. Sie führt uns durch die Siedlung und in einem Linksbogen zur Moosrainer Straße. Wir halten uns wieder rechts und folgen dem Straßenverlauf nach **Moosrain.** Dort ignorieren wir einen ersten Abzweig nach links, spazieren geradeaus weiter und kommen zu einer Gabelung. Wenn die Siedlung hinter uns liegt, erreichen wir bald eine Bahntrasse. Der Wanderweg überquert die Bahngleise, später ein zweites Mal. Zum Ähndl noch eine Stunde, verrät unterwegs ein Wegweiser. Wir folgen immer dem Hinweis „Moorrundweg“.

*Die Landschaft rund um Murnau inspirierte die Maler der **Künstlergruppe Blauer Reiter** zu unsterblichen Werken. Einige davon kann man im Schloßmuseum Murnau bewundern.*

Der Wanderpfad schlängelt sich kurz durch einen Wald mit plätscherndem Bach, erreicht dann eine Anhöhe. Hier beginnt ein Lieblingsstück der Wanderung, denn der Blick übers Moor zu den Bergspitzen ist einfach herrlich. Wie schön, dass mehrere Bänke am Wegesrand auf Wanderer warten. So können wir in aller Ruhe das **Panorama** aufsaugen. Am schönsten ist es im Abendlicht an langen Sommertagen, wenn das Moor bläulich schimmert. Wir können nachvollziehen, dass diese Landschaft die Maler des Blauen Reiters zu wunderbaren Landschaftsbildern motivierte. Hier haben sie ganz sicher ab und zu ihre Staffeleien aufgebaut und wie wir lauter kleine Glücksmomente erlebt.

Wenn wir eine Gabelung erreichen, führt der Moorrundweg in beide Richtungen. Wir folgen dem Abzweig **„Ähndl, 2 km"** nach rechts. Der kleine Abstecher zum hölzernen **Info-Pavillon** **5** lohnt sich allein wegen der Überblicksskizze zum Gipfelpanorama.

Auf dem letzten Wegstück tauchen wir noch einmal in den Wald ein, und über Stufen geht es abwärts. Weiter auf einem bequemen Schotterweg dann am Rande der Wiesen entlang. Wir lauschen Kuhglockengebimmel, während die Kirchen von Murnau und Ohlstadt zur Linken im Hintergrund grüßen. Wenn der Abend sich über die Landschaft senkt, beginnen die Spitzen des Wettersteingebirges zu

Abendstimmung im Murnauer Moos

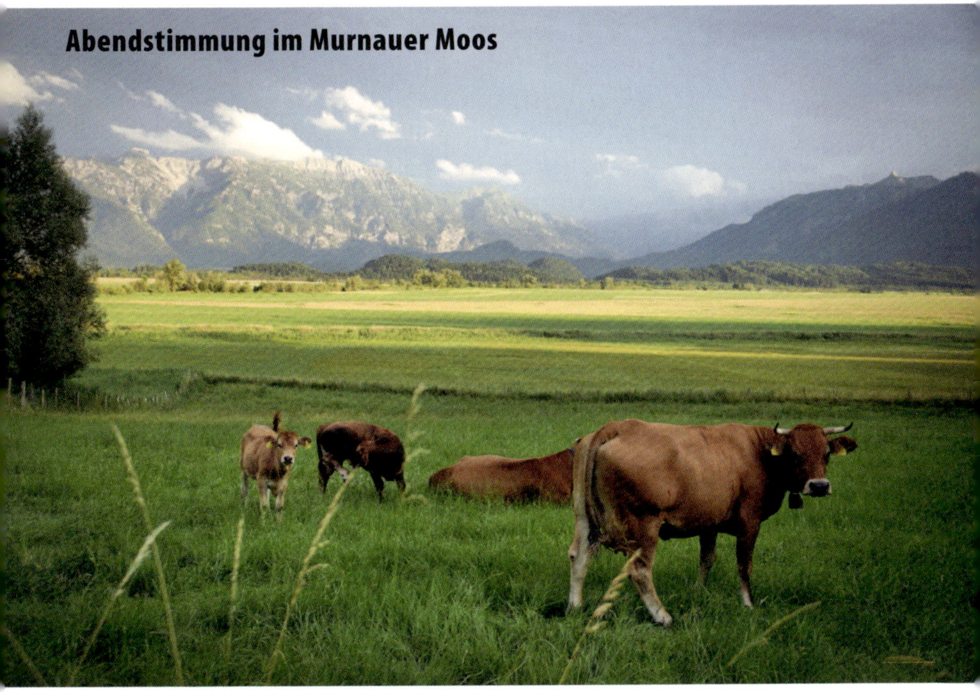

glühen, minütlich verändern sich die Farben. Ein Festival fürs Auge! Dann kommt auch schon das Ähndl, das Ramsachkircherl, ins Bild.

Nebenan im Biergarten des Lokals **Ähndl** wartet nach Kirchenkunst unter alten Kastanien die Kochkunst. Ein genussvolles Finale der Wanderung durch das Murnauer Moos.

Wer nach der Wanderung noch Lust auf Kultur hat, kann in Murnau viel über die Künstlergruppe Blauer Reiter erfahren. Im **Münter-Haus** 6 taucht man ein in die Lebenswelt von Gabriele Münter und Wassily Kandinsky. Das **Schloßmuseum** 7 bietet darüber hinaus eine Dauerausstellung zum Schriftsteller Ödön von Horváth, der in den 1920er-Jahren in Murnau die Sommerfrische verbrachte.

*Im **Ähndl** ist die Stimmung zauberhaft und das Essen köstlich. Kein Wunder: Am Herd steht Thilo Bischoff, der im Alpenhof Murnau einen Stern erkochte. Die Preise sind trotzdem überaus fair.*

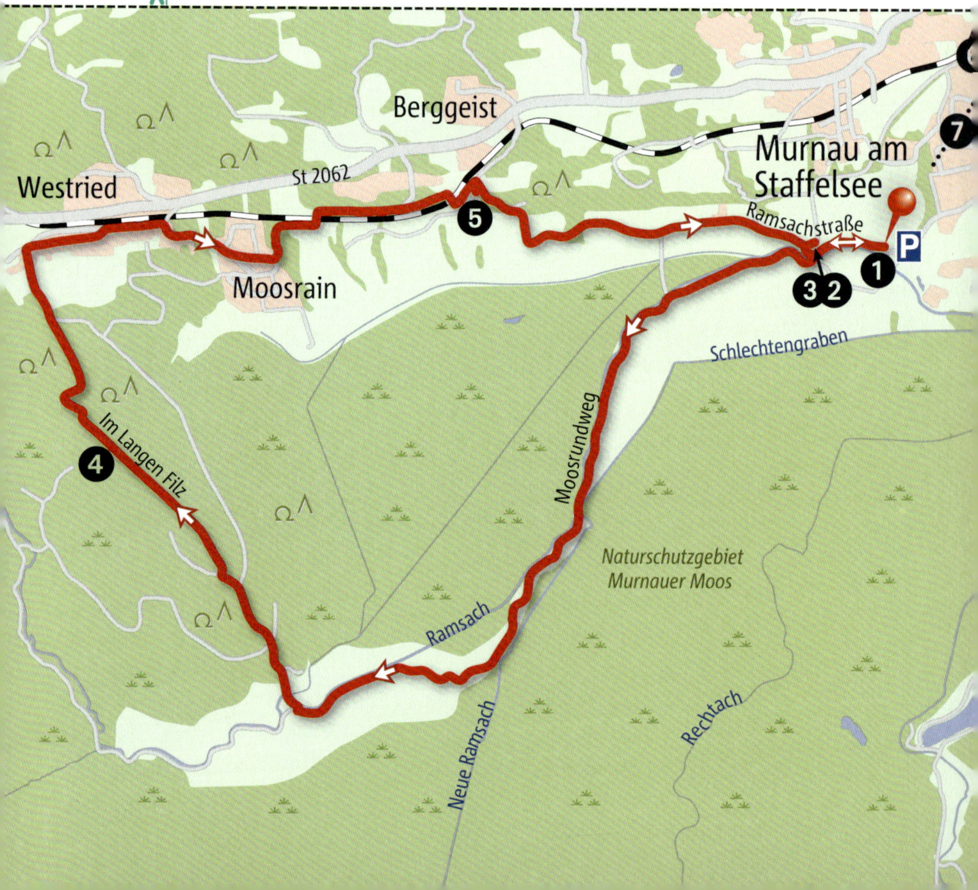

Alles auf einen Blick

WIE & WANN:

Im ersten Drittel ein breiter Schotterweg ohne Schatten, gefolgt von einem Bohlenweg durchs Hochmoor. Dann Feldwege, Waldpfade und asphaltierte Passagen. Sonnenschutz gehört unbedingt zur Ausrüstung. Die Moorwanderung ist zu allen Jahreszeiten ein Genuss.

HIN & WEG:

PKW: Wanderparkplatz an der Ramsachstraße, 82418 Murnau (gebührenpflichtig) (GPS: 47.665943, 11.190961)
ÖPNV: Zugverbindung München–Murnau, vom Bahnhof bis zum Ausgangspunkt der Wanderung 2,5 Kilometer

ESSEN & ENTSPANNEN:

Ähndl ❸ Ramsach 2, 82418 Murnau, Tel. (0 88 41) 52 41, www.aehndl.de
Zusätzliche Rucksackverpflegung empfehlenswert!

Entspannung ★★★☆☆
Genuss ★★★★★
Romantik ★★★☆☆

ENTDECKEN & ERLEBEN:

Infozentrum Biologische Station ❶ Ramsachstraße 15, 82418 Murnau am Staffelsee, murnauermoos.de
Ramsachkircherl ❷
Langes Filz ❹
Info-Pavillon ❺
Münter-Haus ❻ Kottmüllerallee 6, 82418 Murnau, www.muenter-stiftung.de/de/das-munter-haus-2
Schloßmuseum ❼ Schlosshof 2–5, 82418 Murnau, schlossmuseum-murnau.de

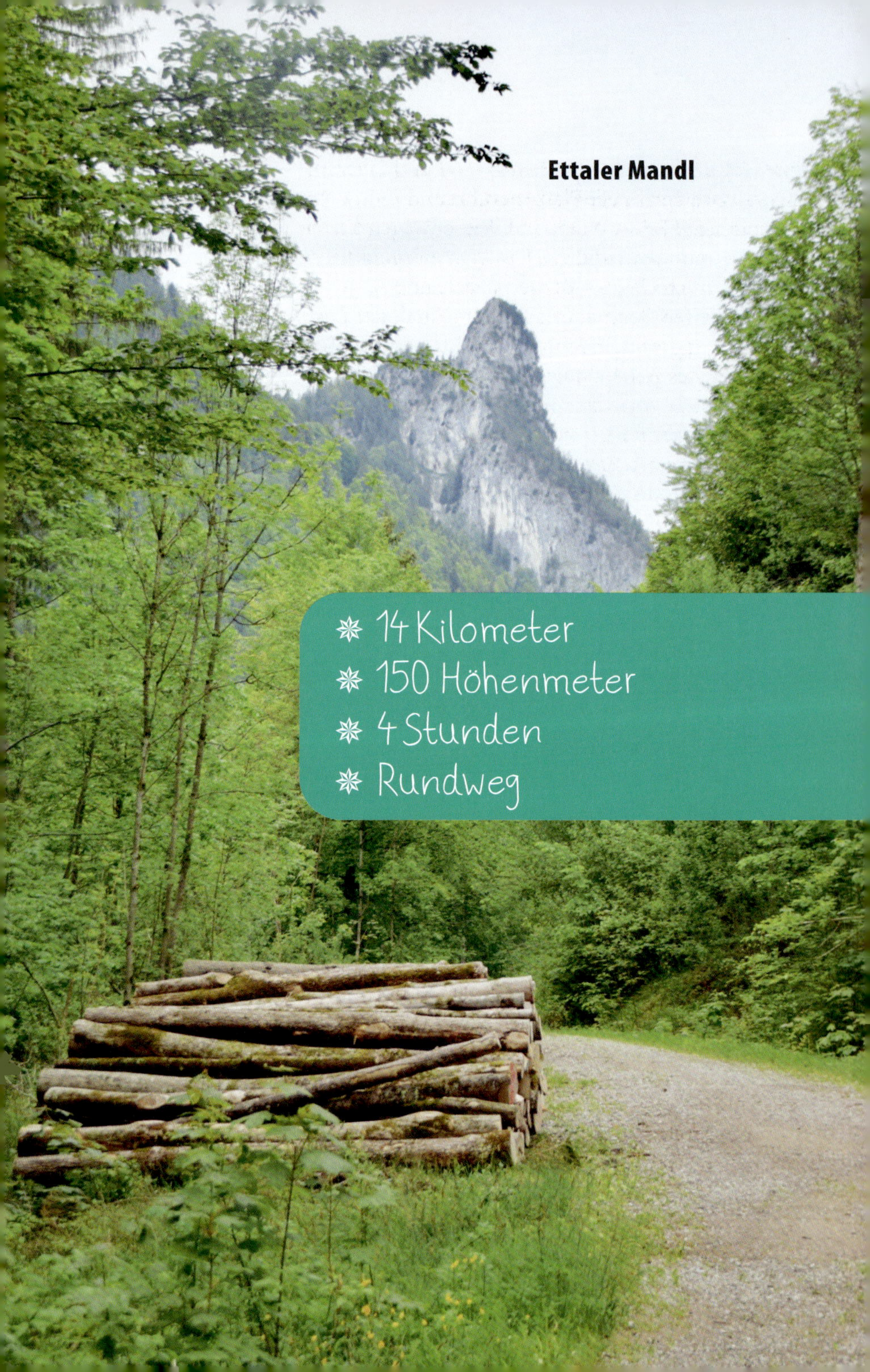

Ettaler Mandl

- 14 Kilometer
- 150 Höhenmeter
- 4 Stunden
- Rundweg

Eine stille Wanderung, die mit Ettal und Oberammergau zwei spirituelle Plätze berührt und wunderbar entspannt auf Feld-, Wald- und Wiesenwegen durchs Ammergauer Land und das Ettaler Weidmoos führt. Nach reichlich Genuss für Geist, Seele und Auge unterwegs warten Gaumenfreuden zum Finale der Tour.

Die Wanderung beginnt am **Kloster Ettal** ①, dem Herzstück des gleichnamigen Ortes. Gegründet wurde die Benediktinerabtei mit der mächtigen Kuppel der Basilika schon 1330 durch den exkommunizierten Kaiser Ludwig den Bayern. Seine Blütezeit erlebte das Kloster im 17./18. Jahrhundert, als die Wallfahrt zu Unserer Lieben Frau Stifterin von Ettal begann. 1900, fast 100 Jahre nach der Säkularisation – der Verstaat-

Mit Leib und Seele

Durchs Ettaler Weidmoos

lichung des klösterlichen Besitzes –, zogen wieder Benediktinermönche ein.

Wir laufen vom Kloster zum **Hotel Blaue Gans** hinauf, das aussichtsreich am Hang liegt. Am Gästeparkplatz zweigt der Weg (gelbes Schild) ab, der uns in rund 1 ¼ Stunden nach Oberammergau führt. Auf Schotter- und Waldwegen geht es leicht bergauf und bergab durch den Wald. Unterwegs erwarten uns Ruhestationen und Erklärungstafeln, die vom Leben im Wald erzählen. Eine Anleitung, den Wald mit allen Sinnen zu entdecken.

Wir stapfen gemütlich vor uns hin, saugen die würzigen Aromen der Nadelbäume auf und bestaunen mächtige Gesteinsbrocken, die sich – romantisch

*Noch leben im **Kloster Ettal** rund 50 Brüder nach den Regeln des heiligen Benedikt und bekennen sich zum „Ora et labora" (lat. bete und arbeite). Wenig weltfern betreiben sie ein Hotel, eine Brauerei, eine Liqueurmanufaktur, Läden und eine Schule.*

übermoost – zwischen den Bäumen verteilen. Dann taucht vor uns das Ettaler Mandl auf. Dem charakteristischen Gipfel, der sich wie ein Finger nach oben reckt, kommen wir später noch näher. Der letzte Teil des Waldwegs verläuft oberhalb der Straße, dann geht es etwa 10 Minuten neben der Straße entlang, bis wir einen markanten Felsen mit einer Höhle erreichen. Ob in der **Bärenhöhle** **2** jemals Bären lebten? Heute birgt sie innen eine schlichte Christusfigur, die die Kletterpartie zum Eingang nicht lohnt.

Hier kommen auch die ersten Häuser und das Ortseingangsschild von Oberammergau in Sicht. Ein weiteres Schild **(„Oberammergau, 30 Minuten")** lädt zum Überqueren der Straße ein. Damit verlassen wir auch die Hauptstraße und laufen auf einem ruhigen Weg durch eine Siedlung. Vor einer Brücke über die Ammer biegen wir links ab. Die nächste Brücke über die Ammer, die munter vor sich hin gurgelt und dem Ort seinen Namen gab, überqueren wir und laufen weiter nach links auf dem Uferdamm, der als Fahrradweg gekennzeichnet ist. Die Ammer, die auch ungestüme Seiten hat, ist hier brav und gezähmt und begleitet uns nach Oberammergau. Im Ort angekommen, achten

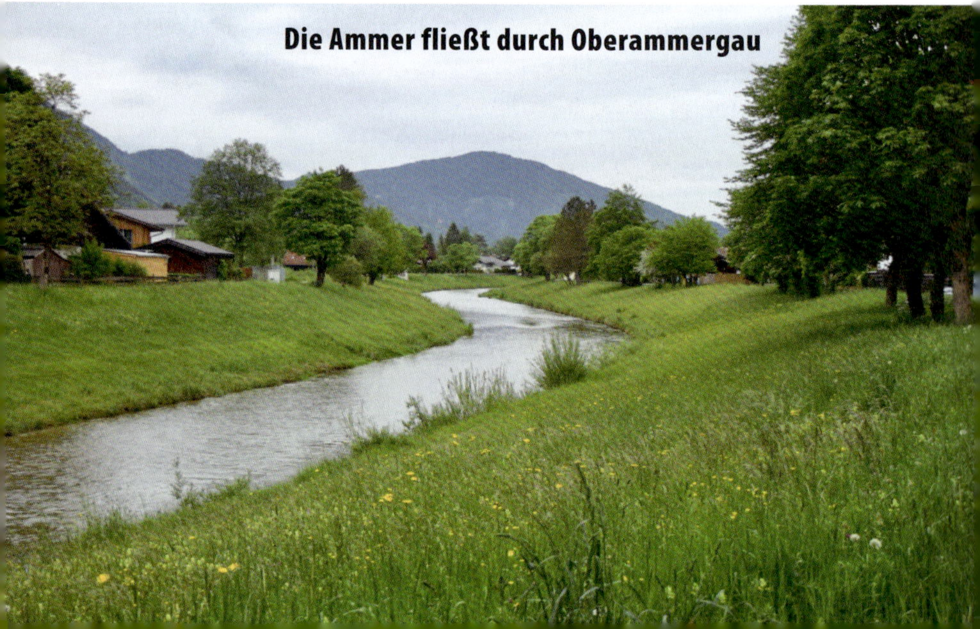

Die Ammer fließt durch Oberammergau

wir auf das Schild „Ortskern/Tourist Information“, dem wir folgen.

Gemütlich streifen wir durch **Obergammergau 3** mit seinen prächtigen Häusern mit Lüftlmalerei und zahlreichen Holzschnitzergeschäften. In Oberammergau lebt auch heute noch das Kunsthandwerk. Berühmt ist der Ort aber vor allem für die Passionsspiele, die alle zehn Jahre von Oberammergauer Bürgern auf die Bühne gebracht werden. Zu jeder Zeit sehenswert ist das **Passionsspielhaus 4,** wo eine Ausstellung vom Gelübde der Oberammergauer und der Geschichte der Passion erzählt. Die Passionsspiele gehen zurück auf einen Schwur aus dem Jahr 1633. Die Pest hatte im Gebirgsort

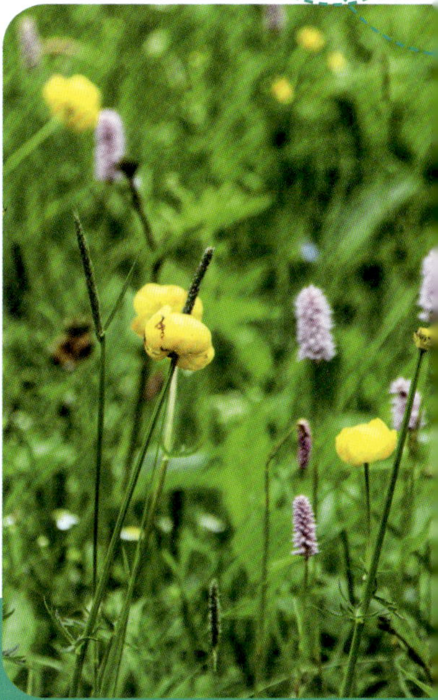

Für die Seele

Blütenzauber und Libellentänze begeistern uns im Ettaler Weidmoos, aber auch die kulinarischen Verführungen sind reinstes Seelenfutter.

viele Opfer gefordert. Falls die Seuche weiterziehen würde, wolle man alle zehn Jahre ein Passionsspiel aufführen, versprach man. Der Deal funktionierte.

Nach einem ausführlichen Bummel durch den Ort und vielleicht einer Erfrischung im Eiscafé verlassen wir die Stadt auf dem Weg, auf dem wir gekommen sind. Diesmal überqueren wir die Ammer und laufen auf der anderen Seite in entgegengesetzter Richtung. **„Ettaler Mühle, 1 Stunde“** ist schon ausgeschildert. Rechts erhebt sich das **Ettaler Mandl,** das wir schon aus der Ferne erspäht haben, mit seinem Gipfelkreuz. Oben können wir sicher den ein oder anderen Wanderer entdecken.

Nach circa 10 Minuten biegen wir nach rechts in Richtung der **Keltenfundstätte Döttenbichl 5** ab. Wer sie

Ein Schwur brachte die ***Pest*** *in Oberammergau einst zum Erliegen. Die Corona-Pandemie stoppte 2020 die 42. Passionsspielsaison, die 2022 nachgeholt wird.*

Das Kalkflachmoor ***Ettaler Weidmoos*** *mit Übergangskomplexen und kleinen Hochmoorinseln entstand durch Verlandung eines nacheiszeitlichen Schmelzwassersees. Hier leben seltene Wiesenbrüter wie Bekassine, Braunkehlchen oder Wiesenpieper.*

erkunden möchte, sollte eine halbe Stunde für den Abstecher einplanen. Wir laufen links weg über die Wiese in Richtung Ettal. Wiesen, Wälder, ein plätschernder Bach begleiten unseren Weg auf der ruhigen Nebenstraße immer geradeaus ohne Steigungen. An der schroffen Falkenwand überraschen bunte Tupfer am Felsen. Hier zeigen Kletterer im **Klettergarten Frauenwasserl** ❻ ihr Geschick. Wir schauen den Bergakrobaten eine Weile voller Bewunderung zu.

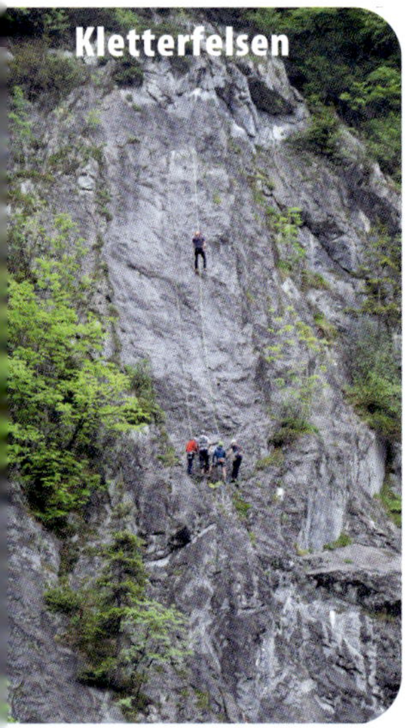

Kletterfelsen

In Höhe des Wegweisers „Ettaler Mühle, 15 Minuten" zweigt ein gemütlicher Wanderpfad durchs weite Land ab. In der Ferne sorgen die Berge für eine erhabene Kulisse, direkt vor uns liegen die moorigen Wiesen des **Ettaler Weidmooses.** Mittendrin verstecken sich die Quelltrichter der **Ammerquellen** ❼**,** aus denen die Seitenarme der Ammer entspringen. Einer von ihnen betreibt als Ettaler Mühlbach das Wasserrad (und heute eine Turbine) der Ettaler Mühle, unserem nächsten Ziel.

Das Moos ist berühmt für seine Frühlingsknotenblumen, die unmittelbar nach der Schneeschmelze sprießen. Ihnen folgen der Stängellose Enzian, Mehlprimel, Trollblume und Knabenkraut. Im Sommer sorgen mehr als ein Dutzend Orchideenarten, dazu Lungenenzian, Moorenzian und Fieberklee für Farbtupfer. Dotterblumen wiegen sich im Wind, zwischen denen Schmetterlinge und Libellen ihre Tänze aufführen. Ein plätschernder Bach begleitet uns. Hier sind wir dem Alltag weit entrückt und können zur Ruhe kommen.

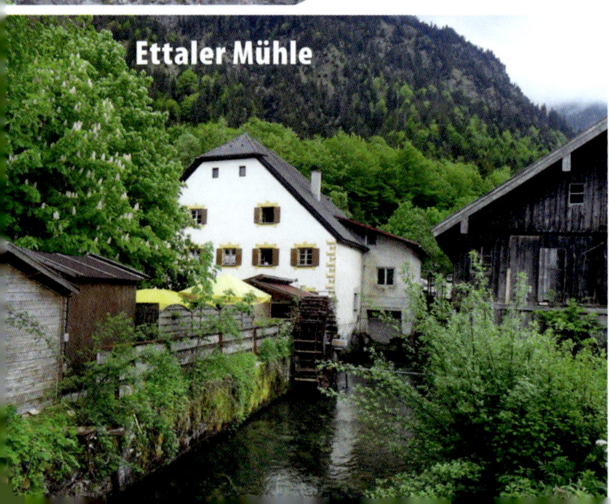

Ettaler Mühle

Wenn sich der Weg gabelt, überqueren wir auf einer Brücke die Ammer, dem Wegweiser „Ettal über Ettaler Mühle" folgend. Die Mühle klappert nicht mehr am rauschenden Bach. Aber das Mühlrad erinnert noch an die einstige Be-

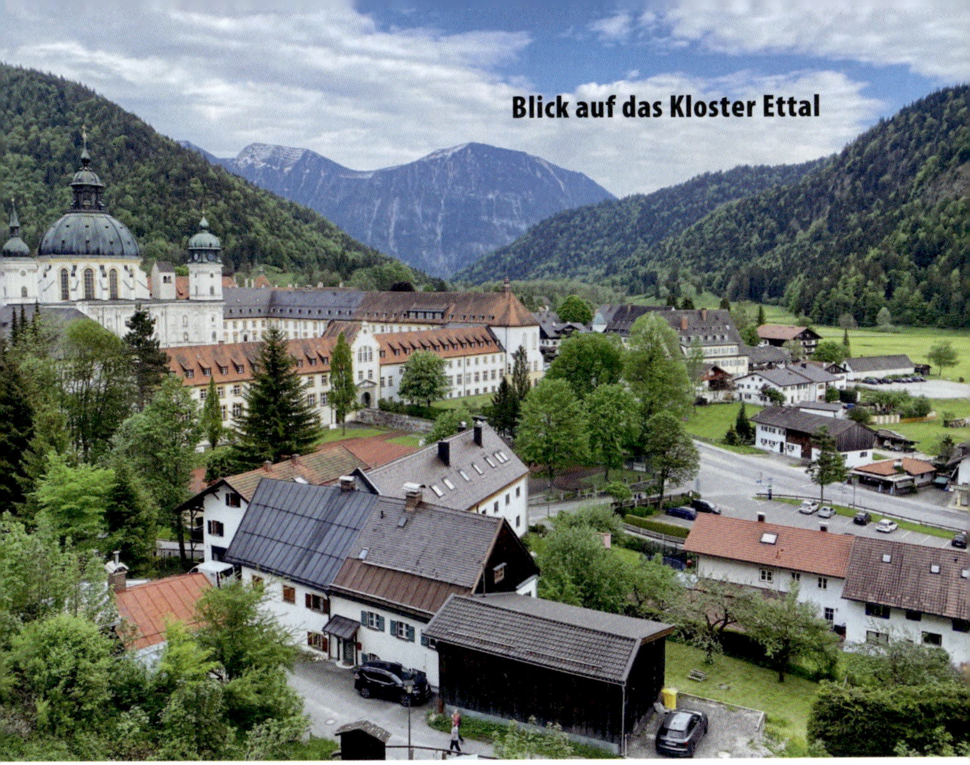

Blick auf das Kloster Ettal

stimmung des Gasthauses **Ettaler Mühle** **8** mit herrlichem Biergarten und guter bayerischer Küche. Die ehemalige Wassermühle stammt aus dem Jahr 1701 und steht unter Denkmalschutz. Hier lassen wir uns unter schattigen Kastanien nieder und genießen eine ausgiebige Pause.

Vom Gasthaus aus sind es noch rund 30 Minuten nach Ettal – auf einem lauschigen Weg durch Wiesen und später durch den **Notwald.** Kaum haben wir diesen erreicht, öffnet sich auch schon der Blick auf die gewaltige Kuppel von Kloster Ettal. Gern nehmen wir den kleinen Umweg durch den Wald, statt an der Straße entlang direkt auf die Kuppel zu spazieren. Unterwegs öffnen sich immer wieder tolle Fotoblicke. Zum Finale wartet auch eine Bank, um den Blick in aller Ruhe aufzusaugen. Hier vereinen sich Kultur und Natur aufs Allerfeinste. Der Wegweiser kündigt an: **„Ettal, 10 Minuten“** und wir marschieren über die Wiesen direkt auf die Kuppel zu, während das Ettaler Mandl zur Linken über den Hügel lugt.

Verwöhntour 11

Seit über 400 Jahren produzieren die Ettaler Mönche ***Biere und Liköre.*** *Alte Traditionen treffen auf modernste Brau- und Destillationstechnologien. Im Klosterladen kann man die guten Tropfen kaufen, im Bräustüberl probieren.*

Bevor es zum Kloster geht, noch Lust auf ein Stück Käse? In der **Ettaler Schaukäserei** (9) entstehen feine Käsespezialitäten. Und zu bestimmten Terminen können Besucher auch beim Käsen zuschauen. Über den Alpengarten geht es von der Käserei direkt zum Kloster. Nach dem Besuch der kunstvoll ausgeschmückten Klosterkirche locken kulinarische Klosterschätze.

Im Biergarten des **Hotels Ludwig der Bayer** (10) schräg gegenüber, das zum Kloster gehört, gibt es zu bayerischen Schmankerln Bier aus der **Klosterbrauerei** (11). Im Rahmen von Führungen kann man die Brauerei auch besichtigen. Wer es lieber süß mag, wird im **Café 1330** (12) im Klosterinnenhof verwöhnt. Und im Souvenirshop gibt es schmackhafte Souvenirs wie ein Fläschchen Klosterlikör.

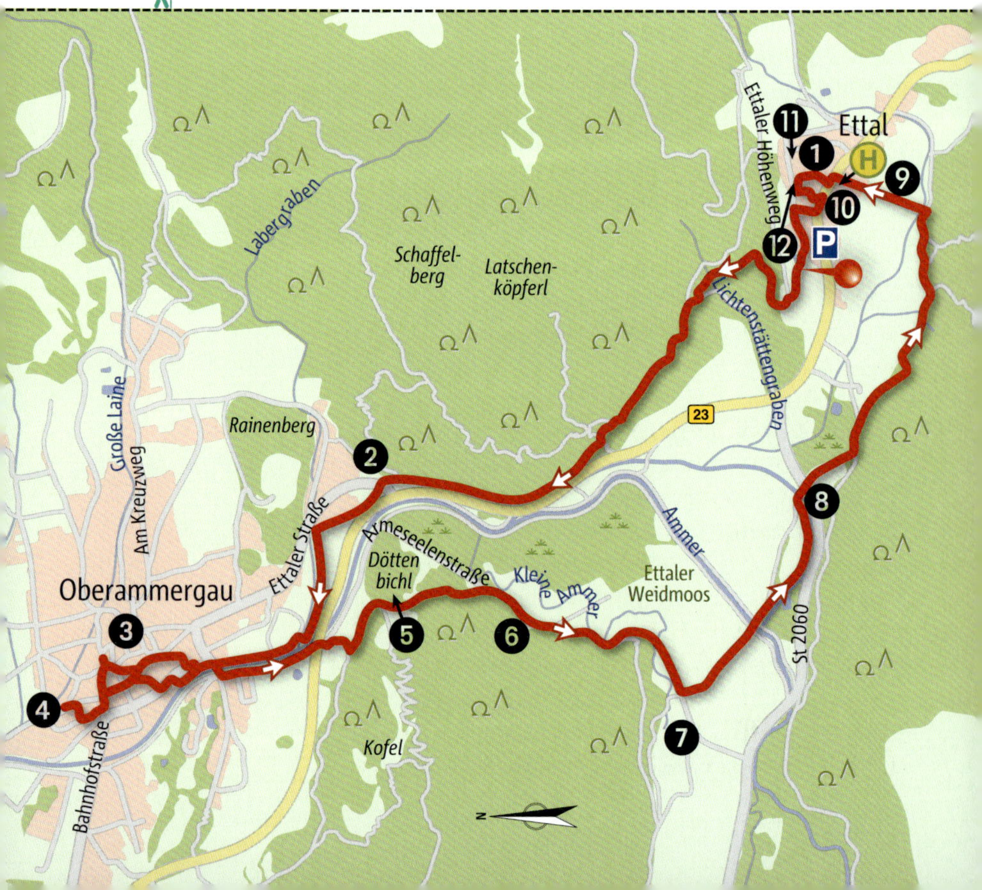

Alles auf einen Blick

WIE & WANN:

Leichte, aber etwas längere Wanderung ohne große Steigungen auf breiten Wanderwegen und schmalen Wald- und Wiesenpfaden. Eine Ganzjahreswanderung, die im Frühjahr und Sommer während der Blütezeit besonders reizvoll ist. Aber auch im Herbst eine schöne Runde.

HIN & WEG:

PKW: Parkplatz Klosterhof, Ammergauer Straße, 82488 Ettal (gebührenpflichtig) (GPS: 47.569400, 11.091724)
ÖPNV: Die Buslinie 9606 verbindet Garmisch mehrmals am Tag mit Oberammergau und hält auch in Ettal am Kloster.

ESSEN & ENTSPANNEN:

Ettaler Mühle ❽ Ettaler Mühle 1, 82488 Ettal,
Tel. (0 88 22) 64 22, ettaler-muehle.de

Entspannung ★★★★☆
Genuss ★★★★☆
Romantik ★★☆☆☆

Klosterhotel Ludwig der Bayer ❿ Kaiser-Ludwig-Platz 10–12,
Tel. (0 88 22) 91 50, www.klosterhotel-ettal.de/kulinarik
Café 1330 ⓬ im Klosterinnenhof (Ostern bis Anfang November)

ENTDECKEN & ERLEBEN:

Kloster Ettal ❶ Kaiser-Ludwig-Platz 1, 82488 Ettal, www.kloster-ettal.de
Bärenhöhle ❷ **Oberammergau** ❸
Passionsspielhaus ❹
Döttenbichl ❺ www.dasblaueland.de/Media/Attraktionen/Doettenbichl
Klettergarten Frauenwasserl ❻
Ammerquellen ❼
Ettaler Schaukäserei ❾ Mandlweg 1, 82488 Ettal, Tel. (0 88 22) 92 39 26,
www.schaukaeserei-ettal.de
Klosterbrauerei ⓫ Brauereibesichtigung, Führung durch die Liqueurmanufaktur,
Kaiser-Ludwig-Platz 1, 82488 Ettal, Tel. (0 88 22) 74 64 50, ettaler.de

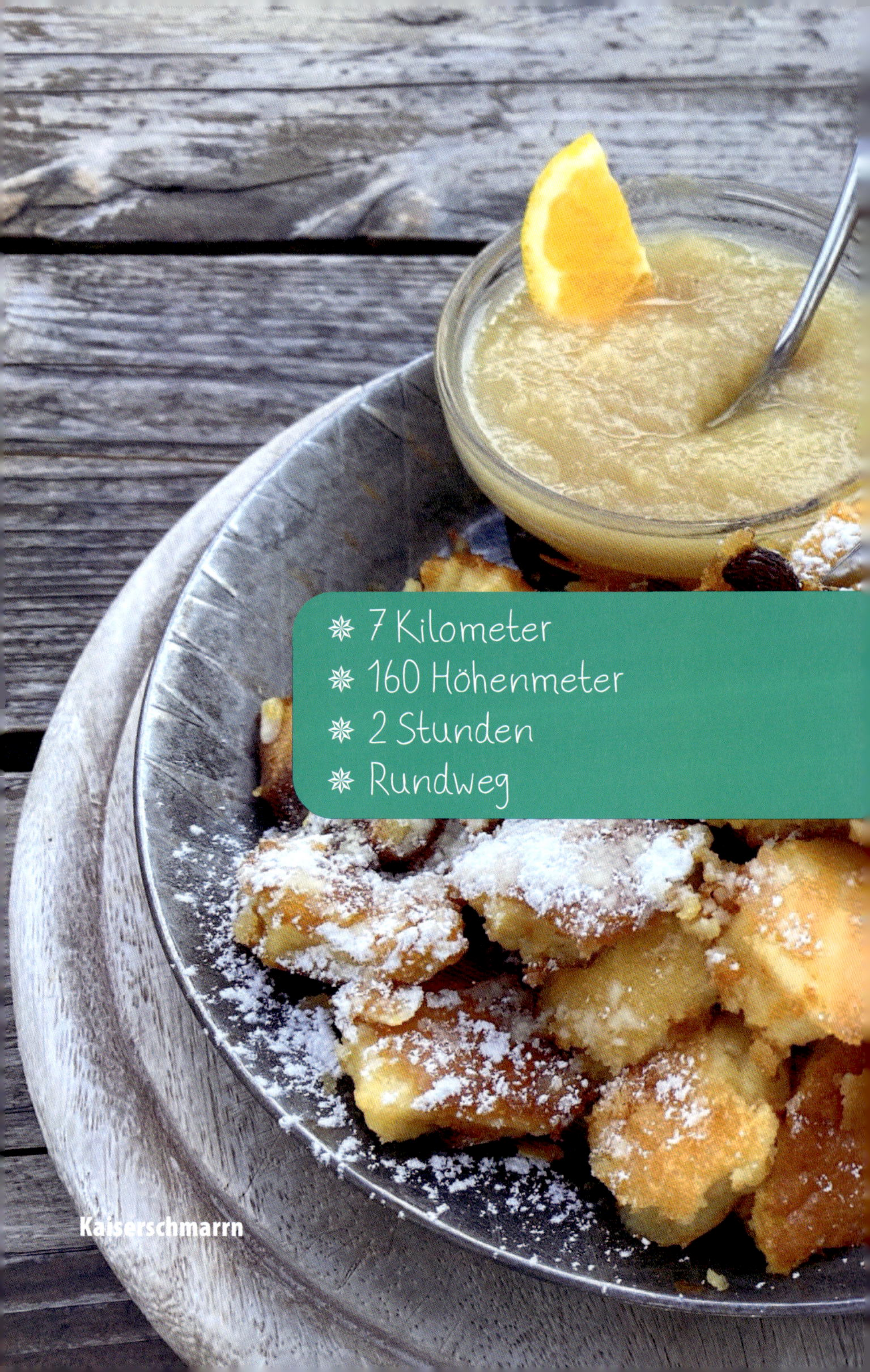

Kaiserschmarrn

Statt uns mit vielen Besuchern durch die **Partnachklamm** zu zwängen, schauen wir uns das Naturspektakel auf dieser kleinen Wanderung von oben an. Am Ziel angekommen, darf geschlemmt werden. Man hat die Wahl zwischen mehreren Lokalen – vom Berggasthof für Genießer über die urige Almwirtschaft bis zum Gourmetlokal ist alles geboten. Der Ausblick ist überall herrlich.

Mit ein bisschen Glück finden wir noch einen Parkplatz am **Olympia-Skistadion,** das wir uns auf dem Rückweg anschauen. Der erste Teil der Tour führt – immer der Beschilderung folgend – auf einem bequemen Weg zum Eingang der Partnachklamm. Der Gebirgsfluss rauscht bereits zu unserer Linken. Hier sind

So ein Schmarrn!

Rund um die Partnachklamm

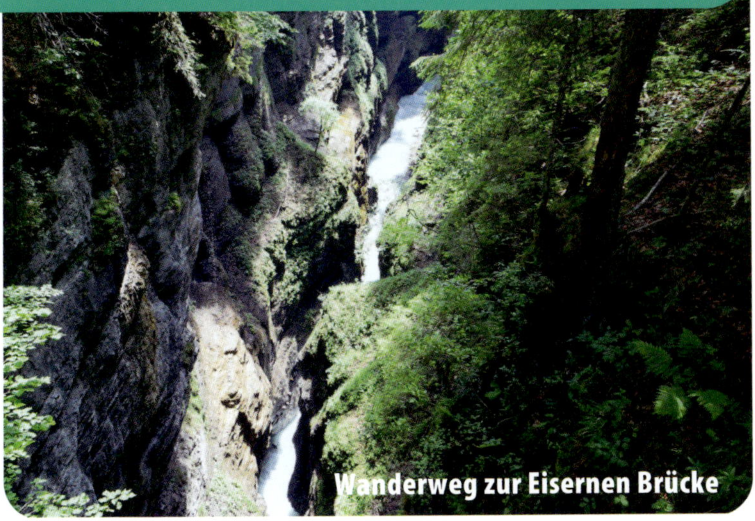

Wanderweg zur Eisernen Brücke

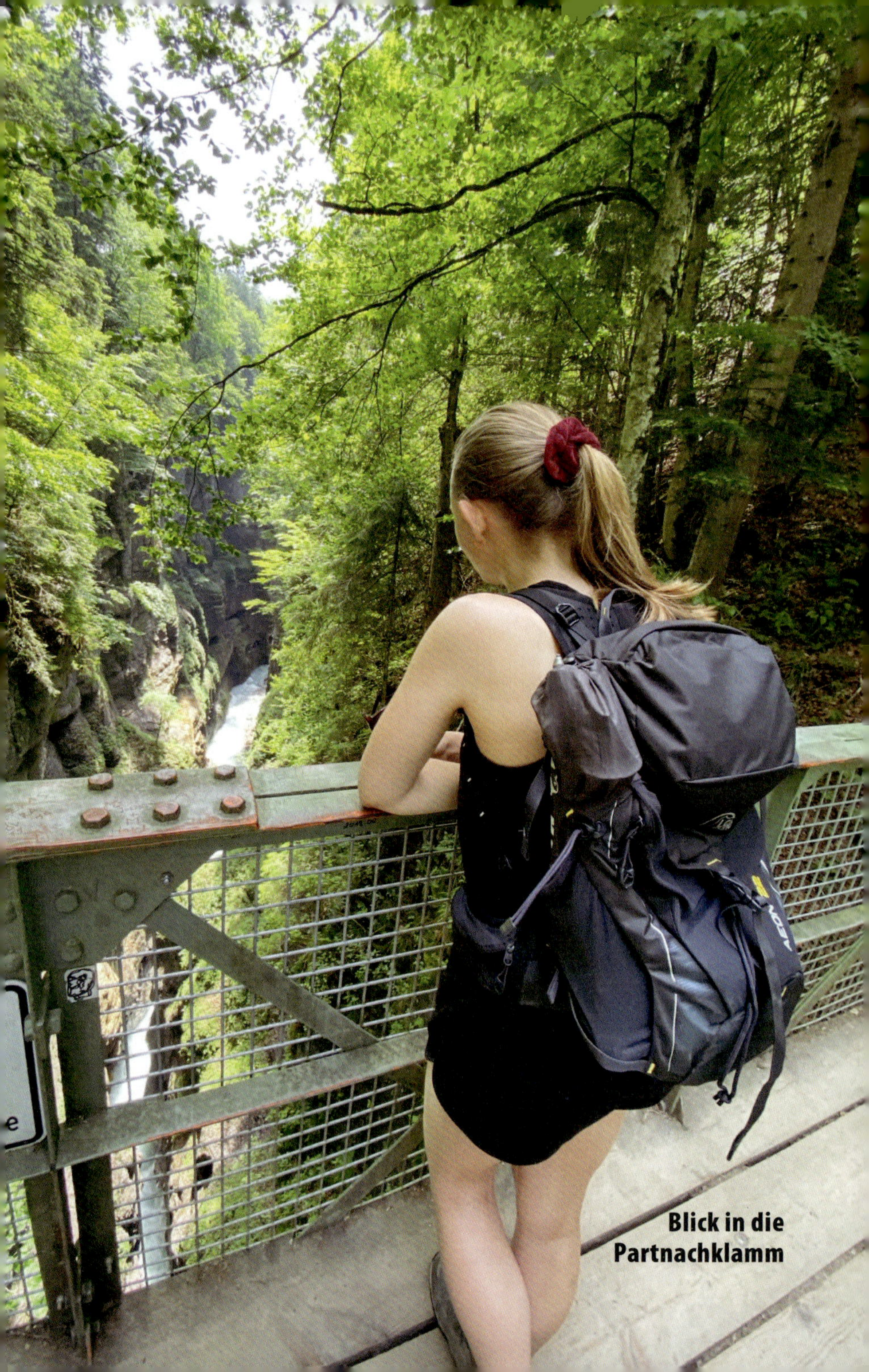

Blick in die Partnachklamm

wir ganz sicher nicht allein unterwegs, die Klamm gehört schließlich zu den Top-Sehenswürdigkeiten rund um Garmisch. Ein spektakuläres Erlebnis ist die Wanderung zwischen steilen Felswänden am türkisgrünen Fluss entlang durch die Klamm auf jeden Fall. In den Sommermonaten ist sie jedoch garantiert immer voll und das Gedränge groß, deshalb umgehen wir sie heute geschickt. So sparen wir uns einerseits den Eintritt und andererseits das Schlangestehen an der Kasse.

Wir laufen am neuen Kassenhaus vorbei, die Partnach liegt nun zu unserer Rechten. Nach wenigen Minuten erreichen wir das **Alte Kassenhaus.** Davor biegen wir links ab, der Ausschilderung „Eiserne Brücke" folgend.

Der Wildbach Partnach hat auf einer Länge von 700 Metern eine teilweise 80 Meter tiefe Felsschlucht ins Reintal gefräst. Die ***Partnachklamm*** *ist seit 1912 Naturdenkmal und bis zu 200.000 Menschen erkunden sie Jahr für Jahr.*

Für die Seele

Die kulinarischen Schmankerln am Ziel der Wanderung genießen wir bei prächtigem Bergblick.

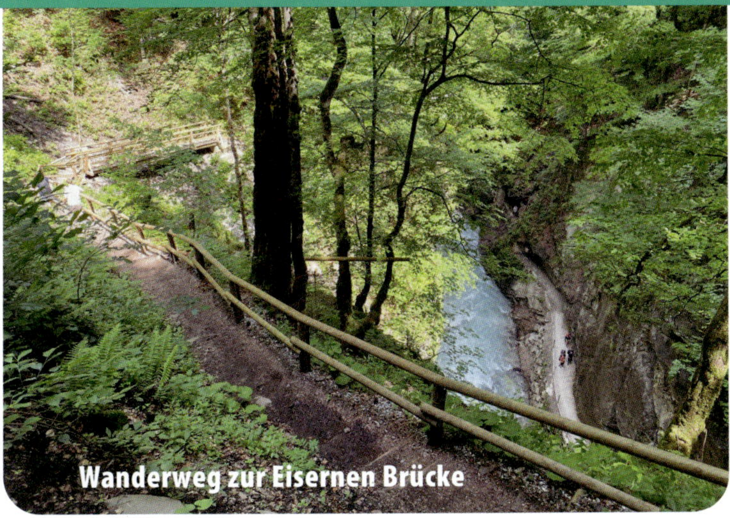

Wanderweg zur Eisernen Brücke

Verwöhntour 12

Schon von der ersten Brücke haben wir einen tollen Blick von oben aufs Naturspektakel **Partnachklamm ①.** Im Laufe von Jahrtausenden hat sich die Partnach, die aus dem Wettersteingebirge kommt, ihren Weg durchs Gestein gegraben und rauscht mit Getöse durch die Klamm. Es geht weiter auf dem Wandersteig durch den schattigen Bergwald bergauf. Hier ist es auch an sonnigen Tagen kühl und ein bisschen feucht und rutschig. Profilsohlen sind unverzichtbar. Die Partnach schiebt sich immer mal wieder türkisgrün zwischen den Bäumen in den Blick.

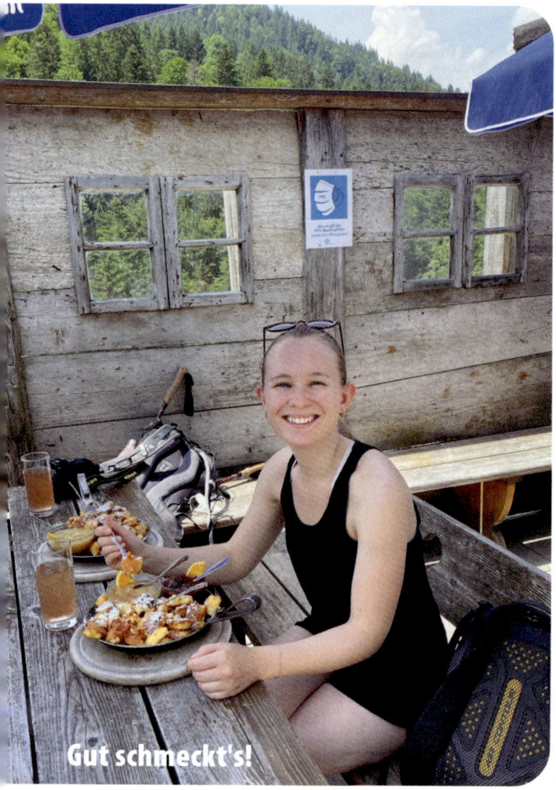

Gut schmeckt's!

Vorbei geht es an einer faszinierenden Gesteinsformation, wo sich mehrere Gesteinsschichten übereinanderstapeln: An regnerischen Tagen erscheint hier der kleine Partnachklamm-Wasserfall. Dann erreichen wir auch schon die **Eiserne Brücke ②,** wo die Kaiserschmarrn-Alm bereits ausgeschildert ist. Aber erst mal genießen wir das Naturkino ausführlich von oben. Die Brücke stammt aus dem Jahr 1914 und spannt sich in 80 Metern Höhe über die Klamm. Die Wanderer, die sie von unten erkunden, wirken von hier oben wie bunte Ameisen.

Nun sind es nur noch ein paar Minuten, bis der Steig auf einen sonnigen Höhenweg mündet. Nach links führt der Weg zurück zum Eingang der Klamm, den nehmen wir auf dem Rückweg. Wir laufen aber zunächst nach rechts. Der Weg windet sich durch die Wiesen und schon bald erreichen wir unser genussvolles Ziel: die **Kaiserschmarrn-Alm ③** – eine Almwirtschaft, die zwar nicht alt ist, aber mit viel Altholz und Bruchsteinen nach historischen Vorbildern entstand und urgemütlich ist.

Der Name ist natürlich Programm, der Kaiserschmarrn ist legendär und schmeckt mit Blick auf die Dreikornspitze und andere Kalkspitzen vor grünen Wäldern und Wiesen auf der Terrasse natürlich noch mal so gut. Keine Lust auf Süßes? Auch die Brotzeiten mit Köstlichkeiten aus der Region wie Gamsterrine, Rehbratwurst, Hirschsalami, Schinken, Bergkäse und geräuchertem Saibling schmecken einfach wunderbar.

Nach der Stärkung können wir uns immer noch überlegen, ob wir den Rückweg vielleicht doch durch die Partnachklamm wählen. Dann geht es rechts hinter dem Gasthaus in circa 20 Minuten zum Eingang der Klamm. Ansonsten laufen wir auf bekanntem Weg zurück, biegen aber nicht ab auf den Weg, auf dem wir gekommen sind, sondern laufen geradeaus in **Richtung Hotel Graseck.** Der bequeme, asphaltierte Weg führt durchs Bauernland. Blühende Bergwiesen, eine kleine Kapelle und schöne alte Bauernhäuser im Bergbauerndorf **Vordergraseck** 4 sorgen für Nostalgiegefühle. So nah am touristischen Hotspot Garmisch-

*Lieber Gourmetküche als bodenständig bayerisch? Dann ist das Restaurant im eleganten **Mountain Hideaway Das Graseck** eine feine Alternative. Auf der Terrasse speist man mit herrlichem Bergblick. Eine Reservierung ist ratsam.*

Skisprungschanzen

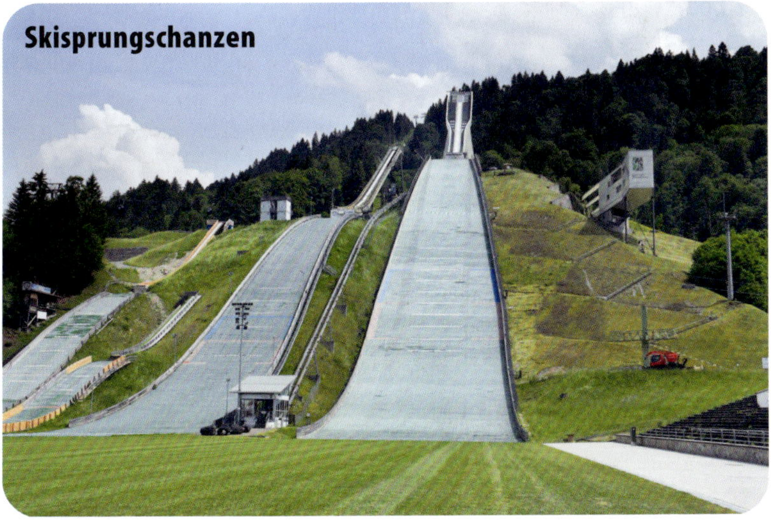

Verwöhntour 12

*Das **Olympia-Skistadion** wurde für die Olympischen Winterspiele 1936 am Fuß der Großen Olympiaschanze erbaut. Das hufeisenförmige Stadion öffnet sich zu vier Schanzen hin. Hier findet das berühmte Neujahrsspringen der Vierschanzentournee statt.*

Partenkirchen fühlen wir uns eine Weltreise entfernt vom Rummel am Eingang zur Klamm.

Wer nicht in der Kaiserschmarrn-Alm eingekehrt ist, hat im **Berggasthof Hanneslabauer** ⑤ mit eigener Landwirtschaft eine weitere Option. Gemütlich sitzt man unter alten Kastanien beim Kuhglockengebimmel. Neben klassisch-bayerischer Küche steht auch hier natürlich Kaiserschmarrn auf der Speisekarte.

Dann geht es auf asphaltiertem Weg sehr steil abwärts. Keine gute Idee im Winter. Da nehmen wir lieber den Weg, auf dem wir gekommen sind, oder gehen zurück durch die Klamm. Zurück geht's auf bekanntem Weg zum Parkplatz. Doch bevor wir Garmisch-Partenkirchen wieder verlassen, werfen wir noch einen Blick ins **Olympia-Skistadion** ⑥.

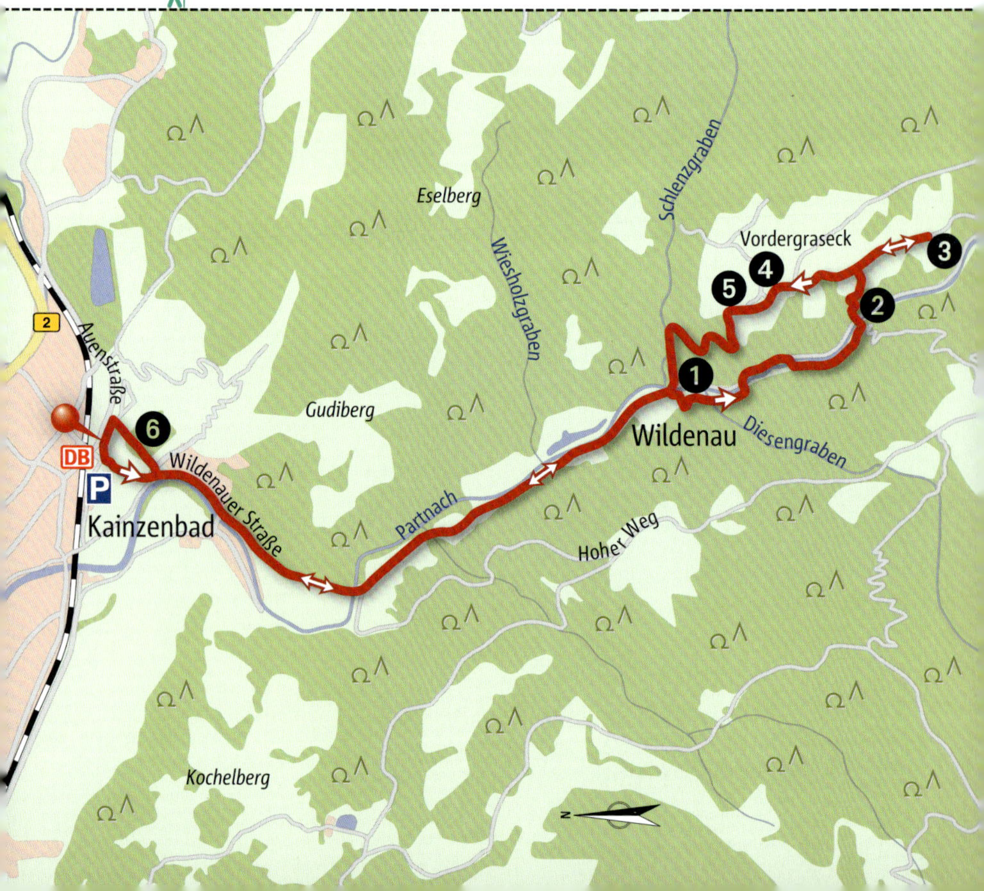

Alles auf einen Blick

WIE & WANN:
Leichte und kurze Wanderung auf einem Wandersteig durch den Bergwald und auf asphaltierten Wegen. Ideal ist die Tour zwischen Frühjahr und Herbst. Der Rückweg ist im Winter bei Schnee und Eis nicht ratsam, weil zu steil. Alternativ kann man dann den Weg durch die Partnachklamm wählen. Sie ist weniger überfüllt als im Sommer und mit Schnee und Eis noch eindrucksvoller.

HIN & WEG:
PKW: Parkplatz am Olympia-Skistadion in Garmisch-Partenkirchen (gebührenpflichtig) (GPS: 47.482438, 11.115328)
ÖPNV: Bahnhof Garmisch-Partenkirchen, Buslinie 1 und 2 bis Olympia-Skistadion

ESSEN & ENTSPANNEN:
Kaiserschmarrn-Alm ❸ Tel. (0 88 21) 7 27 81 93, www.kaiserschmarrn-alm.de
Almwirtschaft Hanneslabauer ❺ Tel. (0 88 21) 5 31 31

Entspannung ✸✸✸ (3 von 5)
Genuss ✸✸✸✸✸ (5 von 5)
Romantik ✸✸ (2 von 5)

Extra-Tipp für Gourmets:
Das Graseck, Graseck 4, 82467 Garmisch-Partenkirchen, Tel. (0 88 21) 94 32 40, www.das-graseck.de

ENTDECKEN & ERLEBEN:
Partnachklamm ❶ www.partnachklamm.de/de
Eiserne Brücke ❷
Vordergraseck ❹
Olympia-Skistadion ❻

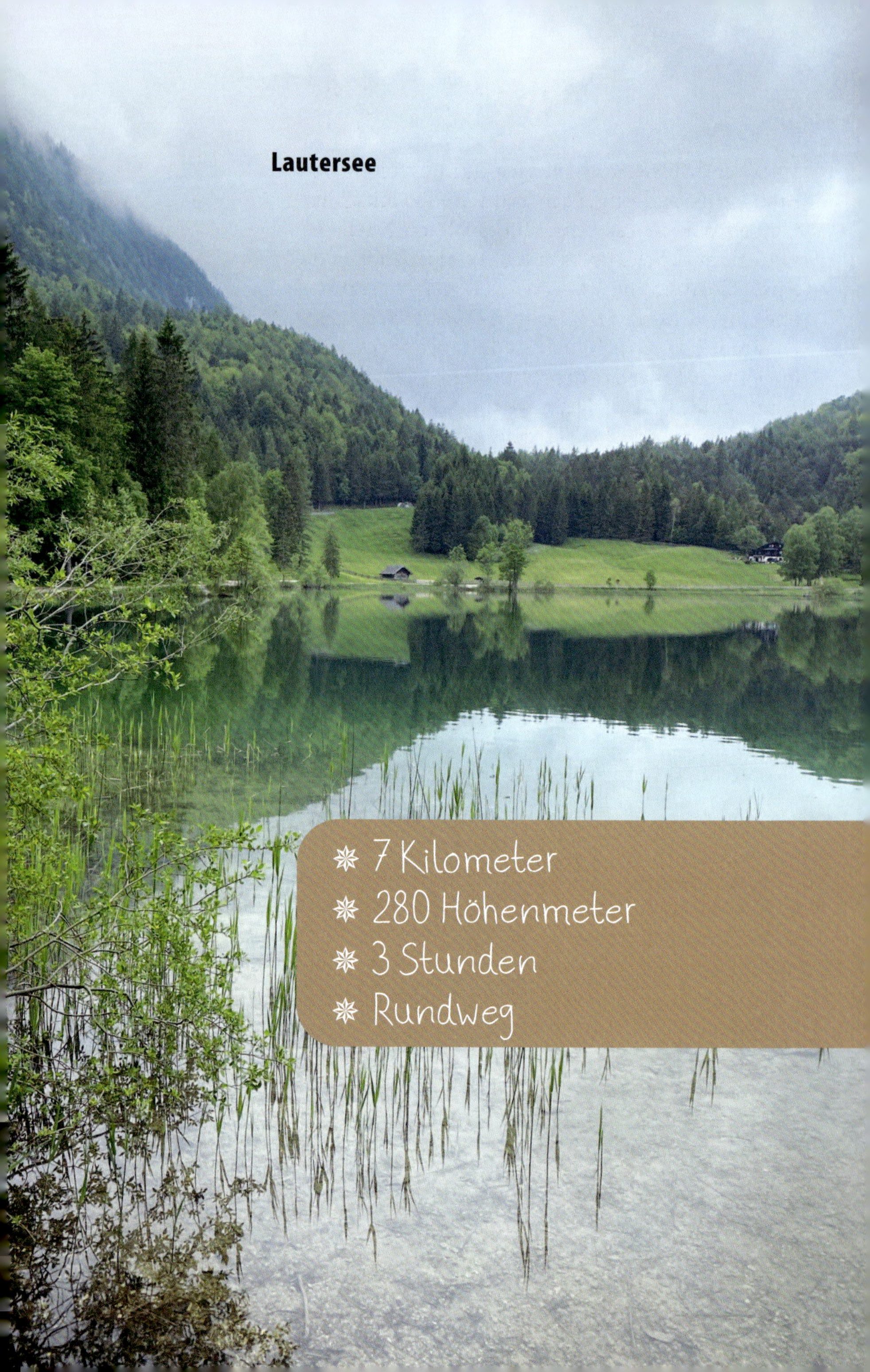

Lautersee

- 7 Kilometer
- 280 Höhenmeter
- 3 Stunden
- Rundweg

So abwechslungsreich wie geruhsam ist die schöne Runde zwischen Berg, Bach und See. Eine Entschleunigungstour wie aus dem Bilderbuch mit herrlichen Blicken, rauschendem Wasser, nach Lust und Laune einer Badepause bei entsprechenden Temperaturen und einer kuriosen Stippvisite in Österreich.

Vom Parkplatz in **Mittenwald** folgen wir zunächst der Leutascher Straße bergab. Nach wenigen Minuten führt eine Treppe hinunter in den Ort und wir finden uns auf dem Römerweg wieder. An der nächsten Weggabelung geht es links und weiter über den Schiesstattweg und die Ferchenseestraße, vorbei am Eingang zum kleinen **Kurpark** 1 von Mittenwald. Dort sind auch schon der Lautersee (30 Minuten) und die Ederkanzel (55 Minuten) ausgeschildert. Sobald wir den Elmauer Weg

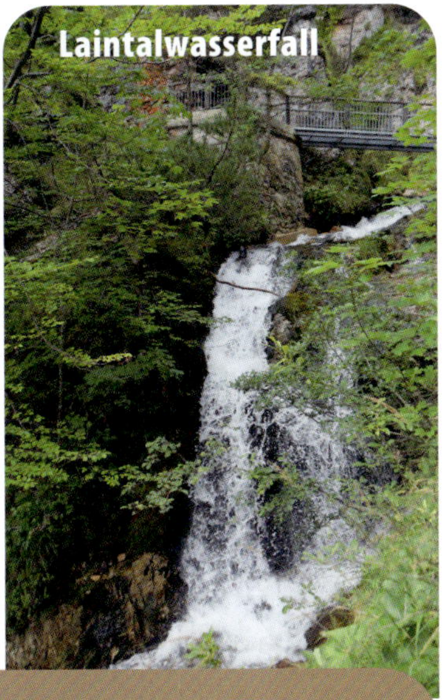

Laintalwasserfall

Kleiner Grenzverkehr

Über den Lautersee zur Ederkanzel

erreichen, halten wir uns rechts. An der nächsten Kreuzung, wo es links in den Lauterseeweg geht, laufen wir weiter in Richtung **Laintalwasserfall.** Bei nächster Gelegenheit folgen wir dem Wegweiser „Lautersee über Laintal, 30 Minuten". Bald endet die Bebauung und wir laufen auf dem breiten, geschotterten Wanderweg ins romantische **Laintal** 2.

Das Tal verbindet Mittenwald mit dem Lautersee, und durch den Lainbach fließt das Wasser aus dem Wettersteingebirge zur Isar. Am gemütlich dahinplätschernden Gebirgsbach entlang laufen wir zunächst leicht, dann etwas steiler über Treppen bergauf. Unterwegs sorgen mehrere Ruhebänke dafür, dass garantiert kein Stress aufkommt. Der **Lainbach** kann aber auch temperamentvoll: Hier und da rauscht er über Kaskaden, und weiter oben stürzt er sich als rauschender Wasserfall in die Tiefe. Wenn wir den höchsten Punkt erreicht haben, können wir auf einer Brücke auf die andere Seite des Laintals spazieren und eine **Marienstatue in einer Grotte** ❸ besuchen. Wenn wir zurück nach Mittenwald blicken, grüßen die Zacken des Karwendels.

*Die kleine **Kapelle Maria Königin** erbaute der Gebirgstrachtenverein Mittenwald 1994/95. Sie ist Ziel des Georgiritts in Mittenwald. Rund ums Jahr finden außerdem Andachten und Gottesdienste mit Musik im Freien statt.*

Zurück auf dem Wanderweg gurgelt der Bergbach wieder sanft dahin und verlockt an manchen Stellen dazu, die Füße im eiskalten Wasser zu baden. Wir halten uns immer in **Richtung Lautersee,** und wenn sich der Weg gabelt, bleiben wir auf dem breiteren Weg.

Bald öffnet sich das Tal und wir erspähen inmitten von Buckelwiesen die **Kapelle Maria Königin** ❹. Sie ist nicht alt und ehrwürdig, sondern wurde erst in den

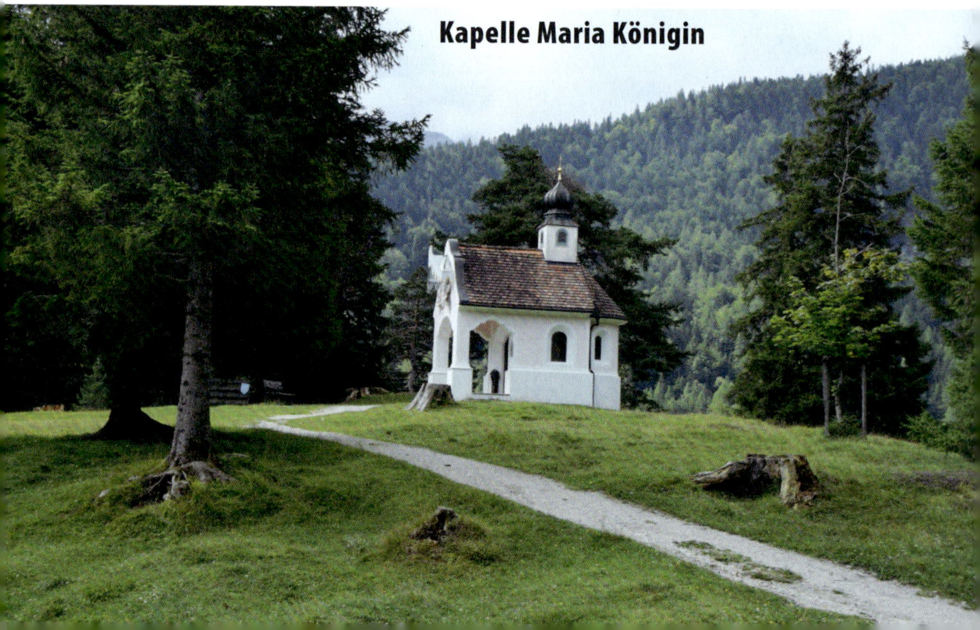

Kapelle Maria Königin

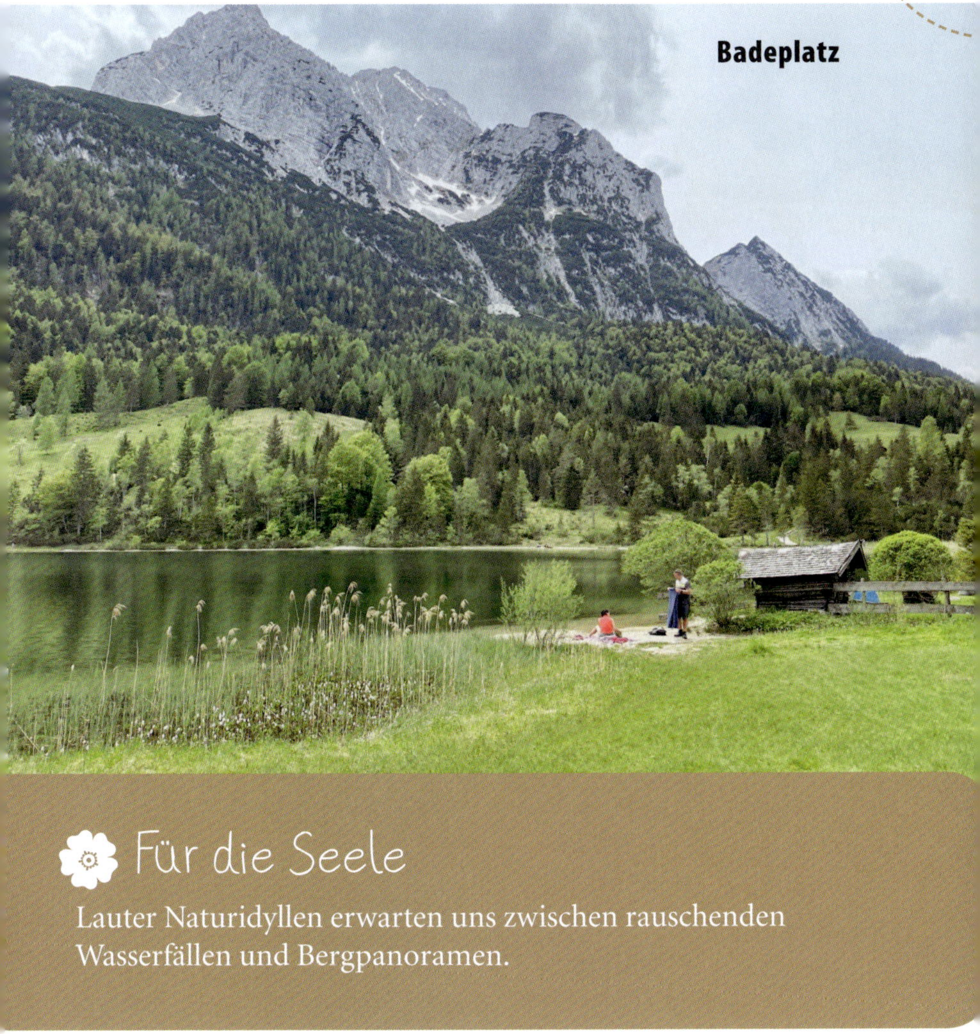

Für die Seele

Lauter Naturidyllen erwarten uns zwischen rauschenden Wasserfällen und Bergpanoramen.

1990er-Jahren vom Gebirgstrachtenverein Mittenwald errichtet. Ein stimmungsvoller Ort für Gottesdienste im Freien. Wir lassen den Blick zurückschweifen aufs Karwendelgebirge, das sich majestätisch am Horizont erhebt.

Dann glitzert uns auch schon der **Lautersee** smaragdgrün entgegen. Der idyllische See liegt in einer

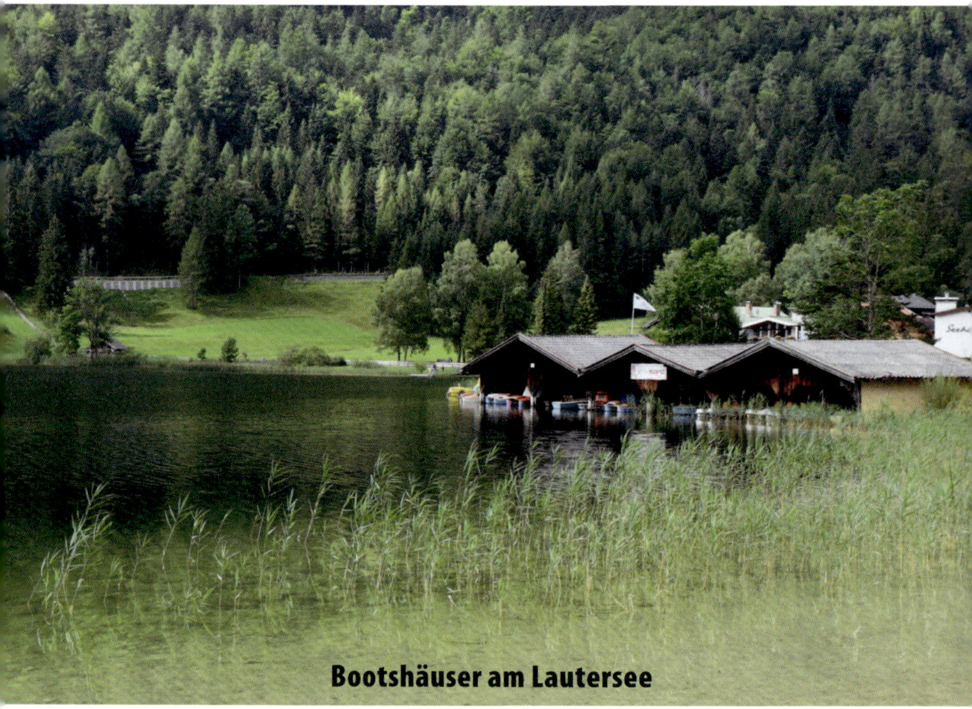

Bootshäuser am Lautersee

Senke südlich des Hohen Kranzbergs und sammelt das Wasser, das als Lainbach in die Isar fließt. Ein paar Bänke laden zum Entspannen ein – ein herrlicher Platz für eine Pause mit Seeblick.

Bald erreichen wir die **Lautersee-Alm** ❺, wo man sich mit kleinen Gerichten oder Kaffee und Kuchen stärken kann. Zum Lokal gehört ein wunderbar altmodisches Schwimmbad mit Sprungturm. Wie wär's mit einem Sprung in den See? Wer keine Lust zum Schwimmen hat, gönnt sich vielleicht eine Kaffeepause. Am Vormittag ist es hier meist noch sehr ruhig – perfekt, um die Stimmung am See in aller Ruhe zu genießen.

Gegen den Uhrzeigersinn laufen wir dann um den See – vorbei am **Seehof Lautersee** ❻ und der Lautersee Stub'n, die auch frische Forellen aus dem See auf ihren Speisekarten haben. Das klingt verlockend, aber es ist noch ein bisschen früh für eine ausgedehnte Einkehr. So laufen wir weiter am Seeufer entlang bis zum Häuschen der **Wasserwacht.** Immer wieder ergeben sich unterwegs neue Perspektiven.

Kurz hinter der Wasserwacht und zwei Ruhebänken schickt uns ein Schild **(„Mittenwald, 15 Minuten")** in den Wald. Wir erreichen bald eine Fahrstraße, die wir überqueren, und laufen auf dem Wanderweg weiter. Die Ederkanzel ist nun bereits ausgeschildert. Es wird steiler, aber ab und an lädt eine Ruhebank zum Verschnaufen ein. Wer in der laubarmen Jahreszeit unterwegs ist, hat auch einen wunderbaren Blick zum Lautersee. Auf jeden Fall ist dieser herrliche **Waldweg** auch an heißen Sommertagen angenehm kühl. Nur die Laute der Waldbewohner, wie das Hämmern der Spechte, durchbrechen die Stille, und stündlich erklingen die Kirchenglocken aus Mittenwald. Nach einer Weile mündet der Waldweg auf die Zufahrtsstraße zum Gasthaus, der wir bergauf folgen.

*Die Küche im **Gasthof Ederkanzel** ist natürlich bayerisch und der Hit sind die riesigen Pfannkuchen – süß genauso wie deftig –, echte Seelenkost.*

Ederkanzelblick

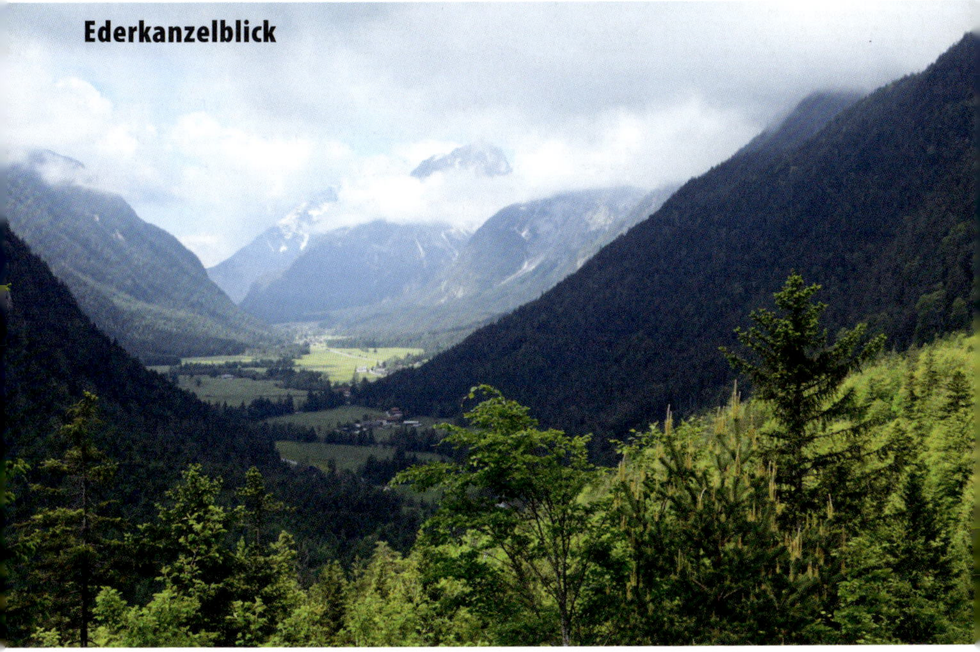

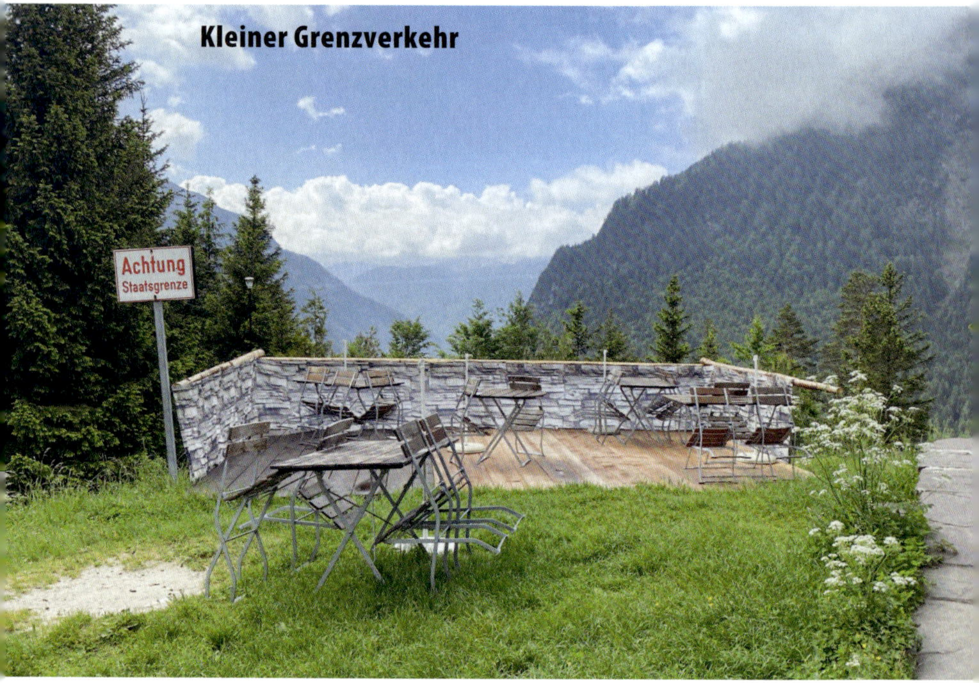

*Der **Lautersee** ist ein fischreiches Gewässer, in dem Forellen, Saiblinge, Karpfen, Rotaugen, Aale und andere Fischarten leben. Probieren kann man den Seefisch in einigen Lokalen am See.*

Am Waldrand passieren wir einen Abzweig nach Mittenwald. Dieser Weg wird uns nach der Pause wieder zurück nach Mittenwald führen. Kurz darauf stehen wir vor der **Ederkanzel** ⑦, einem Berggasthof wie aus dem Bilderbuch. Wir sind nicht sehr hoch, aber die Sicht ist genial. Der Blick schweift ins Isartal, ins Leutaschtal und ins Ferchenbachtal, auf Wetterstein und Karwendel. Außerdem hat die Ederkanzel ein Kuriosum zu bieten: Die deutsch-österreichische Grenze führt mitten hindurch. Das Gasthaus liegt in Deutschland, die Terrasse bereits in Österreich. Kleiner Grenzverkehr. Hier lassen wir es uns gutgehen und genießen ausgiebig den Weitblick.

Der Rückweg verläuft über den Abzweig, den wir auf dem Hinweg schon registriert hatten **(„Mittenwald, 45 Minuten")**, zurück zum Ausgangspunkt. Auf einem schmalen und zu Beginn steinigen Wanderpfad geht es bergab. Vorsicht, nach Regenfällen kann es rutschig

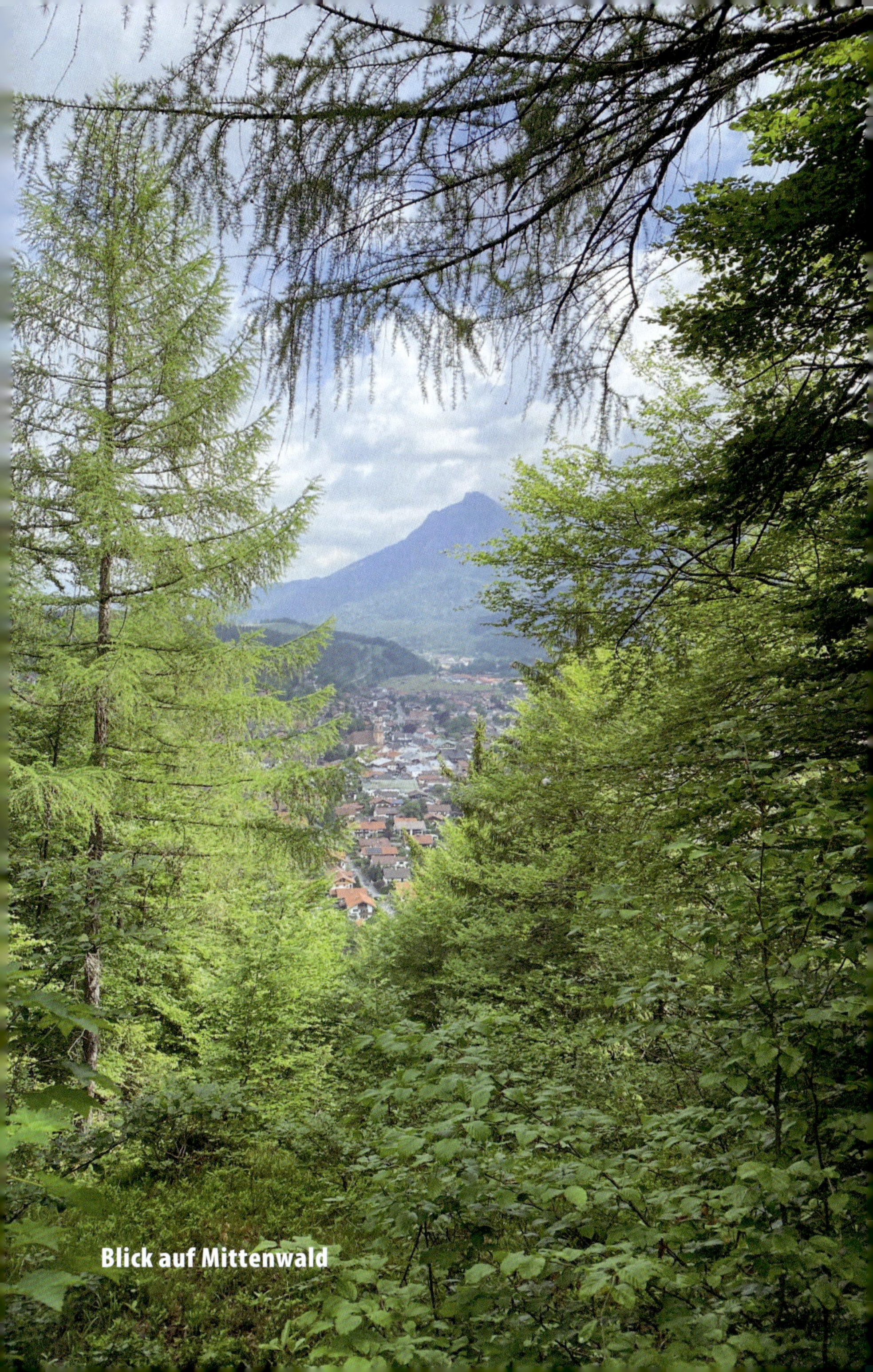

Blick auf Mittenwald

sein! Aber die steilere Passage lassen wir schon bald hinter uns. Nun schlängelt sich der Pfad gemütlich durch den Wald. Unterwegs gibt eine Lichtung einen schönen Blick auf Mittenwald frei.

Von der Ederkanzel hatten wir unter anderem ins Isartal geblickt. Wenn wir uns Mittenwald nähern, ist der Fluss näher gerückt und plätschert gemütlich durchs Tal. Verlaufen geht nicht, denn der Weg führt immer geradeaus zur Leutascher Straße. Kurz vor der Kapelle des heiligen Eustachius erreichen wir die Fahrstraße. Wir biegen nach links ab. An der **Schießstätte** 8 der königlich privilegierten Feuerschützengesellschaft, die seit dem 18. Jahrhundert besteht, geht es wieder zum Parkplatz oder in Richtung Bahnhof.

*Die **Schießstätte** ist eine Institution in Mittenwald. Im Sommer werden immer freitags (18.30–21 Uhr) Turniere in der traditionsreichen Kunst des Luftgewehr- und Kleinkaliberschießens für Urlauber mit anschließender Siegerehrung ausgetragen.*

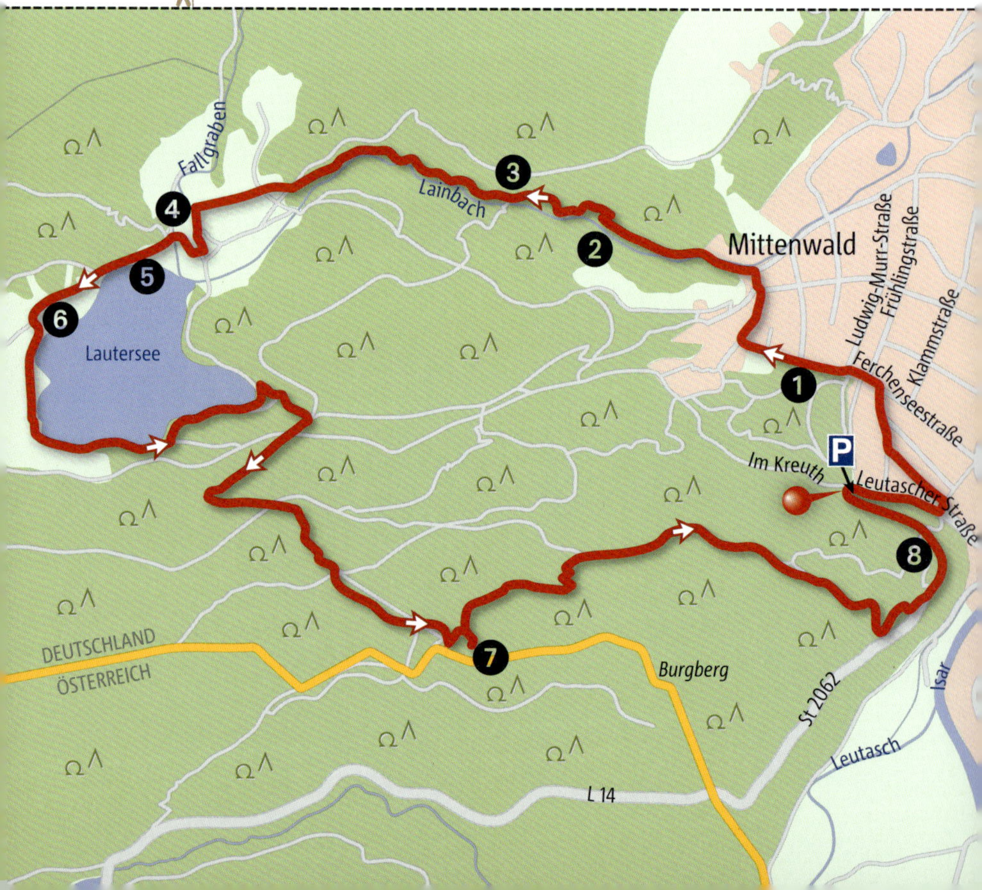

Alles auf einen Blick

WIE & WANN:
Leichte, sehr abwechslungsreiche Wanderung auf bequemen Wegen – Wanderpfade und Forststraßen ohne besondere Anforderungen. Nur der Aufstieg zur Ederkanzel ist etwas steiler. Ideal zwischen Frühjahr und Herbst. Im Sommer Gelegenheit zur Badepause am Lautersee.

HIN & WEG:
PKW: Parkbucht Leutascher Straße 2, 82481 Mittenwald (direkt oberhalb der 180-Grad-Kurve oder noch ein Stück weiter). Alternativ gibt es ein paar Parkplätze vor dem Kurpark. (GPS: 47.435452, 11.255751)
ÖPNV: Bahnhof Mittenwald, vom Bahnhof zu Fuß ca. 15 Minuten zur Laintalstraße, wo das Laintal beginnt.

ESSEN & ENTSPANNEN:
Lautersee-Alm ❺ Tel. (0 88 23) 92 89 32, www.lautersee-alm.de
Seehof Lautersee ❻ Tel. (0 88 23) 12 76, www.alpenwelt-karwendel.de/a-seehof-lautersee
Berggasthaus Ederkanzel ❼ Tel. (0 88 23) 16 81, www.ederkanzel.de, im November und Dezember nur an Wochenenden geöffnet

ENTDECKEN & ERLEBEN:
Kurpark Mittenwald ❶
Laintal ❷
Wasserfall mit Mariengrotte ❸

Entspannung ★★★★☆
Genuss ★★★☆☆
Romantik ★★★☆☆

Kapelle Maria Königin ❹
Schießstätte ❽

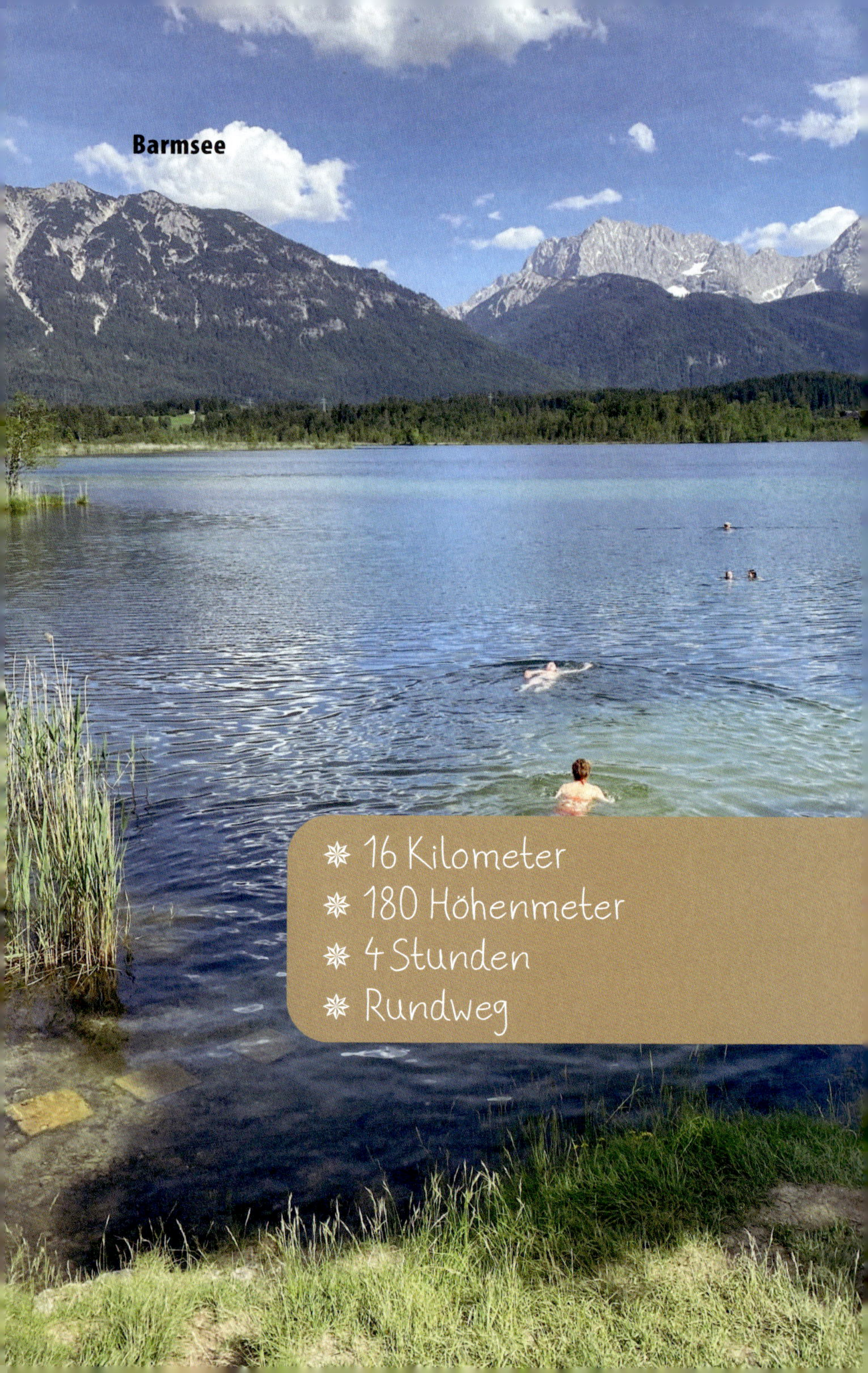
Barmsee
16 Kilometer
180 Höhenmeter
4 Stunden
Rundweg

Gleich drei Seen lernen wir auf dieser sehr entspannten, aber nicht ganz kurzen Wanderung kennen: Bramsee, Geroldsee und Grubsee. Eine traumhafte Seenrunde mit reichlich Gelegenheit zu Badepausen an warmen Sommertagen, die jedem Wanderer ein glückseliges Strahlen ins Gesicht zaubert. Allerdings sollte man dann die Mittagszeit meiden, da viele Wegpassagen keinen Schatten bieten. Besonders schön sind Stimmung und Licht ab dem späten Nachmittag. Aber auch an goldenen Herbsttagen und im Frühling zur Krokusblüte eine wunderbare Runde.

Ausgangspunkt ist die Krottenkopfstraße in **Krün,** wo auch der Wanderparkplatz liegt. Wir folgen dem Wegweiser **„Barmseerundweg (Nr. 406)".** Nachdem wir eine Ferienwohnungssiedlung hinter uns gelassen haben, zweigt der Weg nach links und gleich wieder nach rechts zum Barmsee ab. Immer den Hinweisschildern zum Badeplatz am Nordufer des Sees folgen. Wir verlassen nun die asphaltierte Straße und sind auf einem breiten Schotterweg unterwegs, der

Blau-Grün-Momente

Drei-Seen-Wanderung bei Krün

geradeaus durch die Felder führt. Während wir entspannt dahinspazieren, schiebt sich zur Linken die prächtige Alpenkulisse ins Bild.

Dann verabschieden sich die Berge für eine Weile, wir laufen an Viehweiden vorbei und durch den Bannwald und bleiben auf dem **Wanderweg 406** zum Barmsee. Wenn die Berge erneut in den Blick kommen, ist auch der See nicht mehr fern. Ein Schild verkündet: **„Badeufer, 5 Minuten"**.

Was für eine Badekulisse! Direkt vor uns erheben sich die Zacken des Karwendels, das Wasser des **Barmsees** ❶ schimmert himmelblau – ein paar Nuancen heller als der Himmel. Und es zieht uns magisch an. Erfrischend kühl, aber nicht kalt an heißen Sommertagen. Dann noch im Gras von der Sonne trocknen lassen. Schweren Herzens ziehen wir weiter. Aber es kommen ja noch zwei Badeseen.

Wir laufen von der Badewiese aus ein Stück zurück, bis wir auf den Abzweig zum Geroldsee treffen. Der Weg führt leicht bergauf durch den Wald. Nachdem der erste Teil der Strecke an warmen Sommertagen recht sonnig ist, genießen wir nun die Kühle unterm Blätterdach. Bald berührt der Weg wieder den See und noch ein paar Minuten lang können wir die Bergkulisse genießen.

Dann gabelt sich der Weg. Der schmale Weg am See entlang führt zum Gasthof Barmsee, den wir auf unserem Rundweg erst später passieren werden. Hier steht eine **Bank mit prächtigem Ausblick** und für eine kleine

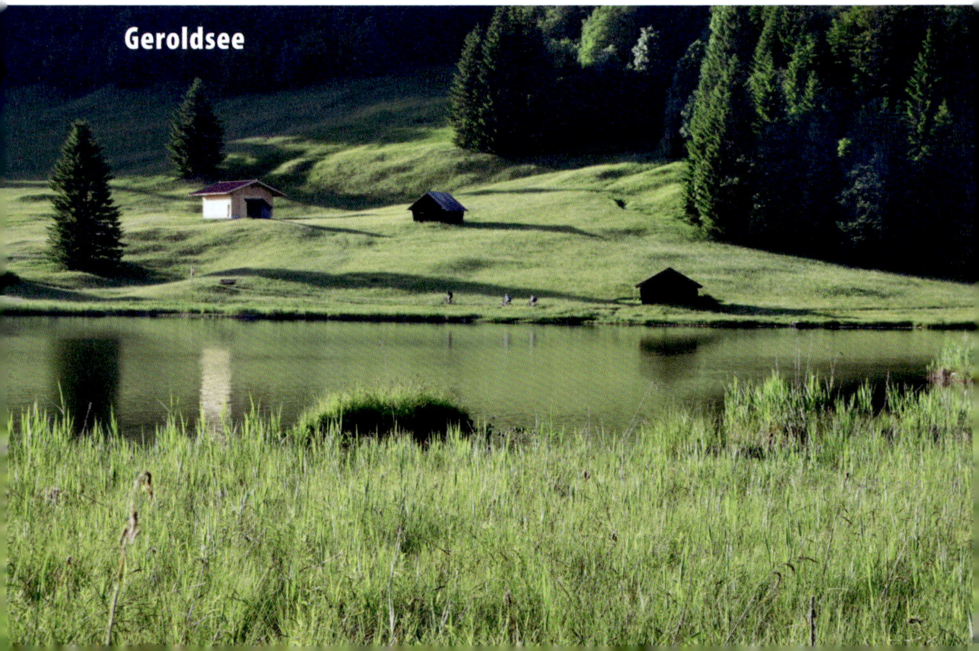

Geroldsee

Pause ist immer Zeit, bevor wir auf dem breiten Weg weiter zum Geroldsee laufen und Abschied nehmen vom Barmsee.

Es geht zunächst durch eine Feuchtwiese. Butterblumen leuchten im Frühsommer und setzen gelbe Tupfen im Grün der Wiesen. Bald geht es noch einmal bergauf – aber auch hier unter dem schattigen Blätterdach. Oben angekommen gibt es als Belohnung noch einen grandiosen Bergblick. Und dann geht es auch schon wieder weiter durch die bunte Blütenpracht nach Gerold. Zwischen Frühjahr und Hochsommer können wir immer farbenfrohe Entdeckungen machen: Krokusse, Enziane, Lichtnelken, ja sogar Orchideen gibt es zu bewundern.

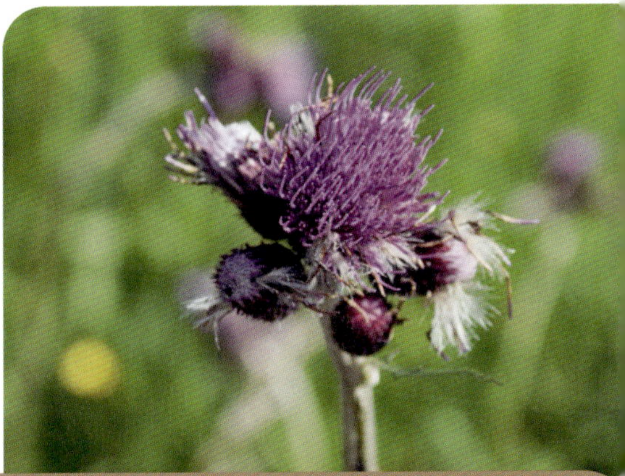

Noch wenige Minuten, dann glitzert uns auch schon der **Geroldsee** ❷ entgegen, der umwerfend fotogen ist. Wir blicken aus erhöhter Position aufs Zugspitzmassiv. Wenn wir zum See hinabgestiegen sind, erhebt sich majestätisch das Karwendel vor uns. Ringsum liegen die Buckelwiesen und ein paar charakteristische Heustadel.

Für die Seele

Drei traumhafte Badeparadiese mit Bergblick erwarten uns zu erfrischenden Wanderpausen.

Aber der Geroldsee, der auch als Wagenbrüchsee bekannt ist, ist auch ein famoser Badesee. Er hat zwei ganz unterschiedliche Ufer. Zum einen das verschwiegene Ostufer mit ein paar stillen Badestellen.

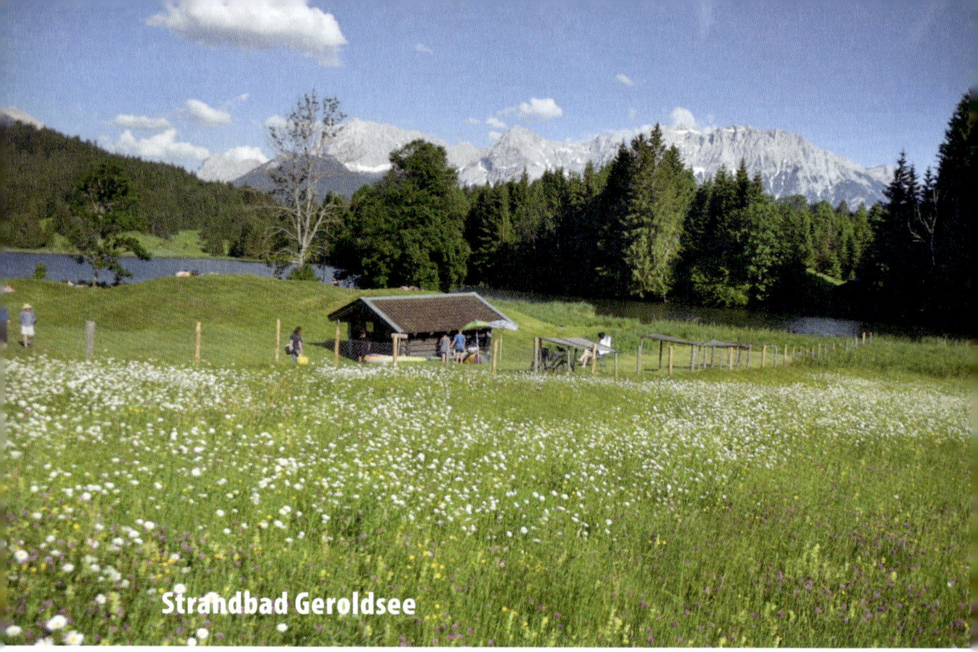

Von hier schimmert der See im Abendlicht geheimnisvoll grünlich. Auf der anderen Seite bietet er den Blick zum Karwendel und ein wunderbares **Strandbad** mit gemähten Buckelwiesen und zwei Badestegen. Eine ältere Dame kassiert eine kleine Gebühr und vermietet auf Wunsch Sonnenschirme und Liegen. Ein traumhafter Platz für eine längere Pause, wo wir unser Picknick auspacken und die Stille genießen können. Seidenweich ist das moorige Wasser und im Sommer angenehm warm. An langen Sommerabenden zirpen die Grillen und es duftet nach frisch gemähtem Heu. Ein paar SUPs gleiten lautlos übers Wasser. Hier könnten wir ewig bleiben, aber See Nummer drei wartet ja auch noch.

Wir laufen weiter in Richtung des Ortes **Gerold** ③, der zu Krün gehört. Eine oberbayerische Idylle mit einer Handvoll Bauernhöfe und einer Kapelle. Nicht einmal einen Gasthof gibt es hier. Wir folgen dem Weg durch den Ort bis zur Hauptstraße und nehmen die Fußgängerunterführung auf die andere Straßenseite. Es geht weiter Richtung Klais, nach links, und wir laufen auf einem Radweg, der parallel zu den Bahngleisen verläuft.

*Der **Geroldsee** ist ringsum eingebettet in Buckelwiesen, zwischen denen je nach Jahreszeit Krokusse, Enzian oder Lichtnelken blühen. Die schutzbedürftigen Wiesen sollte man nicht betreten und die Wanderwege nicht verlassen.*

Eine nette kleine Einkehr unterwegs: Die **Schmankerl-Alm** ④ unweit des Bahnhofs von Klais mit ihrem hübschen Biergarten liegt direkt am Wanderweg. Dort können wir uns für den letzten Abschnitt des Wegs stärken. Dann geht es quer durch den Ort und am Ortsausgang zum Grubsee nach links und weiter über die Bahngleise in Richtung Krün. Der Grubsee (35 Minuten) ist nun bereits ausgeschildert.

Hinter einer Unterführung geht es nach rechts und ein kurzes Stück auf dem Fußgängerweg parallel zur Bundestraße. Glücklicherweise biegen wir an einer hölzernen Brücke bald wieder links ab in die Idylle. Auf einem Schotterweg spazieren wir durch die Buckelwiesen. Das letzte Stück des Wegs ist ein Waldweg und bald erreichen wir die Nummer drei unserer Seenparade, den **Grubsee** ⑤. Ganz anders vom Charakter als die beiden anderen Badeseen, nämlich ein verschwiegener Waldsee. Der Hauptweg führt weiter zum Barmsee, wir nehmen stattdessen den schmalen Waldweg, der direkt am Seeufer entlangführt. Die Zacken des Zugspitzmassivs, die sich im Wasser spiegeln, blitzen hinter den Bäumen hervor.

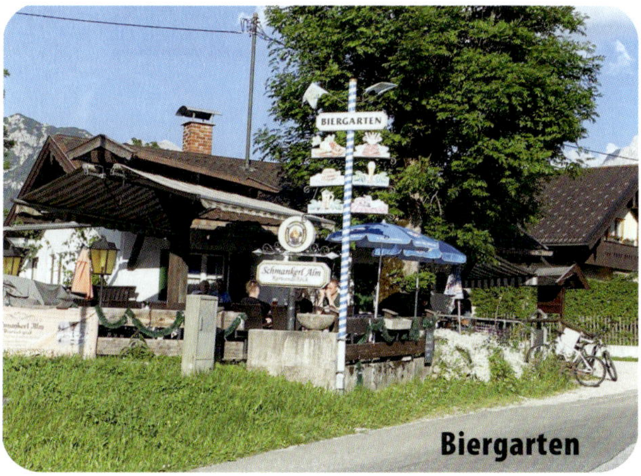

Biergarten

Wir suchen uns ein Plätzchen auf einer der Bänke oder auf der Wiese, um die letzten Sonnenstrahlen des Tages einzufangen und einfach zu genießen. Am Grubsee gibt es eine richtige **Badeanstalt mitsamt Kiosk** ⑥, wo tagsüber Familien zwischen Rutsche und Bootsverleih ihren Spaß haben. Abends liegt der See ganz ruhig da. Noch ein letzter Sprung ins Wasser? Ein paar versprengte Radler und Wanderer wie wir

*Der **Grubsee** versteckt sich im Wald: ein Badeparadies für die ganze Familie mit Blick auf das Zugspitzmassiv. Neben Liegewiesen gibt's auch einen Kiosk, Umkleiden und eine Rutsche. Weil der See klein und flach ist, erwärmt er sich schnell.*

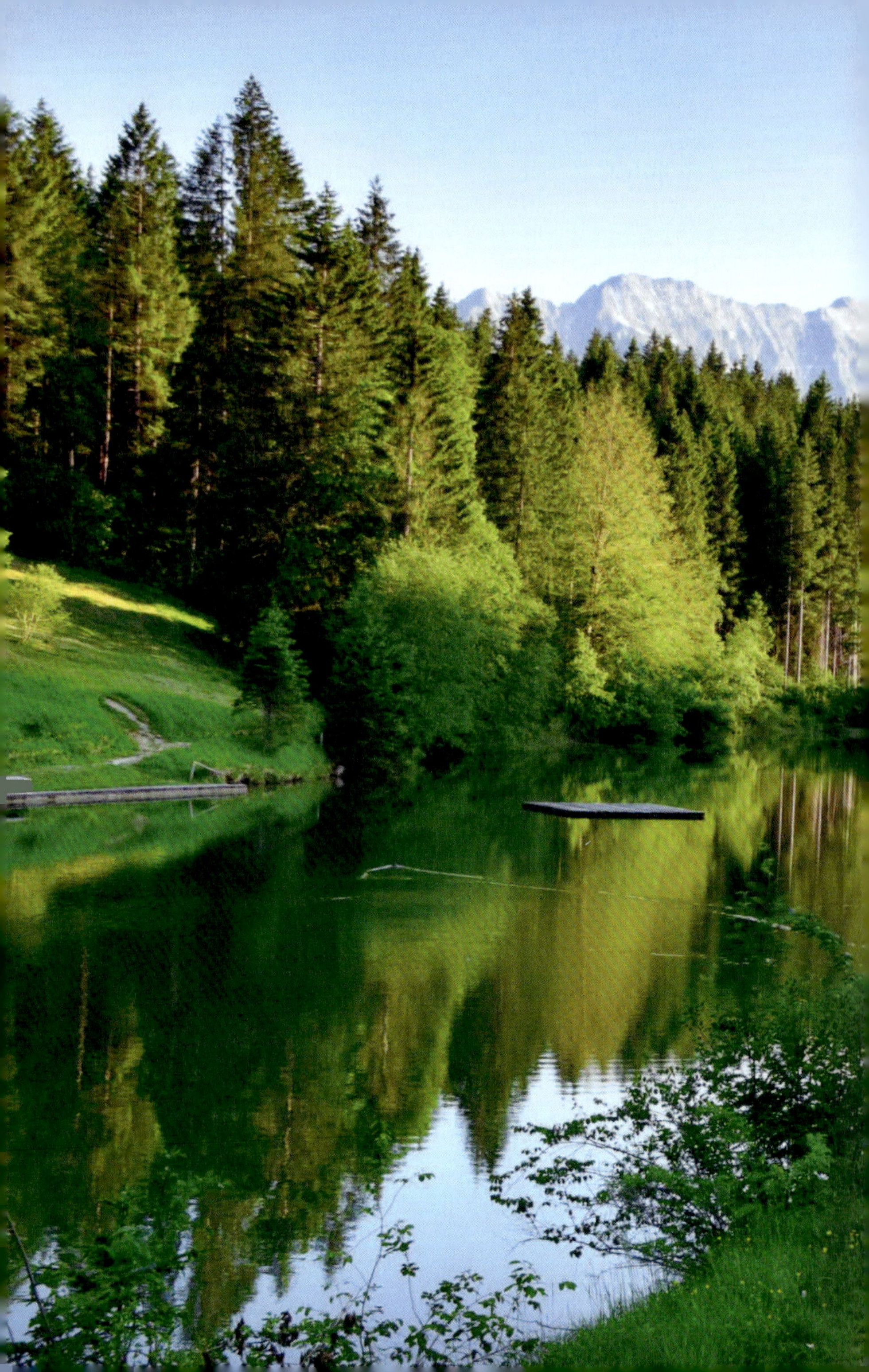

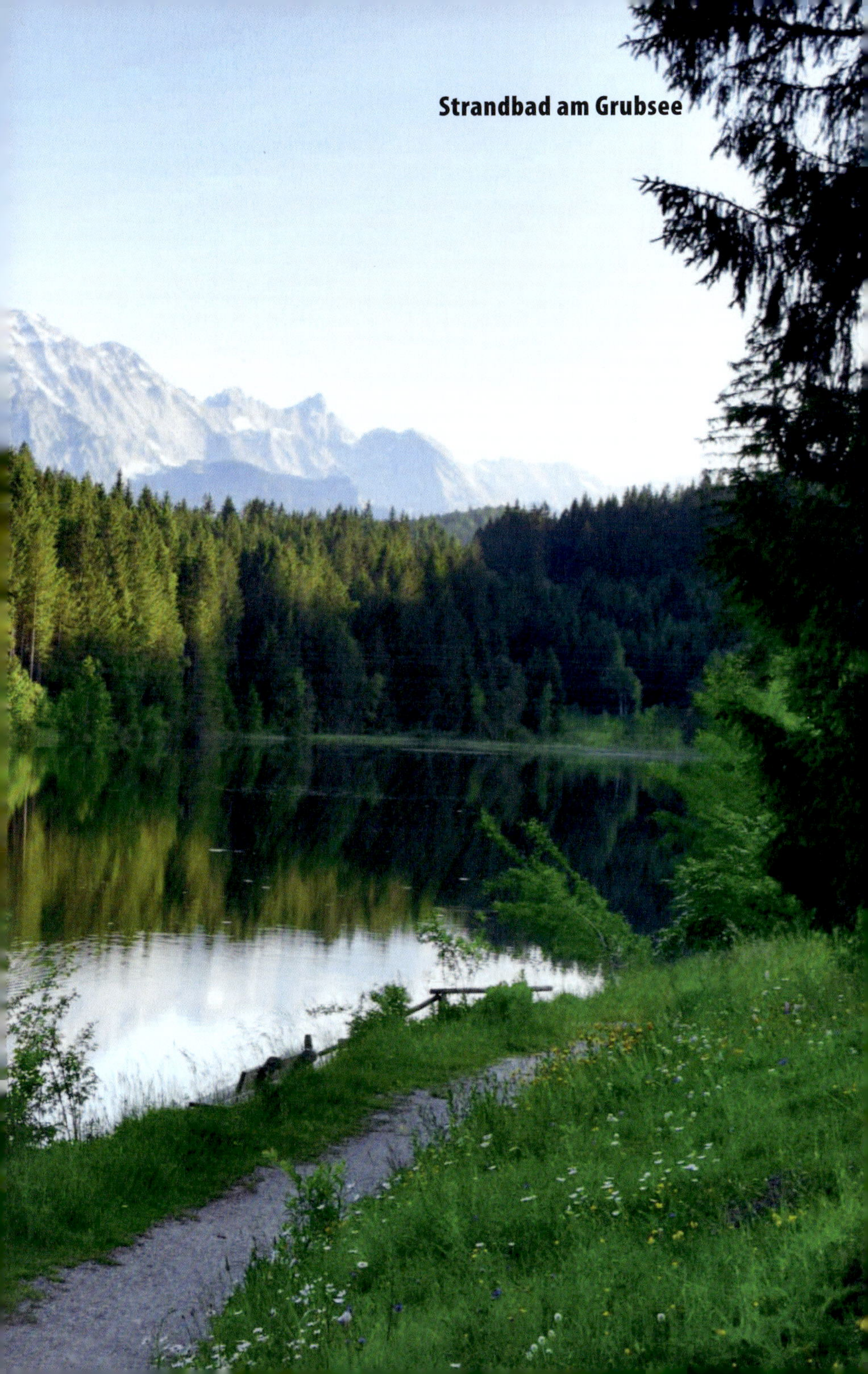

Strandbad am Grubsee

Auf dem ersten Teil der Wanderung gibt es keine Einkehr. Also eine ***Brotzeit*** *und genügend Wasser einpacken! Zum Abendessen locken die Sonnenterrasse mit Karwendelblick im Gasthof Barmsee mit bunter Speisekarte oder italienische Küche im Casa Mucca in Krün.*

holen sich eine Erfrischung am Kiosk und lassen den Tag ausklingen. Magische Momente.

Hinter den Umkleidekabinen geht es wieder zum Wanderweg **(„Krün, 35 Minuten")**, der mit der Nummer 405 ausgeschildert ist.

Auf dem Weg zurück nach Krün können wir überlegen: Welcher See ist der schönste? Schwere Entscheidung. Ganz unterschiedlich sind sie und doch ist jeder auf seine Art wunderschön. Wenn sich jetzt der Hunger meldet, kommt der **Alpengasthof Barmsee** 7 mit Aussichtsterrasse zum Karwendel gerade recht. Ein netter Platz für die Einkehr. Dann geht es zurück in den Ort zunächst entlang der Straße, dann durch die Wiesen in Richtung Krün, wo auch noch ein paar Lokale zum Abendessen einladen.

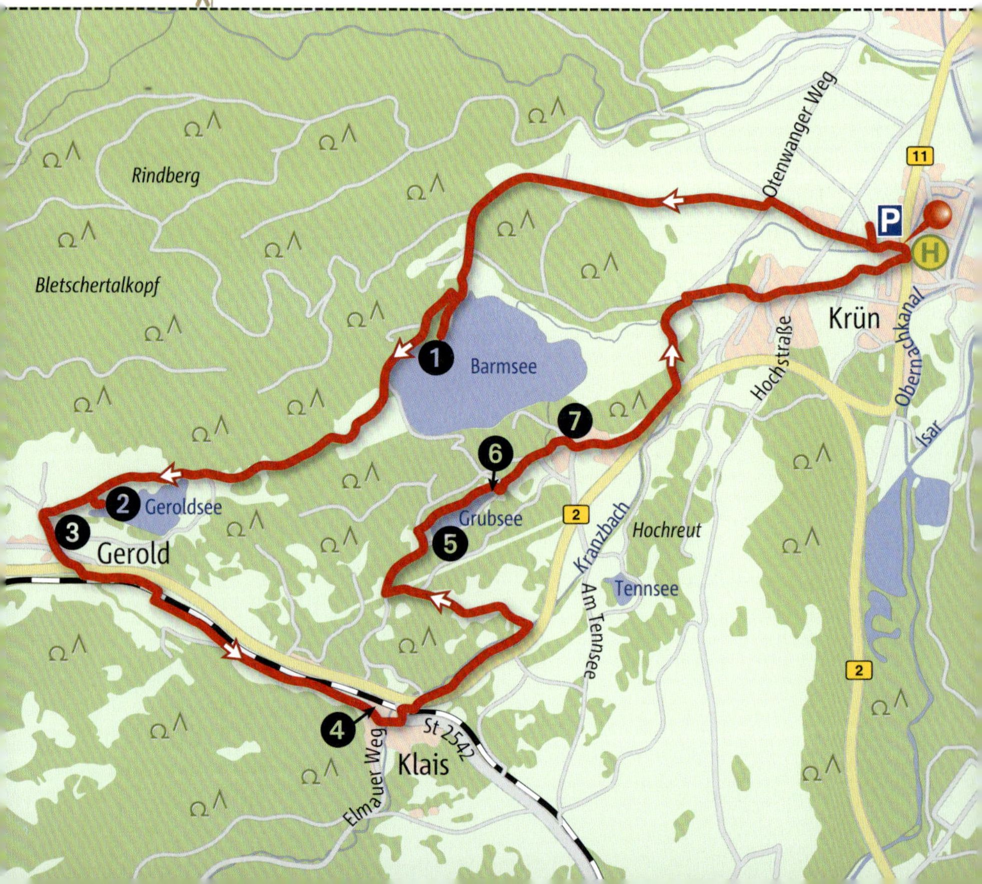

Alles auf einen Blick

WIE & WANN:
Leichte Rundwanderung auf asphaltierten Wegen, Schotterwegen und Waldwegen. Empfohlen im Sommerhalbjahr von April bis Oktober.

HIN & WEG:
PKW: Wanderparkplatz an der Krottenkopfstraße, 82494 Krün (gebührenpflichtig) (GPS: 47.506612, 11.275560)
ÖPNV: Bushaltestelle Bärnbichl oder Ortsmitte Krün, Wander- und Gästebus der Alpenwelt Karwendel, Oberbayernbus Linie 9618 oder 9608

ESSEN & ENTSPANNEN:
Schmankerl-Alm Karwendelblick ❹ Bahnhofstraße 22, 82493 Klais, Tel. (0 88 23) 9 45 99 79
Kiosk der Badeanstalt am Grubsee ❻
Alpengasthof Barmsee ❼ Am Barmsee 9, 82494 Krün, Tel. (0 88 25) 20 34, www.barmsee.de/alpengasthof-barmsee/

Zum Ende der Tour auch empfehlenswert:
Casa Mucca, Karwendelstraße 3, 82494 Krün, Tel. (0 88 25) 9 21 99 33, www.facebook.com/casadellamucca/
Weitere Lokale in Krün

ENTDECKEN & ERLEBEN:
Barmsee ❶

Entspannung ★★★★☆
Genuss ★★★☆☆
Romantik ★★★☆☆

Geroldsee ❷
Gerold ❸
Grubsee ❺

Burgruine Werdenfels

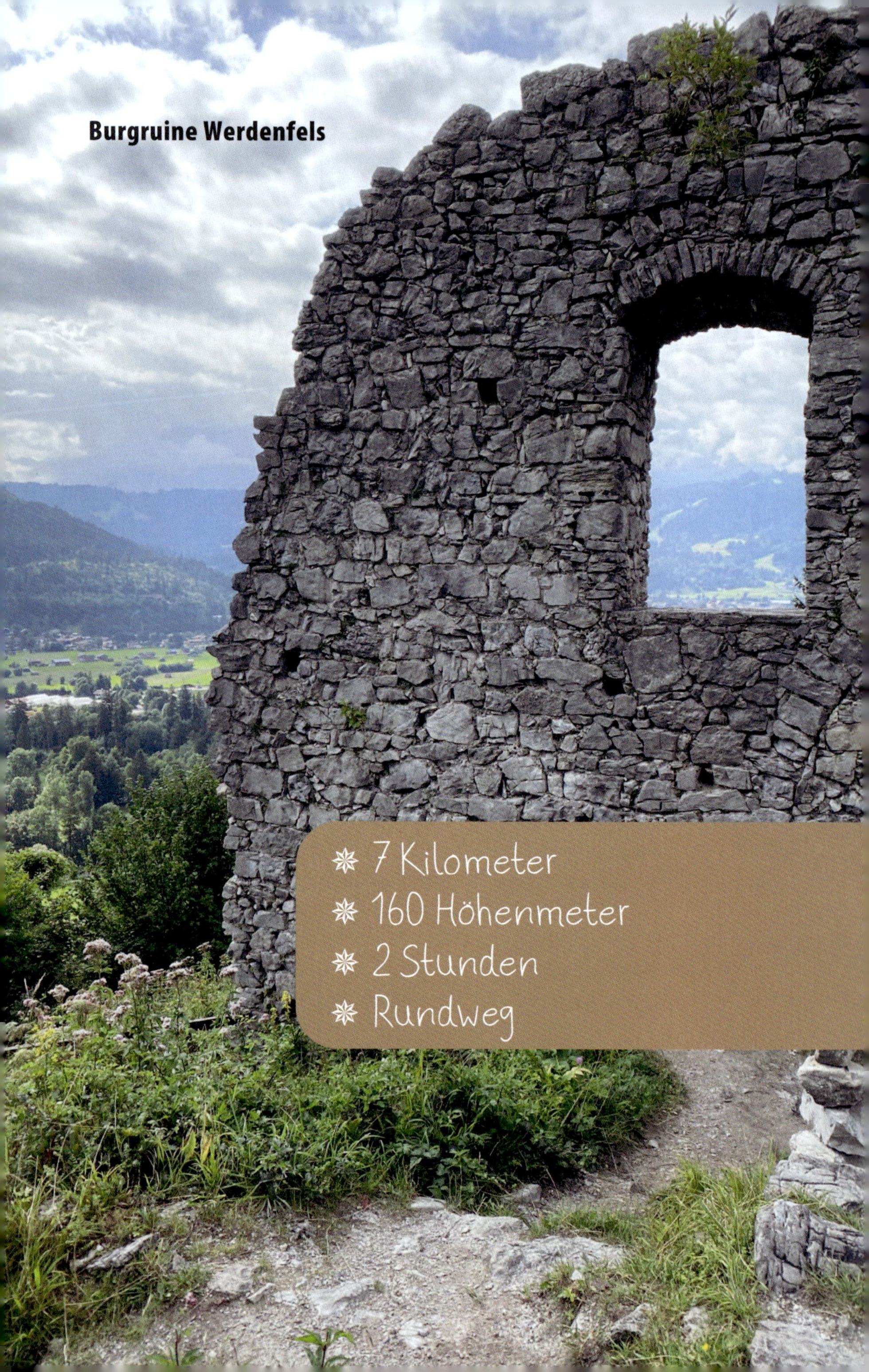

- 7 Kilometer
- 160 Höhenmeter
- 2 Stunden
- Rundweg

Garmisch-Partenkirchen liegt im **Werdenfelser Land,** und Namensgeberin für die Region war die Burg Werdenfels, die hoch über dem Loisachtal thront. Heute ist sie ein Lost Place, eine Bilderbuchruine mit prächtiger Aussicht und ein wunderbarer Platz für eine Auszeit vom Alltag. Auf dem Rückweg machen wir einen Schlenker zum Pflegersee, wo an Sommertagen eine Badepause lockt. Und Gelegenheiten für eine nette Einkehr gibt es auch.

Wir starten an einem der Wanderparkplätze in der Pflegerseestraße in **Burgrain** bei Garmisch. Vom unteren Parkplatz folgt man dem Wegweiser zum Pflegersee, bis man zum zweiten Parkplatz kommt. Vom oberen Parkplatz ist die Burgruine Werdenfels direkt ausgeschildert.

Der Weg führt uns auf einem breiten Forstweg zunächst zum **Schmölzersee** ❶. Ein schmaler, schattiger Waldweg, der parallel verläuft, mündet bald wieder in den Hauptweg. Nach kaum 5 Minuten erreichen wir den See, der eher ein Teich ist. Von dort weist uns ein Schild zur Burgruine und zur Werdenfelser Hütte.

Kultur trifft Natur

Burgruine Werdenfels am Grasberg

Auf einem bequemen Wanderweg geht es zunächst ein Stück am Ufer entlang, dann durch einen schattigen Wald, wo immer wieder Ruhebänke zum Entspannen einladen.

Einen auffällig geschnitzten Wegweiser lassen wir links liegen und laufen geradeaus. An der nächsten Gabelung ist die Ruine Werdenfels in beide Richtungen

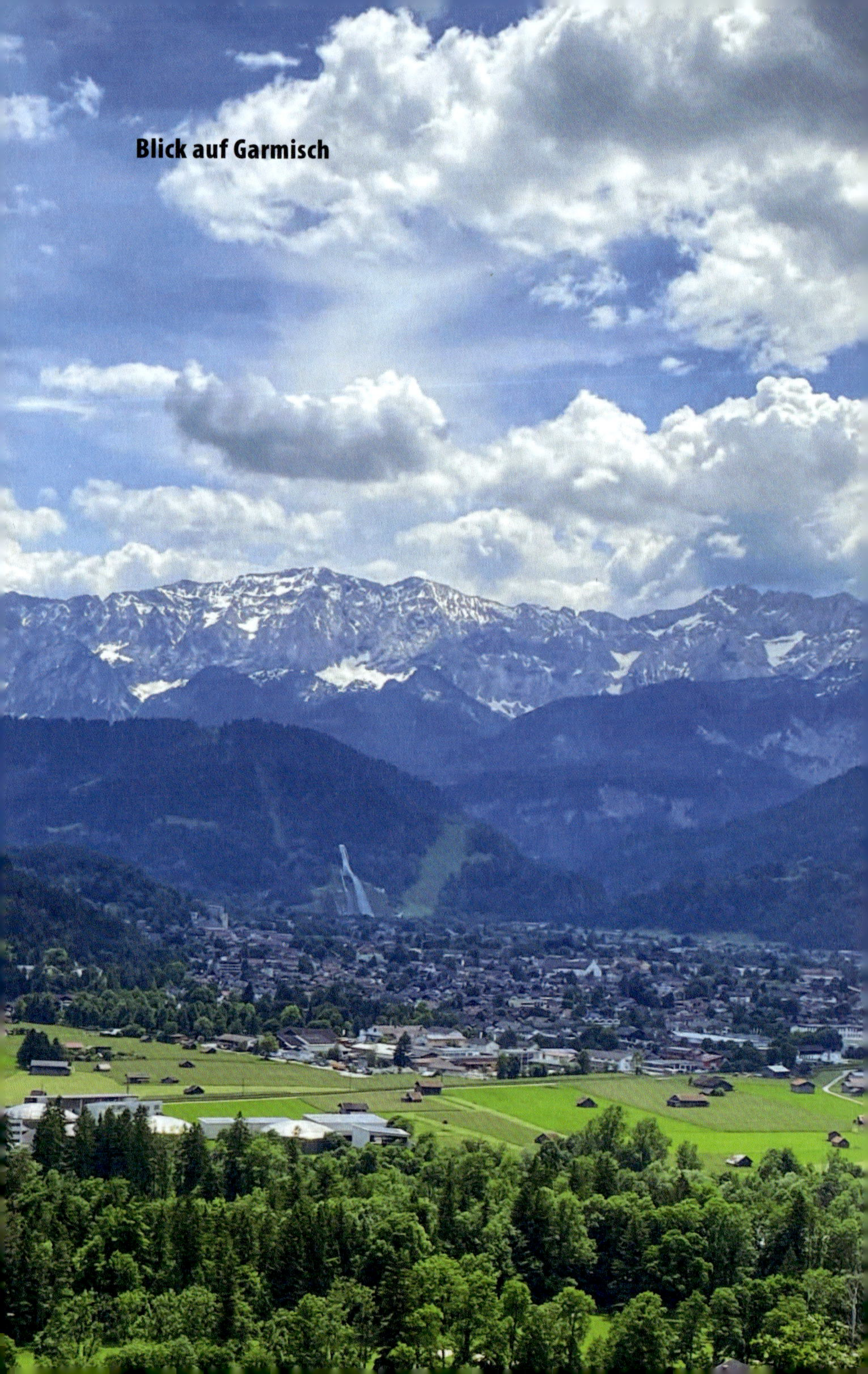
Blick auf Garmisch

ausgeschildert. Wir laufen rechts und gleich anschließend links. Der Weg schlängelt sich durch den Wald – immer leicht bergauf. Ein Genuss an warmen Sommertagen: Wir gehen stets im Schatten der Bäume. Nach einer Weile gabelt sich der Weg. Wir bleiben auf dem Hauptweg und können uns nicht verlaufen, denn sowohl die Werdenfelser Hütte als auch die Burg Werdenfels sind ausgeschildert. Noch ein großzügiger Linksbogen, dann lugt die **Werdenfelser Hütte** auch schon um die Ecke. Eine wunderbare Einkehrstation für Wanderer. Doch zunächst lassen wir die Hütte links liegen und laufen in Richtung Burgruine.

*Die Grafschaften Partenkirchen und Mittenwald verschmolzen im Mittelalter zur Grafschaft Werdenfels, und **Burg Werdenfels** wurde ihr Verwaltungs- und Gerichtssitz. Als die Grafschaft 1802 dem Königreich Bayern zugeschlagen wurde, war sie längst Ruine.*

Nach wenigen Minuten stehen wir vor dem Eingangstor der **Burg Werdenfels** ❷, die auf rund 800 Metern Höhe auf einem Ausläufer der Kramerspitz in den Ammergauer Alpen liegt und vermutlich im 12. oder 13. Jahrhundert erbaut wurde. Heute ist sie in Privatbesitz, aber rund ums Jahr frei zugänglich.

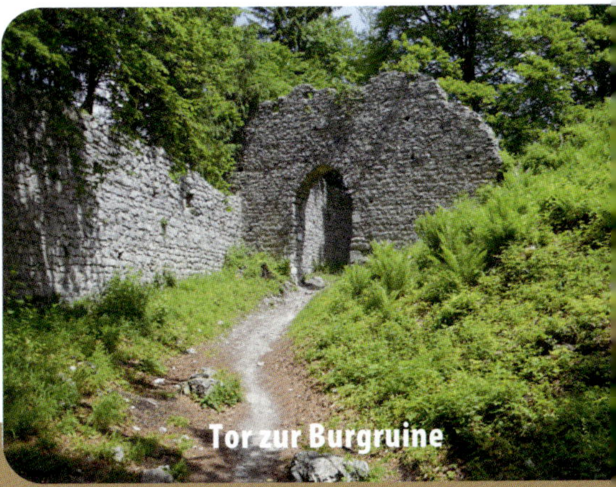

Tor zur Burgruine

Für die Seele

Eine wildromantische Burgruine mit Sonnenterrasse zum Loisachtal wartet darauf, erobert zu werden.

Längst ist die einst stolze Burg mit wechselvoller Geschichte eine Ruine. Ihrer Attraktivität tut das keinen Abbruch. Wildromantisch ist das Ensemble mit Mauern aus Bruchsteinen, teilweise überwuchert von der Natur. Ein Lost Place voller Geschichte. Ein Fenster zur Natur im Mauerwerk öffnet sich und gibt den **Blick übers Loisachtal** nach Garmisch-Partenkirchen frei.

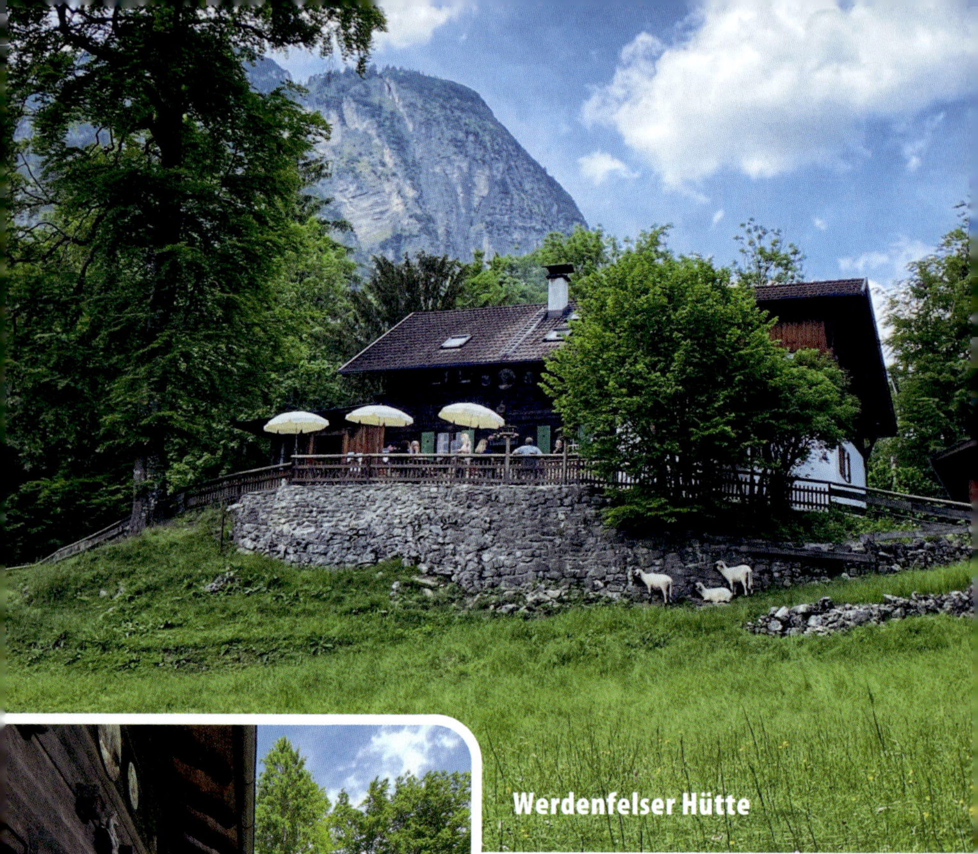

Werdenfelser Hütte

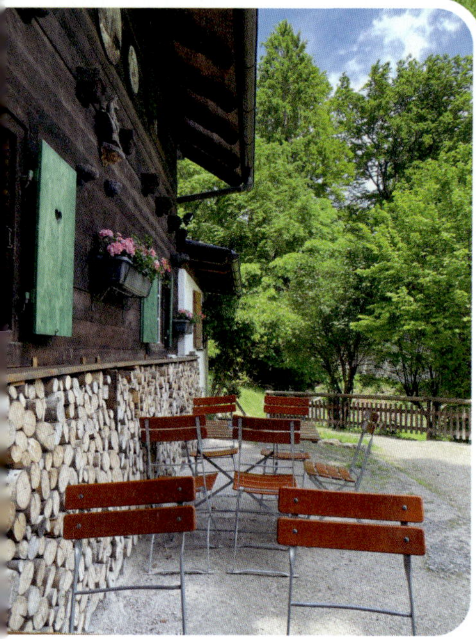

Von hier aus konnten die Burgherren einst die wichtigen Handelsstraßen im Tal überwachen. Bestimmt genossen sie aber auch damals schon die grandiose Aussicht aufs Estergebirge und Wettersteingebirge, die heute uns gehört. Vor den Bergen breitet sich Garmisch-Partenkirchen aus. Ein Hingucker auch aus der Ferne sind die Sprungschanzen im ehemaligen Olympia-Skistadion.

Beeindruckend ist vor allem die breite Innenseite des Palas, des repräsentativen Saalbaus mittelalterlicher Burgen. Der am besten erhaltene Teil der Burg besitzt noch mächtige, 6 Meter hohe Mauern mit großen Fensteröffnungen, die einen Eindruck von einstiger Pracht vermitteln. Für uns heute eine Sonnenterrasse, auf der wir uns auf einer der Bänke niederlassen und das Panorama ausgiebig genießen. Ein echter Seelenplatz, von dem wir uns kaum trennen können.

Zurück geht es wieder an der **Werdenfelser Hütte** 3 vorbei, vor der meist Schafe grasen. Sie sieht so einladend aus, dass wir dem Wink folgen und im Biergarten einkehren.

Nach der genussvollen Pause gehen wir ein Stück zurück auf dem Weg, auf dem wir gekommen sind, bis uns ein Wegweiser nach rechts zum Pflegersee schickt.

Nach einer lang gezogenen Linkskurve kommen wir zu einer Weggabelung und folgen den Wegweisern. Ein Wanderweg führt parallel zur Pflegersee-

*In der **Werdenfelser Hütte** kocht die Wirtin rund ums Jahr frisch – besonders gern Kaiserschmarrn und Omeletts. Alles schmeckt köstlich – im Biergarten wie in der gemütlichen Gaststube.*

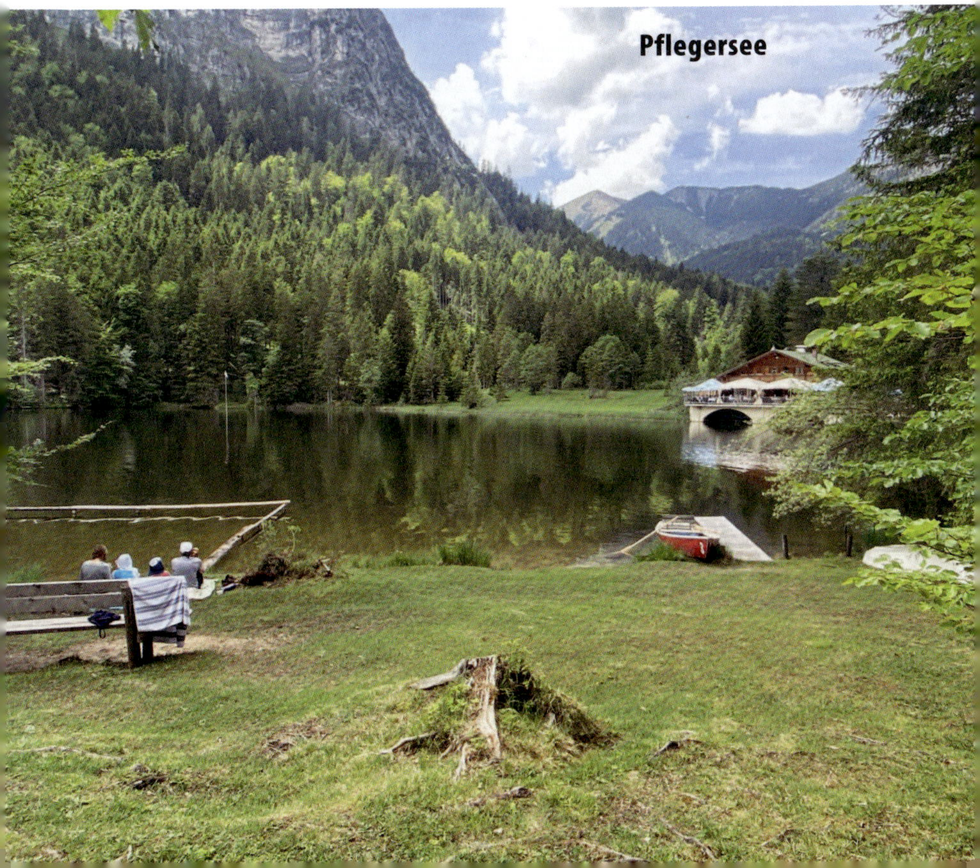

Pflegersee

*Der **Pflegersee** ist ein Stausee, der im Mittelalter die Wasserversorgung der nahe gelegenen Burg Werdenfels sicherstellte. Seit den 1930er-Jahren ist er ein beliebtes Ausflugsziel vor der Kulisse des Königsstands mit Gasthof, Schwimmbad, Bootsverleih und Kiosk.*

straße, den nehmen wir bei Regen oder Schnee. Wenn es trocken ist, halten wir uns rechts und folgen dem als **„Lehrpfad"** ausgeschilderten Weg, der durch den Bergwald führt. Nach ein paar Hundert Metern mündet der Pfad in einen breiteren Forstweg. Dieser führt bald in einem Linksbogen leicht bergab. Jetzt heißt es aufpassen: Hinter einem Bach nehmen wir den nicht beschilderten Waldpfad, der vom Hauptweg abzweigt. Wenn wir einen Querweg erreichen, halten wir uns links und stehen schon bald am Ufer des **Pflegersees 4**, der traumhaft schön am Fuß des Königsstands (1453 m) liegt.

Die Verwalter der Grafschaft nannte man einst Pfleger. Sie waren Träger der Gerichtsgewalt und der landesherrlichen Rechte und lebten bis Mitte des

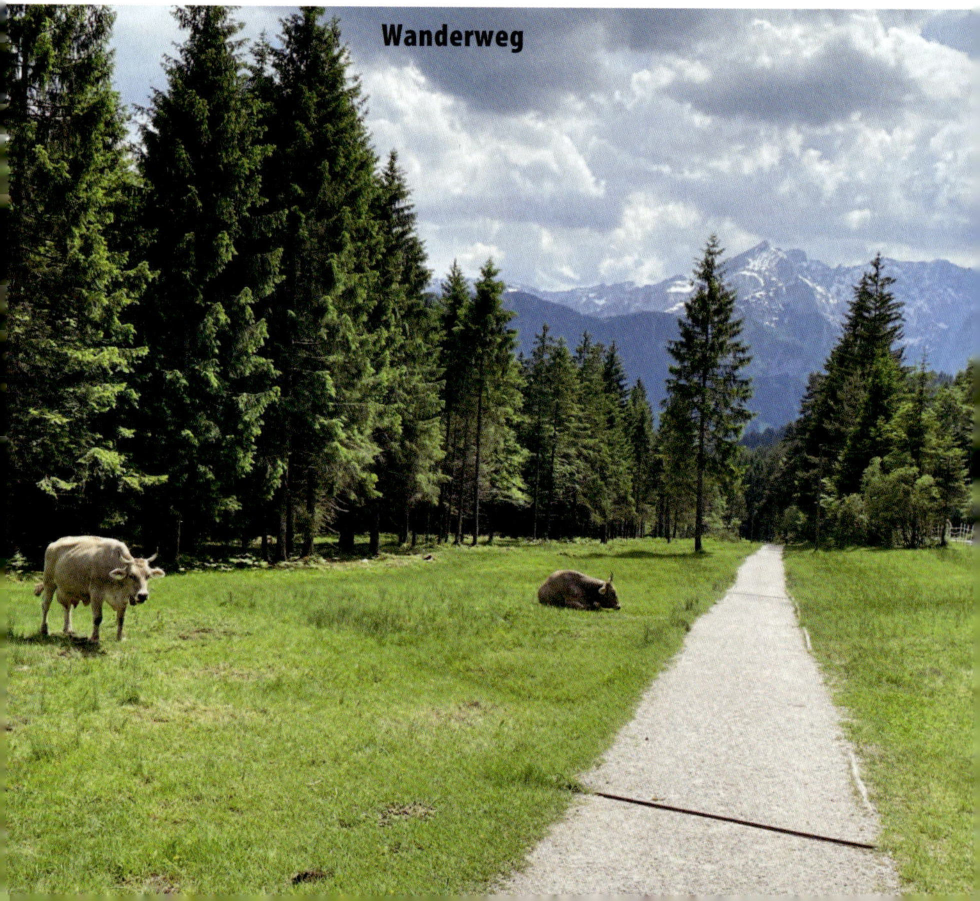

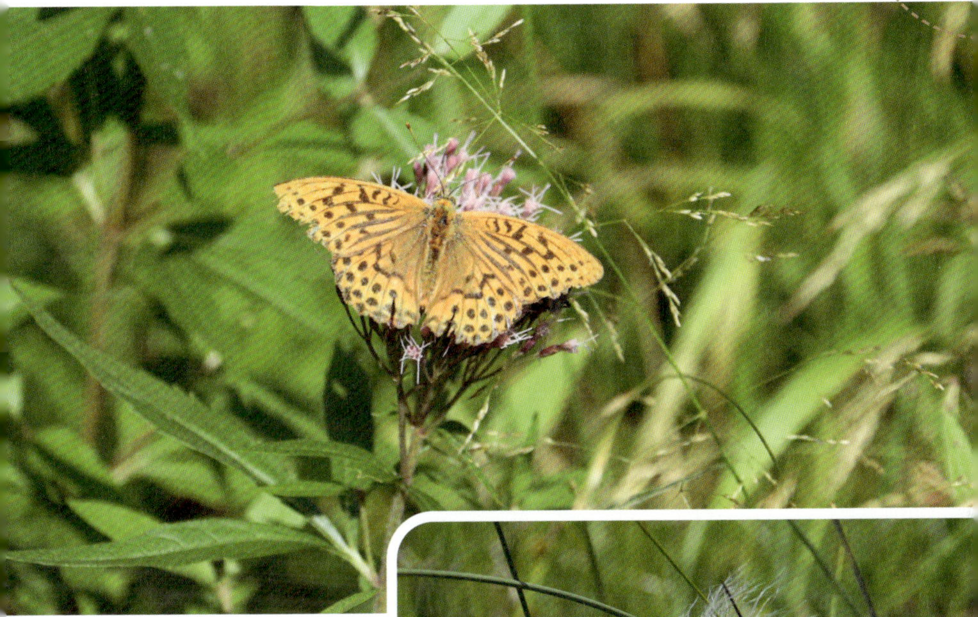

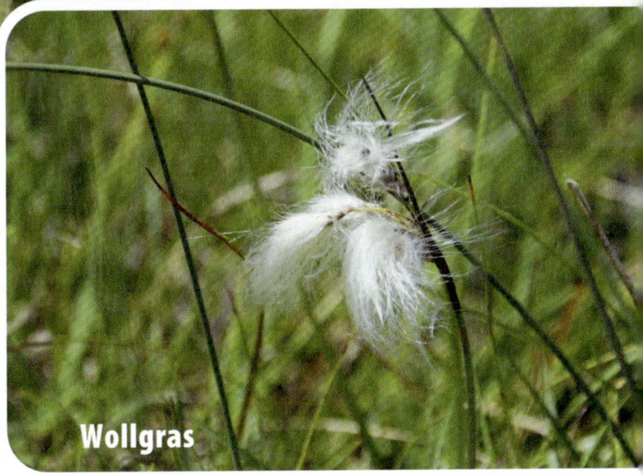

Wollgras

17. Jahrhunderts in der Burg. Ihnen verdankt der See seinen Namen.

Am See mit seinem großen Ausflugslokal ist deutlich mehr Betrieb als an der Ruine Werdenfels. Kein Wunder: Der Platz ist nicht nur wunderschön, sondern auch mit dem Auto erreichbar. Eine große Sonnenterrasse über der Bootsgarage, Liegestühle am Seeufer. Im **Berggasthof Pflegersee** ⑤ kann man es sich gutgehen lassen. Wer noch nicht in der Werdenfelser Hütte eingekehrt ist, kann sich hier stärken. Auf der anderen Seite des Sees, der sich im Sommer schnell erwärmt, liegen ein nostalgisches kleines **Schwimmbad mit Kiosk** ⑥ und Bootsverleih. Eine echte Idylle.

Nach einer ausgiebigen Pause machen wir uns auf den Rückweg. Vom Parkplatz nehmen wir den

Fußweg entlang der Straße, der bald in einen Wanderweg (Wegweiser: „Kramerplateauweg, Garmisch") mündet. Vor uns ragt die Alpspitze auf, zur Linken bimmeln die Glocken der Kühe auf der Weide und Wollgras wiegt sich im Frühsommer im Wind. Es geht leicht bergab.

Später halten wir uns links, Richtung **Schmölzersee,** um wieder zum Ausgangspunkt zurückzukommen. Der angenehm schattige Waldweg schlängelt sich in mehreren Kehren leicht abwärts. Vogelgezwitscher begleitet uns. Bald kommen wir wieder an dem schon bekannten, holzgeschnitzten Wegweiser vorbei, dem wir in Richtung „Hotel Sonnenbichel, Garmisch" folgen. Dann ist der Ausgangspunkt auch schon fast wieder erreicht.

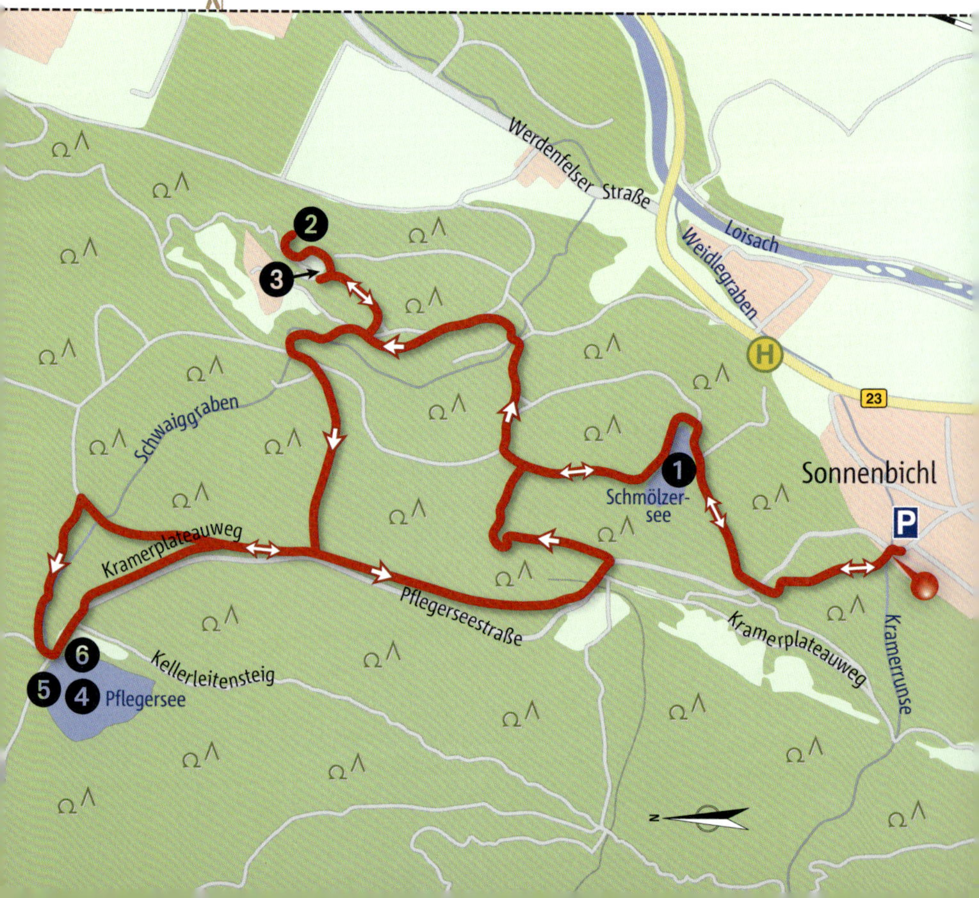

Alles auf einen Blick

WIE & WANN:

Leichte und kurze Wanderung mit sehr mäßiger Steigung. Im Sommer auch am frühen Abend noch eine schöne Runde. Ansonsten zu allen Jahreszeiten – auch im Winter – gut machbar. Unterwegs ist man auf breiten Wanderwegen und Waldpfaden.

HIN & WEG:

PKW: Wanderparkplatz in Burgrain an der Pflegerseestraße, 82467 Garmisch-Partenkirchen. Ein weiterer kleiner Parkplatz liegt weiter unterhalb. (GPS: 47.505604, 11.084213)
ÖPNV: Vom Bahnhof in Garmisch mit der Linie 4 (Richtung Farchant) zur Bushaltestelle Sonnenbichl, Garmisch-Partenkirchen. Von dort zu Fuß über Thomas-Knorr-Straße und Pflegerseestraße zum Ausgangspunkt der Wanderung am Parkplatz.

ESSEN & ENTSPANNEN:

Werdenfelser Hütte ❸ Tel. (0 88 21) 33 33
Berggasthof Pflegersee ❺ Pflegersee 1, 82467 Garmisch-Partenkirchen, Tel. (0 88 21) 27 71, pflegersee.com
Kiosk am Schwimmbad Pflegersee ❻

ENTDECKEN & ERLEBEN:

Schmölzersee ❶
Burg Werdenfels ❷
Pflegersee ❹

Entspannung ✸✸✸✸ (4 von 5)
Genuss ✸✸✸ (3 von 5)
Romantik ✸✸✸✸ (4 von 5)

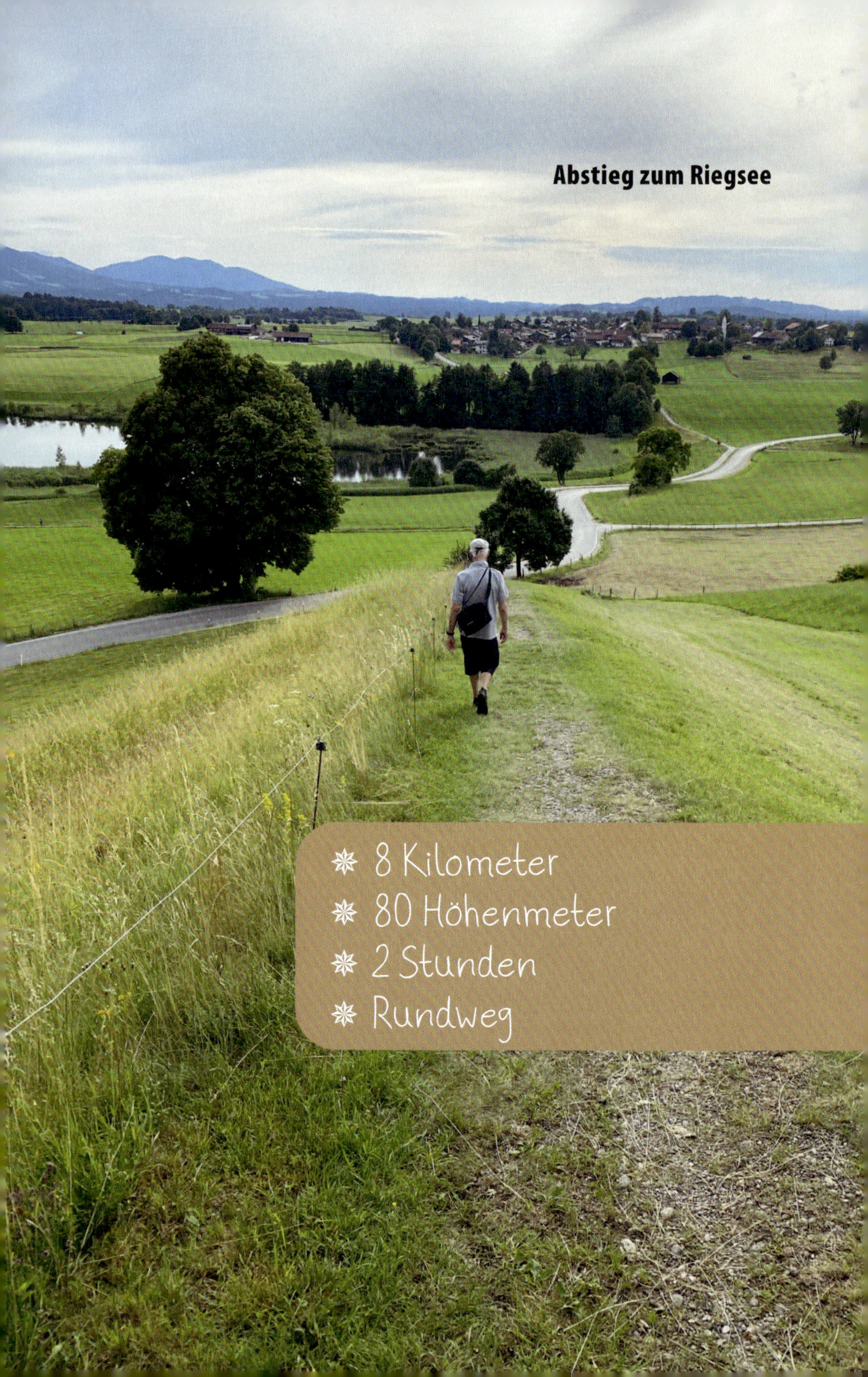

Abstieg zum Riegsee

- 8 Kilometer
- 80 Höhenmeter
- 2 Stunden
- Rundweg

Riegsee am Riegsee ist ein stiller Urlaubsort direkt am Wasser und fernab von den Besucherscharen nebenan in Murnau. Hier beginnt eine aussichtsreiche kleine Runde mit herrlichen Blicken über den Riegsee bis zur Zugspitze. Gegen Ende der Tour locken reichlich Liegewiesen und ein paar Badestellen am See.

Ausgangspunkt für unsere Wanderung ist die **Kirche St. Stephan** ❶, deren Turm sich malerisch im Wasser des Sees spiegelt. Bevor wir uns auf den Weg machen, lohnt ein Blick in den Kirchenraum. In der zweiten Hälfte des 15. Jahrhunderts errichtet, wurde die Kirche um 1740 barockisiert. Vor allem beeindruckt der Hochaltar (1657), der die Steinigung des heiligen Stephanus in drastischen Bildern zeigt. Dann gehen wir bis zur Hauptstraße, der wir 50 Meter nach rechts folgen, um gleich links ins Kirchfeld abzubiegen.

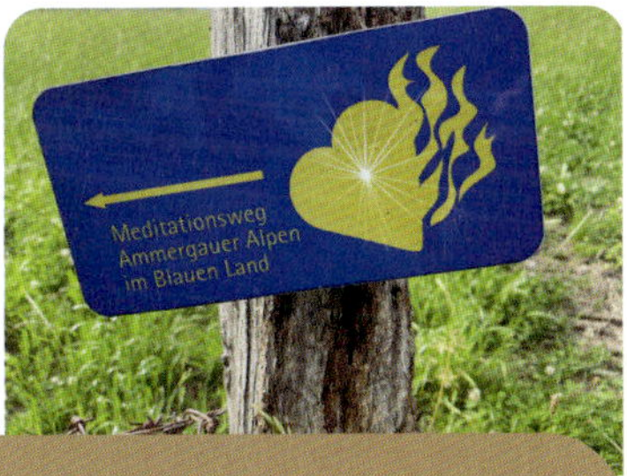

Wo sich der Weg gabelt, laufen wir erst geradeaus, dann links auf einen schmalen Feldweg. Auf der Weide grüßen uns Alpakas. Nach

Meditative Stille

Am idyllischen Riegsee

ein paar Minuten mündet der Weg wieder in die Hauptstraße. Wir gehen nach rechts und biegen gegenüber vom **Verkehrsamt** gleich wieder rechts in die Straße „Breiten“ ab. Diese schlängelt sich mal asphaltiert, mal als Schotterweg durchs Bauernland mit Wiesen und Weiden. Kaum haben wir eine Anhöhe erreicht, lassen sich beim Zurückschauen die Berge

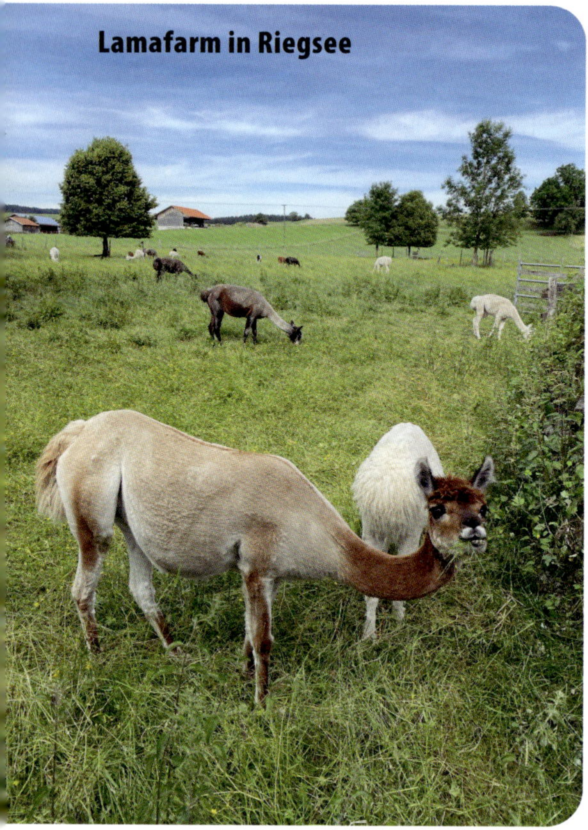
Lamafarm in Riegsee

blicken. Wenn wir auf ein verwittertes Schild treffen, das nach rechts weist, folgen wir dem Hinweis.

Entspannt laufen wir durch eine ruhige, unaufgeregte Landschaft. Nur das Bimmeln der Kuhglocken durchbricht hier und da die Stille. Allerdings herrscht hier tagsüber auch reger Radlerverkehr. Eine gute Idee ist es deshalb, am Spätnachmittag oder an langen Sommertagen auch am frühen Abend unterwegs zu sein, wenn es sehr viel ruhiger ist.

Mit der Zeit weitet sich der Blick. Zur Linken taucht bei 11 Uhr, wenn man sich den Horizont als Ziffernblatt vorstellt, der lang gezogene Hohe Peißenberg im Pfaffenwinkel auf. Er ist kaum 1000 Meter hoch und doch ein wunderbarer Aussichtsberg mit einer Wallfahrtskirche. Nun geht es leicht bergauf bis zu einer **Ruhebank mit herrlichem Blick** 2 auf Gebirgskette und Riegsee mit seiner weißen Kirche, dem Ausgangspunkt unserer Wanderung. Daumen drücken, dass die Bank frei ist! Der Blick ist so schön, dass wir ihn gern noch eine Weile genießen.

Kennen wir alle Gipfel, die sich hinter dem Riegsee erheben? Links ganz markant das Ettaler Mandl, das sich wie ein Finger in die Höhe streckt. Und dann natürlich Jochberg, Herzogstand, Heimgarten, die wir im Blauen Land rund um Murnau häufig erspähen können. Ein Panorama auf jeden Fall, an dem wir uns einfach nicht sattsehen können.

Dann entdecken wir auch schon den kleinen Ort **Aidling** ③ vor uns. Er liegt etwa 60 Meter über dem See wie auf einer Aussichtsterrasse. Wir durchqueren den südlichen Ortsteil, bis wir die Hauptstraße zum Riegsee erreichen. Diese überqueren wir und laufen aufs Feuerwehrhaus zu. Dann geht es links in die Sackgasse, die **Mesnerhauser Straße.** Der Weg verläuft leicht erhöht und so haben wir wieder einen herrlichen Blick – diesmal auf den Riegsee aus anderer Perspektive. Bei Tagen mit klarer Sicht können wir dahinter nun das Zugspitzmassiv erspähen.

Ein Schild weist darauf hin, dass wir nun auf dem **Ammergauer Meditationsweg** unterwegs sind. Das passt! Hier oben umgibt uns – mit dem göttlichen Panorama vor Augen – meditative Stille.

Wir laufen auf einen Bauernhof zu, den wir rechts umgehen. Weiter geht es durch die Felder schnurstracks auf die winzige **Mesnerhauskapelle** ④ zu. Die Sage erzählt, dass an dieser Stelle bereits eine Kultstätte für die Frühlingsgöttin Ostara lag. Unseren Vorfahren galten Hügel als heilig, weil sie in ihren Augen den schwangeren Leib von Mutter Erde symbolisierten.

Für die Seele

Eine meditative Aussichtskanzel über dem Blauen Land lädt zum Träumen ein.

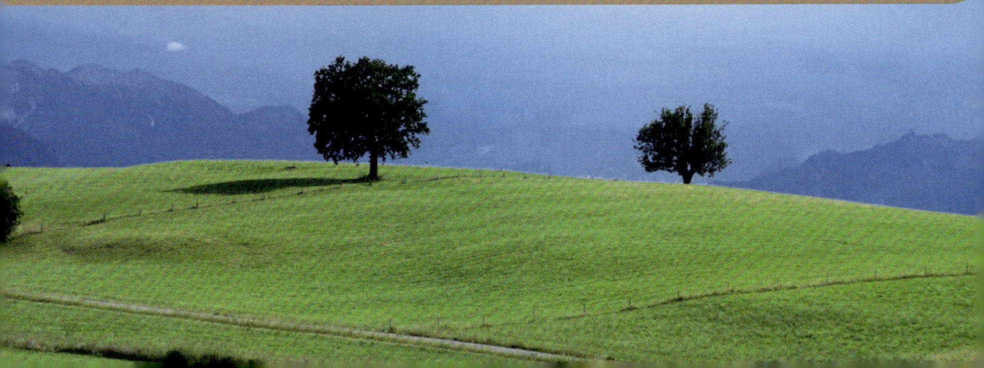

*Die Tradition der **Feld- und Hauskapellen** reicht in der Region weit zurück. Der Kirchenbesuch war für die Bewohner weit abgelegener Höfe – zumal im Winter – nur unter Mühen möglich. So baute man in der Nähe einen Ort der Einkehr, des Gebets und der Stille.*

Doch ganz abgesehen vom Glauben der ersten Siedler – von diesem Platz geht eine besondere Magie aus. Vor der Kapelle steht eine Bank, die auf uns wartet. Ein echter Seelenort. Wir nehmen Platz und saugen in aller Ruhe das Panorama auf. Dann werfen wir natürlich einen Blick in die winzige Kapelle, zünden vielleicht eine Kerze an.

Auf dem Feldweg laufen wir von der Kapelle bergab in Richtung See. Bald stehen wir an der Hauptstraße, der wir ein kurzes Stück folgen, bevor der Wanderweg links zum Riegsee abzweigt. Bis zum Ziel sind es nun noch 2,1 Kilometer und nach wenigen Minuten kommt das Seeufer in Sicht.

Der **Riegsee** (5) ist 2,4 Kilometer lang, 1 Kilometer breit und misst an seiner tiefsten Stelle etwa 18 Meter.

Zugspitzblick

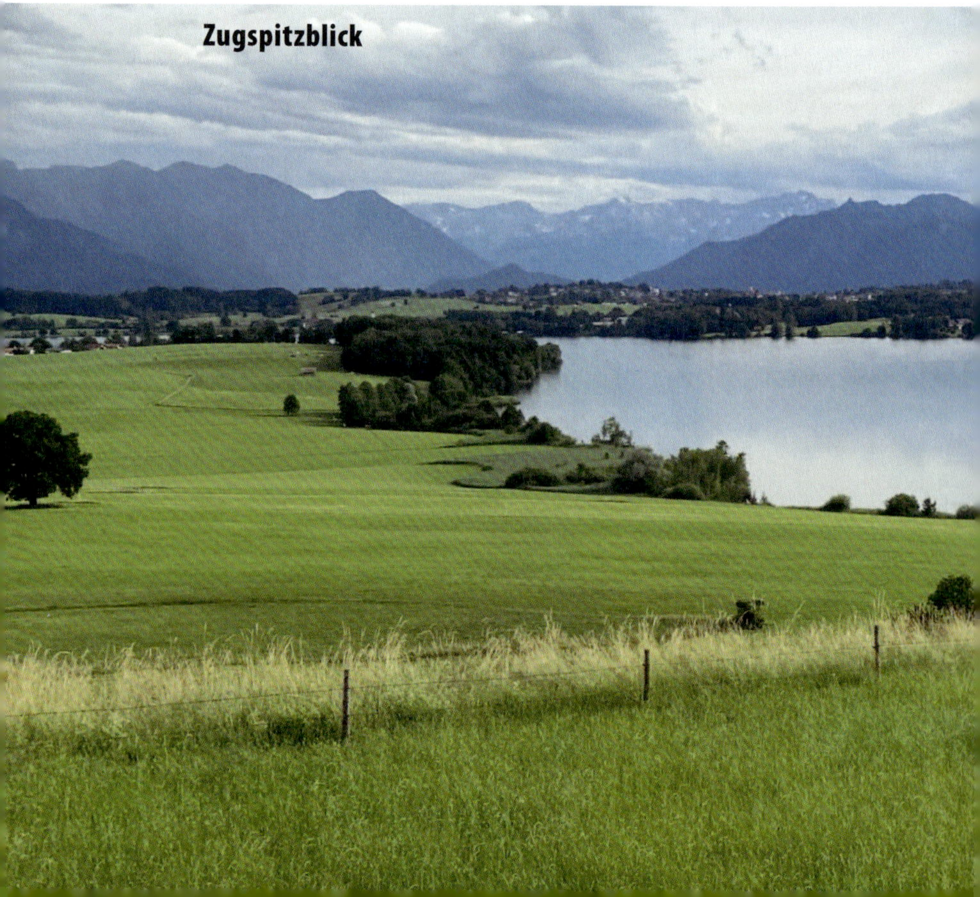

Im Sommer erwärmt er sich schnell und erreicht oft schon im Mai Badetemperatur. Weil See und Ufer unter Landschaftsschutz stehen, darf man nur an wenigen Plätzen baden. Die nördliche Bucht mit dem angrenzenden Schilfgebiet ist **Vogelschutzgebiet.** Um die Vögel nicht bei der Brut zu stören, ist die Bucht im Sommer für Menschen tabu. Mit ein bisschen Geduld können wir von einer Bank am Ufer ab und zu Teichrohrsänger, Blässhühner, Haubentaucher, Zwergtaucher, Zwergdommeln und andere Vogelarten beobachten.

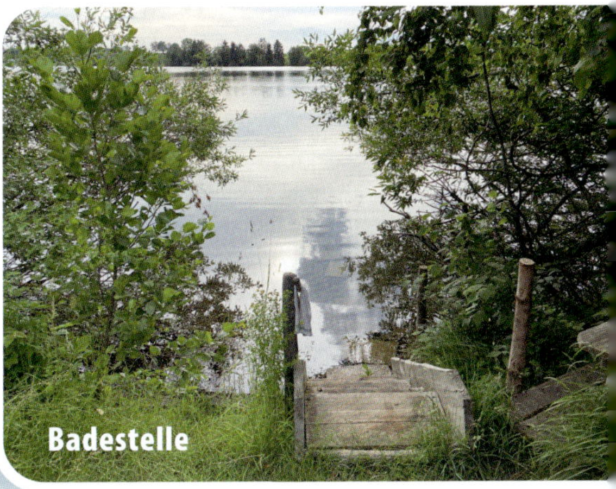

Badestelle

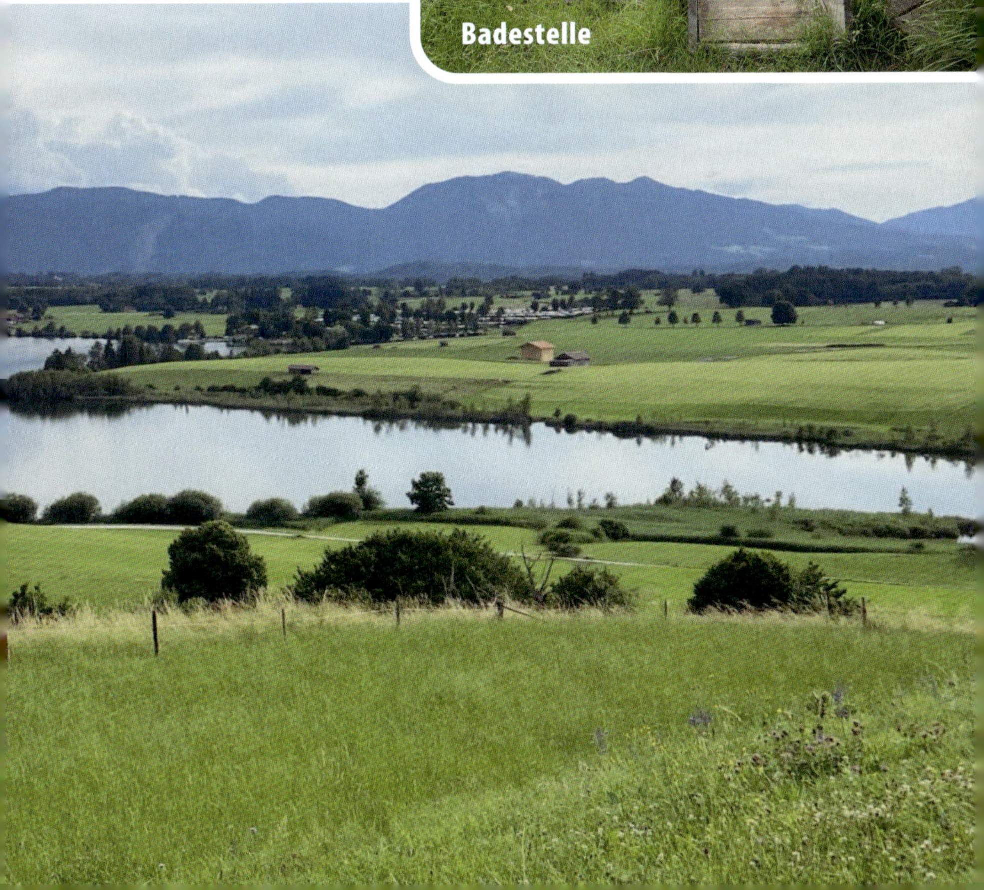

Entschleunigungstour 16

*Ein einzigartiges Phänomen im bayerischen Oberland sind die **schwimmenden Inseln** des Riegsees. Verlandungsgürtel mit Niedermoor- und Bruchwald ragen als „schwimmende Balkone" oft weit in den See hinein. Bei Sturm und starkem Wellengang lösen sie sich, und kleine Inseln treiben über den See.*

Wenn wir eine Kreuzung erreichen, biegen wir rechts in den Weg ab, der für Autos gesperrt ist, und steuern direkt auf die erste **Badestelle** ⑥ am See zu. Hier gibt es eine Liegewiese und einen Steg. Perfekt für eine kurze Abkühlung! Der Riegsee ist kein klassischer Badesee, sondern eine stille Schönheit mit ein paar verschwiegenen Badestellen. Einige passieren wir auf dem Weg am Ufer entlang.

Gegen Ende der Wanderung geht es quer über einen **Campingplatz.** Hier gibt es ein nettes Lokal, die **Seestube** ⑦, mit schönem Seeblick von der Sonnenterrasse und ein paar Klassikern auf der Karte. Perfekt für den Ausklang unserer kleinen Tour. Dann sind wir auch schon wieder im Ort und laufen zurück zum Ausgangspunkt.

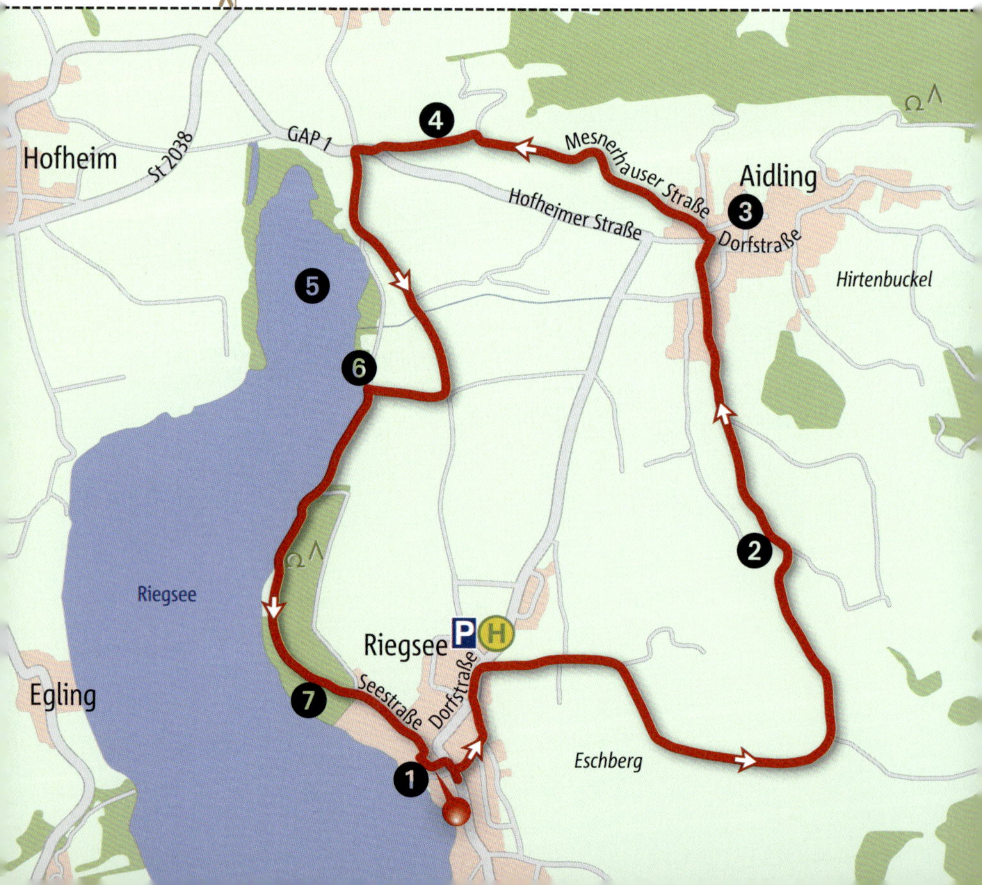

Alles auf einen Blick

WIE & WANN:
Asphaltierte Straßen, Schotterwege oder Uferwege mit wenig Auf und Ab. Zwischen Frühjahr und Herbst und auch an milden, schneefreien Wintertagen eine wunderbare Runde. Es gibt allerdings keinen Schatten.

HIN & WEG:
PKW: Öffentlicher Parkplatz am Haus des Gastes, Dorfstraße 43, 82418 Riegsee (GPS: 47.698280, 11.233374)
ÖPNV: Zugverbindung München–Murnau. Von dort mit dem Ortsbus Omobi (On-Demand-Ortsbus), www.omobi.de/ortsbus-murnau, bis Riegsee, Hofheimer Str./Dorfstraße

ESSEN & ENTSPANNEN:
Seestube ❼ Seestraße 1, 82418 Riegsee, Tel. (0 88 41) 26 77, www.seestube-riegsee.de

ENTDECKEN & ERLEBEN:
Kirche St. Stephan ❶
Aussichtsbank ❷
Aidling ❸
Mesnerhauskapelle ❹
Riegsee ❺
Badestelle ❻

Entspannung ★★★★☆
Genuss ★★☆☆☆
Romantik ★★★★☆

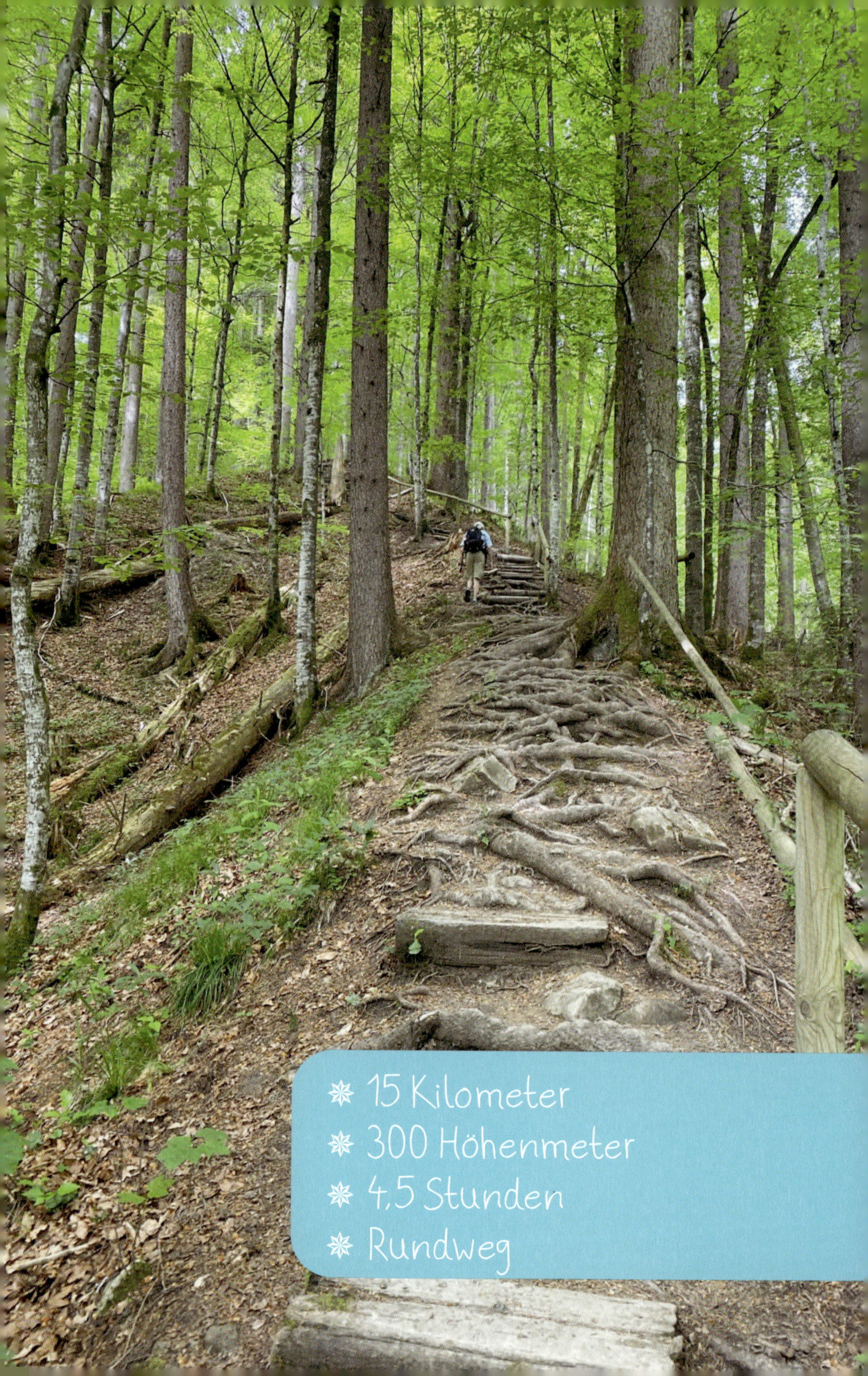

- 15 Kilometer
- 300 Höhenmeter
- 4,5 Stunden
- Rundweg

Wildromantisch ist das Tal der Ammer, durch das eine abwechslungsreiche, erfrischende und in jeder Hinsicht besondere Wanderung führt. Sie ist durchaus anstrengend, denn es geht immer wieder bergauf und bergab auf schmalen Pfaden, aber jede Mühe wert. Ein Höhepunkt unterwegs sind die Schleierfälle, zwischendurch lockt eine gemütliche Einkehr, und das Finale ist wie die ganze Tour erfrischend: am oder im Soier See.

Die Wanderung macht vor allem zwischen April und Oktober an trockenen Tagen Spaß. Hat es ausgiebig geregnet, sind manche Passagen sehr rutschig. Wunderbar ist die Tour im Sommer, wenn eine Badepause zum Abschluss lockt. Im Herbst dagegen erfreut der bunte Buchenwald. An kalten Wintertagen

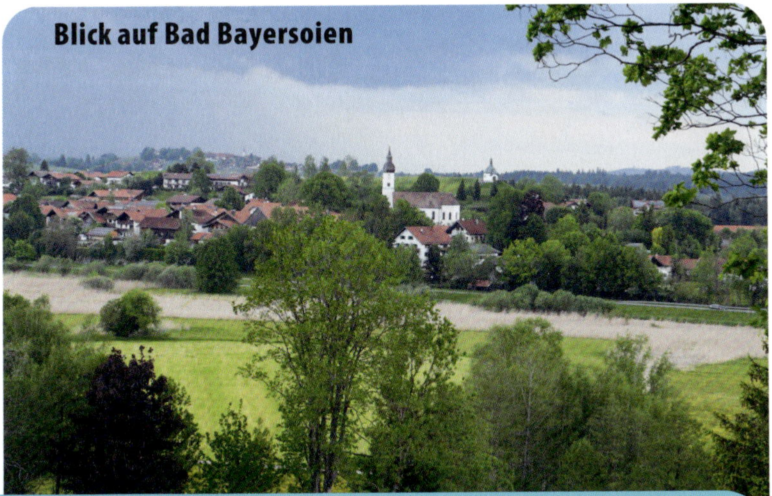
Blick auf Bad Bayersoien

Wilde Schluchten

An der Ammer entlang

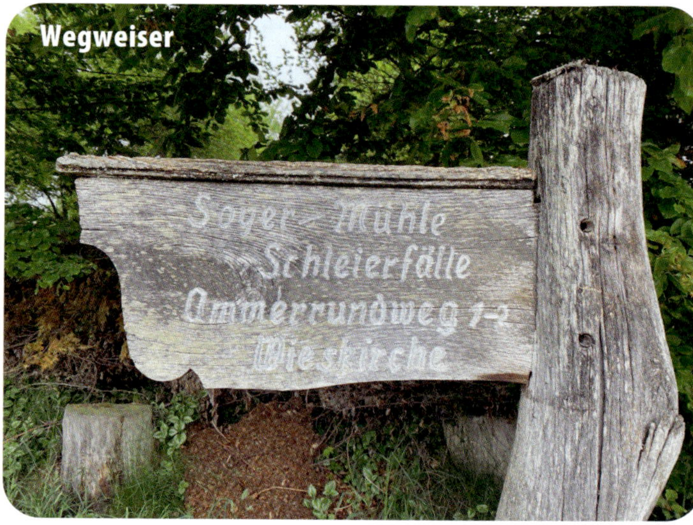

Wegweiser

sind die Schleierfälle wegen ihrer faszinierenden Eisformationen besonders attraktiv, der Weg durch den Wald aber möglicherweise vereist und schlecht passierbar.

Ausgangspunkt ist **Bad Bayersoien** ①, ein im allerbesten Sinne verschlafener Kurort, der kein bisschen mondän, sondern ganz und gar bodenständig daherkommt. Bevor wir vom Parkplatz oder der Bushaltestelle starten, steigen wir nach Lust und Laune zur **Kriegergedächtniskapelle** ② auf. Auf einem Hügel liegend ist sie nicht zu übersehen. Sie ist nicht alt und ehrwürdig, aber ein toller Aussichtsplatz oberhalb des Ortes mit Blick auf den Soier See, wo unsere Wanderung enden wird. In der Ferne grüßen Jochberg, Rabenkopf, Heimgarten. In der Nähe recken sich Notkarspitze, Sonnenberg, Hennenkopf und Brunnenkopf in den Himmel.

Bevor es losgeht, können wir uns in der Bäckerei im Ort mit Proviant eindecken, denn eine Einkehr gibt es erst im letzten Teil der Tour.

Auf der Dorfstraße folgen wir zunächst dem Hinweisschild zur Soier Mühle, am Marienbrunnen biegen wir links in die Ludwigstraße ein. Hinter einer

Brücke geht es rechts, dem Wegweiser „Ammerschlucht, 35 Minuten“ folgend. Bald biegt der Weg nach links ab, und der **Wanderweg Soiermühle/Schleierfälle** ist ausgeschildert. Zunächst sind wir auf einem geschotterten Wirtschaftsweg unterwegs, der sich angenehm mit Blick in die Ammergauer Berge und aufs Hörnle durch die Wiesen schlängelt.

Lust auf einen kleinen Abstecher? Dann folgen wir dem Wegweiser zum **Aussichtspunkt Ammerschlucht 3**. Hier blicken wir schon mal tief hinunter auf den Fluss, dem wir in den nächsten Stunden folgen wollen und den wir immer wieder berühren werden. Türkisgrün und verheißungsvoll glitzert er uns entgegen. Darüber erhebt sich die Ammergauer Kreuzspitze. Wer mag, lässt sich auf der Bank nieder, um den Blick ein bisschen länger zu genießen.

*Wassermassen der abschmelzenden Gletscher schufen nach der Eiszeit die **Ammerschlucht.** Auf steilen Felsen, Uferabbrüchen und Kiesbetten finden viele Tier- und Pflanzenarten ideale Bedingungen vor.*

Nach dem Schlenker geht es zurück in die entgegengesetzte Richtung. Wir laufen aber nicht auf dem Hauptweg, sondern immer am Wald entlang, bis der Weg nach links in Richtung Soier Mühle abzweigt. Wir tauchen in den Wald ein und folgen sanft bergab dem Rauschen der Ammer. Hinter einem Gatter geht es wieder durch ein offenes Wiesenareal. Es zirpt und zwitschert und blüht im Frühjahr in allen Farben. Eine beruhigende, unspektakuläre Landschaft. Dann geht es auf einem Wurzelweg, dessen Steile Treppenstufen mildern, bergab. Das Rauschen wird lauter: Die Ammer ruft.

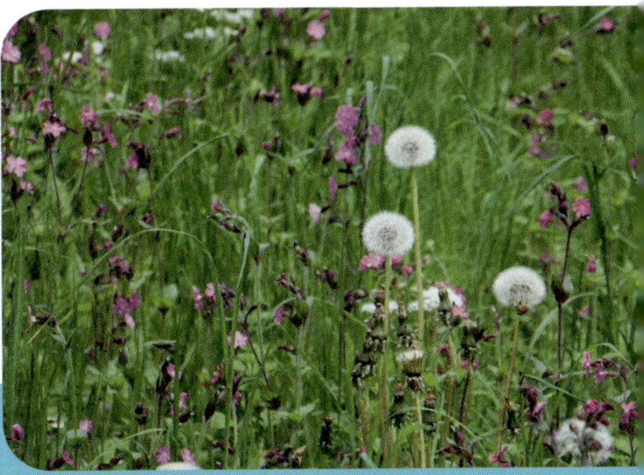

Für die Seele

Ein verschleierter Wasserfall verzaubert uns, und im Moorschlamm werden wir wieder zu Kindern.

Unten angekommen, überqueren wir auf einer hölzernen Brücke den Fluss. Gleich dahinter liegt die alte **Soier Mühle** ④, die sich idyllisch ins Ammertal duckt und heute in Privatbesitz ist. Daneben ein munter plätschernder, von Pflanzen überwucherter Bach, der in die Ammer mündet, und ein kleiner bemooster Tuffsteinwasserfall. Schöne Fotomotive.

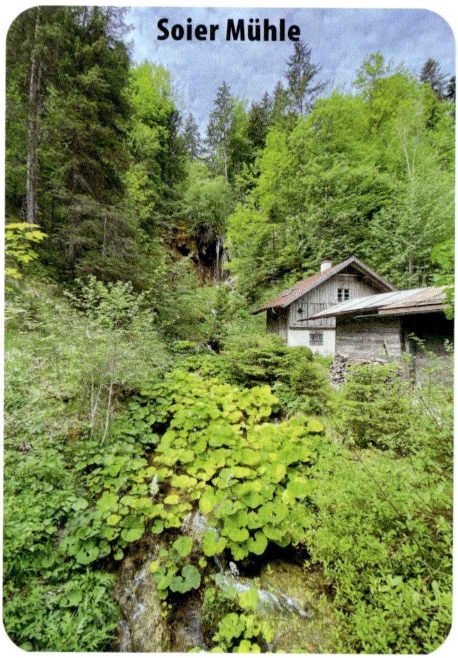

Soier Mühle

Auf dem Wildsteig geht es wieder bergauf, vorbei an bemoosten Hügeln. Wir tauchen ein in den schattigen Buchenwald und laufen auf einem abwechslungsreichen Weg über Stock und Stein. Auf schmalen Stegen überqueren wir Bäche, die in die Ammer münden – auch immer mal wieder auf Bohlenwegen. Zwischen Moosen und Farnkraut fühlen wir uns wie im Zauberwald. Zwischendurch haben wir Aussicht auf die Ammer tief unter uns.

Die Ausschilderung ist dürftig, Wegweiser suchen wir vergeblich. Ab und zu entdecken wir rote Wanderpunkte an dem ein oder anderen Baum. Wir bleiben einfach immer auf dem Hauptpfad. Wo wir die Qual der Wahl zwischen zwei Wegen haben, halten wir uns rechts.

Zwischendurch geht es ein paarmal abwärts zur **Ammer.** Am Kiesbett können wir uns auf Steinen niederlassen, die Füße im Fluss baden, Steinmännchen bauen.

Dann geht es wieder auf wurzeligen Waldpfaden, teilweise mit hölzernen Stufen, auf und ab. Dazwischen federn wir auf nadelweichem Waldboden dahin. Eine einzige Freude ist dieser Weg – wenn man trittsicher ist.

Bald taucht eine Bank auf, ein schöner **Picknickplatz.** Mit Blick auf eine Wiese und oft auch grasende Kühe, die uns mit dem Bimmeln der Kuhglocken unterhal-

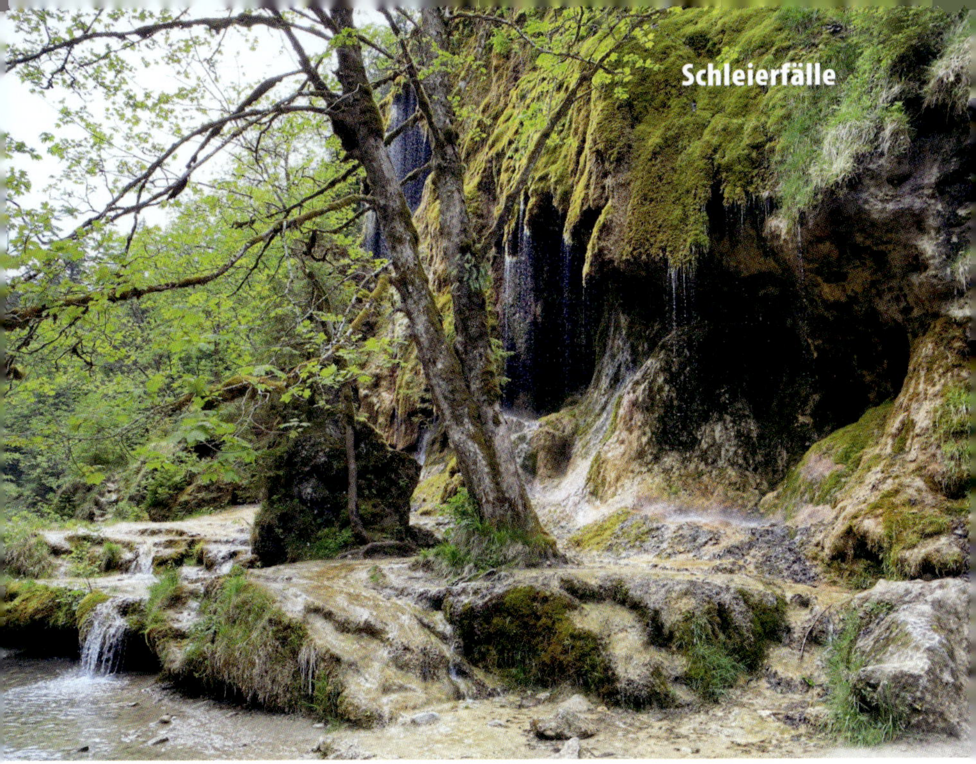

ten. Am Baum weist ein verblichenes Schild zu den Schleierfällen, die nun nicht mehr weit sind. Aber zuvor laufen wir noch einmal abwärts zur Ammer, die uns mit beruhigendem Plätschern empfängt.

Ein letzter Anstieg. An einer Weggabelung geht es rechts zum Meditationsweg. Den Abzweig nehmen wir später. Aber zunächst wartet ein Höhepunkt der Wanderung: der Abstecher zu den Wasserfällen.

Einem Schleier gleich rieselt das Wasser an den **Schleierfällen** (5) über bemooste Stufen, die sich im Laufe der Zeit aus dem im Wasser gelösten Kalk gebildet haben, in die Ammer. Ein bisschen wie die Kulisse in einem Märchenfilm! Weil nicht nur Wanderer wie wir, sondern auch Ausflügler aus Achele zum Naturspektakel strömen, kann es hier schon mal zum Fotostau kommen.

Wenn wir die Fälle ausgiebig bewundert haben, geht es auf dem gleichen schmalen Wegabschnitt zurück zur Weggabelung. Dort halten wir uns links und stoßen auf den **Meditationsweg** in Richtung Saulgrub,

*Hier und dort liegt **Totholz** am und im Fluss – ein wichtiger Lebens- und Schutzraum für Vögel und Fische.*

*Die **Schleierfälle** sind als Naturdenkmal geschützt und haben Schutz auch nötig, denn die Mooskissen-Landschaft ist empfindlich. Rückten Wanderer dem Naturdenkmal zu nahe, würde es unweigerlich Schaden nehmen.*

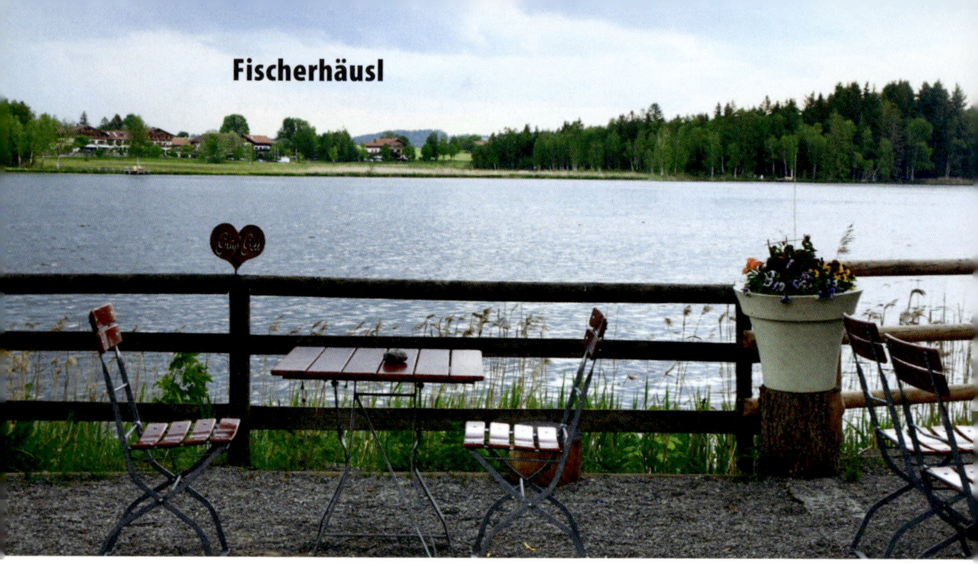

der uns zum **Kraftwerk Kammerl** 6 führt. Das historische Bahn-Wasserkraftwerk ist ein Industriedenkmal im Jugendstil. Es wurde 1897–1899 erbaut, um erstmals in Deutschland eine Bahnlinie elektrisch mit Drehstrom betreiben zu können. 1904 war es so weit: Bis zu seiner vorübergehenden Stilllegung 2013 erzeugte es Bahnstrom für die Strecke Murnau–Oberammergau. Von der historischen Anlage sind die wasserbaulichen Teile inzwischen wieder in Betrieb. Es wird allerdings kein Bahnstrom mehr erzeugt.

*Das **Kraftwerk Kammerl** wird bis 2022 saniert, über Öffnungszeiten nach Abschluss der Arbeiten informiert die Internetseite www.historisches-bahnwasserkraftwerk-kammerl.de.*

Wir überqueren die Ammerbrücke und passieren den gut besuchten Parkplatz. Wer noch Lust auf einen kleinen Abstecher hat – vom Parkplatz aus führt ein Pfad, der gut beschildert ist, zum **Ammerdurchbruch Scheibum** 7. Rund 10 Minuten laufen wir am Wasser entlang zum Aussichtsplatz beim Felsdurchbruch in der Ammerschlucht. Ein Ruhe- und Kraftort, wo schroffe Felswände auf türkisgrünes Wasser treffen und wir die Kräfte der Natur bestaunen können.

Zurück am Parkplatz geht es auf der Asphaltstraße steil bergauf, dem Wegweiser nach Achele folgend. Ein letzter Kraftakt auf der steilen Autostraße, dann lockt die Einkehr.

In Acheleschwaig erreichen wir das **Gut Acheleschwaig** 8. Es war im 17. Jahrhundert der größte Klosterbetrieb von Kloster Ettal. Heute ist es ein landwirtschaftlicher Familienbetrieb mit Wirtshaus und Hofladen. Im Biergarten können wir beim Bergblick entspannen und uns bei echter Wohlfühlküche stärken. Während wir aufs Essen warten, lohnt der Abstecher in die kleine, weiße **Acheler Hofkapelle 9**.

Gestärkt laufen wir auf dem Acheleschwaig zunächst geradeaus, dann zweigt ein Weg links ab und ein Schild verrät: **„Bad Bayersoien, 30 Minuten"**. Der Pfad schlängelt sich durch Kuhweiden, bunte Blümchenwiesen, Felder und Wäldchen. Es geht immer leicht bergauf und bergab, und lichte Weidelandschaften wechseln mit Waldwegen. Kühe begrüßen uns mit einem kräftigen „Muh", Bienen summen, Vögel zwitschern. Dazu hoffentlich ein bisschen Sonne auf der Haut und immer wieder die feuchte Frische von Bach und Moos und der harzige Duft der Fichten. Ein wunderbarer Ausklang einer abwechslungsreichen Wanderung für Sinne und Seele.

An einer Kreuzung nehmen wir den Weg nach rechts und können nach einer Weile schon den Kirchturm von Bad Bayersoien erspähen. Im Ort angekommen, folgen wir dem Wegweiser zum **Soier See 10**.

Was für eine Idylle! Hinter dem romantischen Moorsee duckt sich zur Linken der Kirchturm des Ortes. Vor uns liegt das **Fischerhäusl 11** – ein uriger kleiner

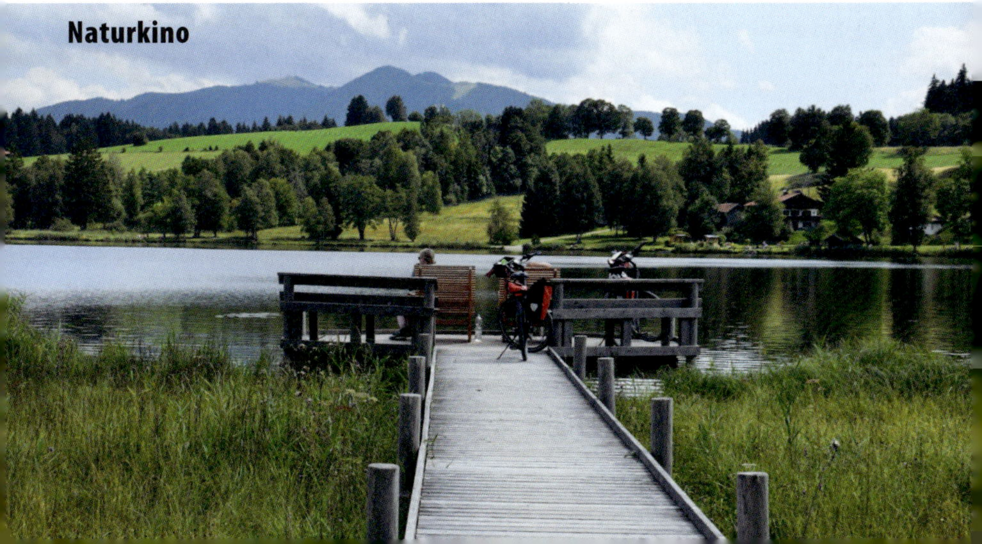

Naturkino

Kiosk mit Biergarten direkt am See. Hier gibt es klassische Kiosk-Küche und hausgemachte Kuchen. Auf den Liegewiesen am See können wir uns ausstrecken und den Blick über den See genießen oder die Badesachen aus dem Rucksack kramen. Ein Bad im seidenweichen Moorwasser schmeichelt der Haut.

Wenn die Temperaturen nicht badefreundlich sind, lohnt unbedingt ein Spaziergang (circa 1 Stunde) um den See. Ein **Barfußpfad und Moorerlebnisweg 12** macht Erwachsenen genauso viel Spaß wie Kindern. Wir stapfen an einer Moortretstelle knietief durchs Moor, balancieren über Bohlen und Baumstämme und lassen uns in Liegestühlen am Ufer zum Naturkino nieder. Erquickt, erfrischt und beglückt machen wir uns auf den Weg zum Parkplatz oder zur Bushaltestelle.

*Als „ache" bezeichnet man im Althochdeutschen einen größeren Wasserlauf, eine „sweige" ist ein Viehhof. Das erklärt den Namen des Anwesens **Gut Acheleschwaig.** Ein imposanter Hof, auf dem man wunderbar einkehren kann.*

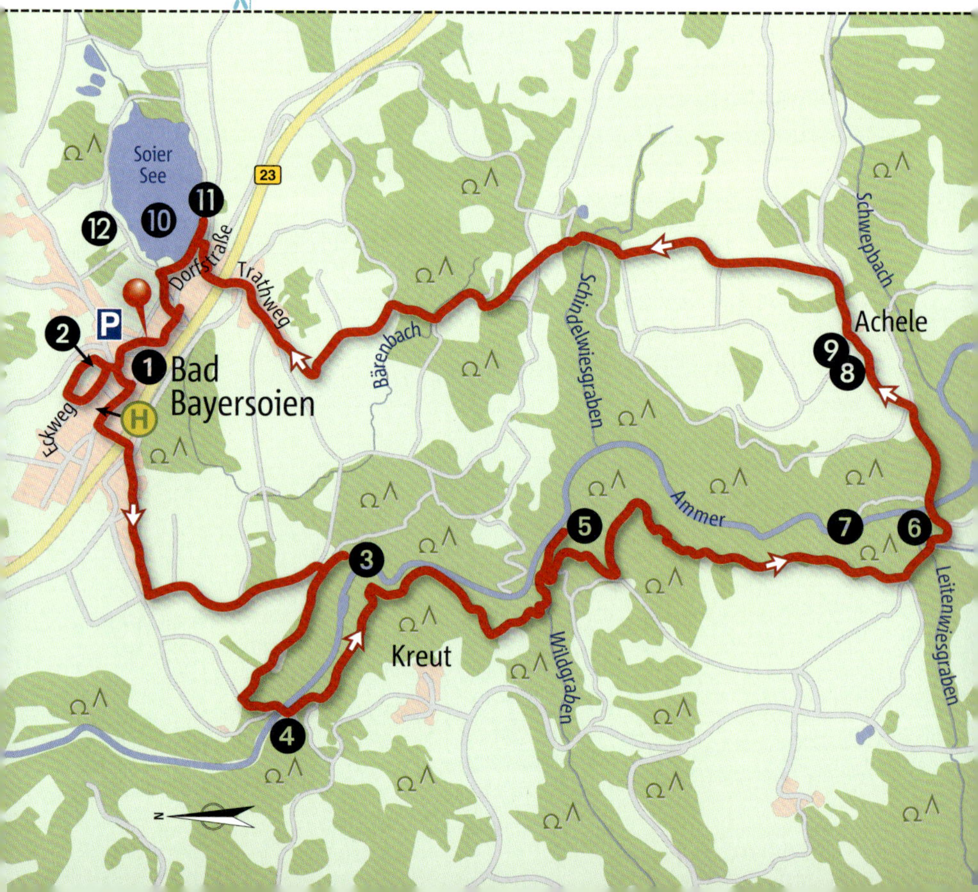

Alles auf einen Blick

WIE & WANN:
Mittelschwere Wanderung mit schmalen Waldpfaden und Wurzelwegen, die sich auf und ab schlängeln. Aber auch mit gemütlichen Wiesenwegen. Trittsicher sollte man auf jeden Fall sein, Schuhe mit guter Profilsohle sind ein Muss, Wanderstöcke dagegen eher hinderlich. Beste Wanderzeit ist zwischen April und Oktober, im Sommer lockt zum Abschluss ein Bad im See.

HIN & WEG:
Auto: Parkplatz In der Brandstatt, Brandstatt, 82435 Bad Bayersoien (GPS: 47.688308, 11.003216)
ÖPNV: Bushaltestelle Gasthof zum weißen Roß, Bad Bayersoien,
Buslinie 9606 Garmisch-Partenkirchen–Oberammergau–Wieskirche–Füssen
(kostenlos für Gäste der Ammergauer Alpen Region)

ESSEN & ENTSPANNEN:
Wirtshaus Acheleschwaig ❽ Acheleschwaig 1, 82442 Saulgrub,
Tel. (0 88 45) 75 73 83, www.wirtshaus-acheleschwaig.de
Fischerhäusl am Soier See ⓫ Seeweg 104 ½, 82435 Bad Bayersoien,
Tel. (0 88 45) 7 57 23 38, www.facebook.com/fischerhaeuslamsee/

ENTDECKEN & ERLEBEN:
Bad Bayersoien ❶ gemeinde-bad-bayersoien.de
Kriegergedächtniskapelle ❷
Aussichtspunkt Ammerschlucht ❸
Soier Mühle ❹
Schleierwasserfälle ❺
Historisches Bahn-Wasserkraftwerk Kammerl ❻
Ammerdurchbruch Scheibum ❼
Acheler Hofkapelle ❾
Soier See ❿
Barfußpfad und Moorerlebnisweg ⓬

Entspannung ✱✱✱✱✱
Genuss ✱✱✱✱✱
Romantik ✱✱✱✱✱

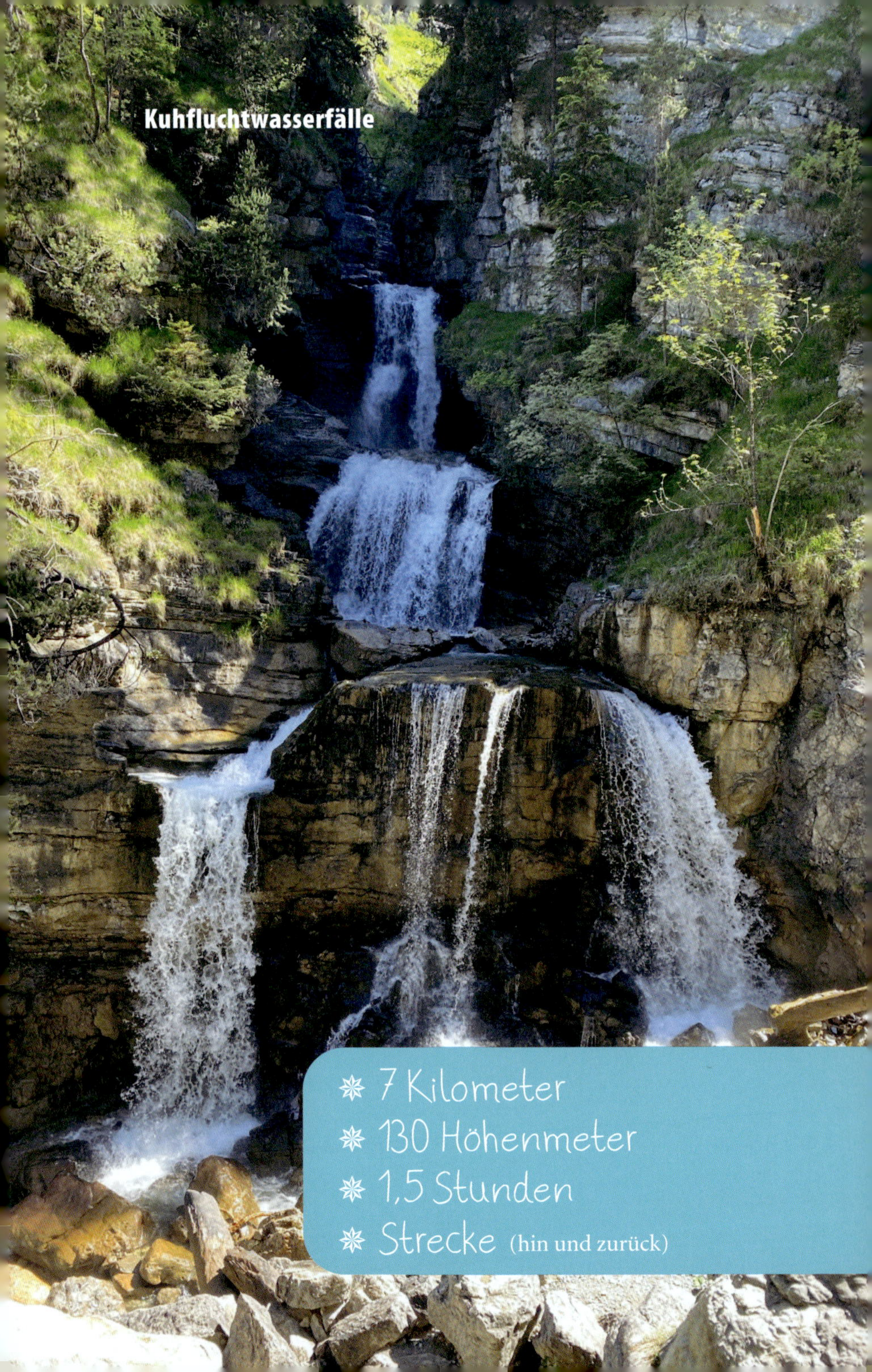

- 7 Kilometer
- 130 Höhenmeter
- 1,5 Stunden
- Strecke (hin und zurück)

Die erfrischende kleine Tour für heiße Sommertage beginnt am Warmfreibad Werdenfels in Farchant, wo wir im Anschluss an die Tour noch bei bestem Bergblick schwimmen können. Ein **hölzernes Floß** am Parkplatz markiert den Einstieg in den **Walderlebnispfad** (1) und erinnert an die Geschichte der Flößerei in der Region. Dazu mehr auf der Wanderung entlang der Isar.

Eine ideale Tour im Sommer, wenn das Wasser des Bergbachs für Abkühlung sorgt. Besonders beeindruckend ist sie im Frühling, wenn das Schmelzwasser aus dem Estergebirge durch den Kuhfluchtgraben abwärts rauscht. Nach Starkregen sollte man sich nach den Konditionen entlang des Wegs erkundigen, um sich nicht in Gefahr zu bringen. Auch ist der Weg dann rutschig. Und ausnahmsweise fängt der frühe Vogel nicht den Wurm – um die Mittagszeit entfalten die Wasserfälle eine besondere Strahlkraft.

Gleich zum Einstieg lernen wir eine ganze Reihe von Bäumen kennen: Rotbuchen, Hainbuchen, Bergahorn, Haselnusssträucher und Japanische Lärchen säumen den Weg. Dann geht es durch ein Gatter und wir folgen dem Trampelpfad nach links über die Wiese. Wenn wir den Blick geradeaus nach oben richten, können wir schon den Austritt der Kuhfluchtfälle aus einer Felswand sehen. Beeindruckend!

Wer am Gatter rechts statt links läuft, gerät auf den **Philosophenweg.** Eine Verlängerungsoption für später, falls wir nach der Wanderung zu den Wasserfällen noch Lust auf eine weitere kleine Tour haben.

Rauschendes Glück

Zu den Kuhfluchtwasserfällen

Bald sind auch schon die **Kuhfluchtwasserfälle** ausgeschildert. Der merkwürdige Name „Kuhflucht" gibt nach wie vor Rätsel auf: Geht er zurück auf die Römer und leitet sich vom lateinischen „confluctum" (Zusammenfluss) ab – auf den Zusammenfluss mit der Loisach anspielend? Die volkstümliche Erklärung: Die Kühe „flacken" (bayerisch für hinlegen) sich im Sommer an kühle, schattige Plätze in Wassernähe.

Auf dem ersten Teil der Wanderung in Richtung Kuhfluchtgraben können wir entlang des breiten, circa 1 Kilometer langen Waldwegs an verschiedenen **Erlebnisstationen** unser Waldwissen testen. Nicht nur für Familien ein großer Spaß. Wir lernen einen Wacholder kennen und dürfen schätzen, wie alt und hoch dieser und jener Baum ist. Ein großer Würfel zeigt das Wachstum des Waldes in Bayern pro Sekunde an. Garantiert haben wir so manches Aha-Erlebnis. Reichlich Ruhebänke unterwegs und auch ein paar hölzerne Liegen sorgen dafür, dass garantiert kein Stress aufkommt.

Bald erreichen wir den Bach mit dem schönen Namen **Kuhfluchtgraben,** der uns munter entgegensprudelt. Am Ufer ist die Luft kühl und erfrischend. Herrlich an heißen Tagen! Der Bach transportiert das Wasser der Kuhfluchtfälle zur Loisach. Sie sind –

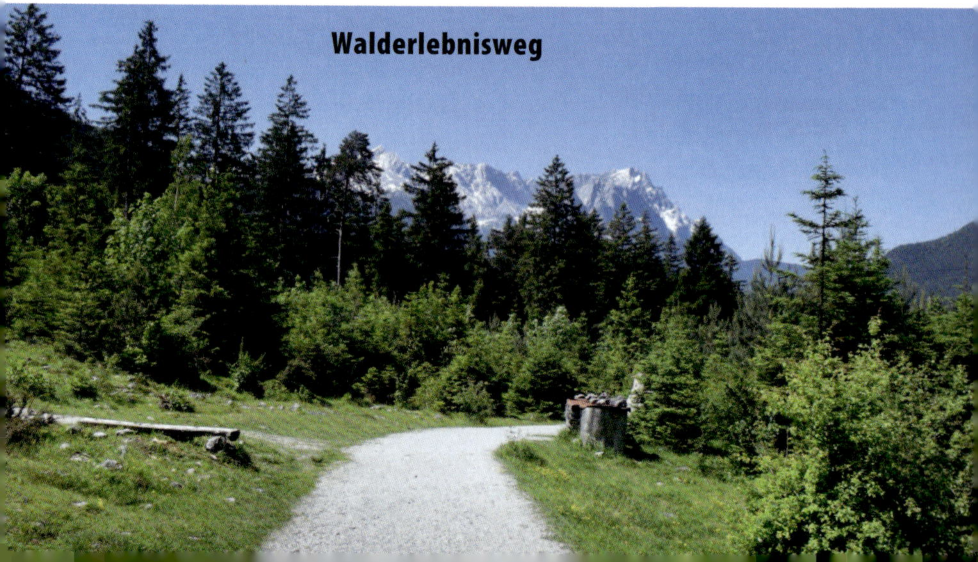

Walderlebnisweg

wie der Plural schon vermuten lässt – eine Gruppe von mehreren aufeinanderfolgenden Wasserfällen, deren Fallstufen sich auf stolze 270 Meter summieren. Damit gehören sie zu den höchsten Wasserfällen in Deutschland. Erstaunlich, dass sie so wenig bekannt sind.

Wir durchqueren ein Gatter und erreichen den Königsweg, der uns auf einem schmalen Wanderpfad bergauf führt – dem sprudelnden Wasser entgegen. Zur Linken lockt ein Kneippbecken, eigentlich ein kleiner Outdoor-Spa mit Holzliegen. Doch vor der Wellnesseinlage wollen wir uns erst ein bisschen bewegen. Wir werden hier später wieder vorbeikommen.

Der Gebirgsbach begleitet uns auf unserem Weg. Er plätschert mal sanft, mal stürzt er sich mit Getöse die Kaskaden hinab. Belebende Momente, in denen der Alltag in weite Ferne rückt.

*Namensgeber des **Königswegs** war der bayerische König Max II., der 1858 auf einer Wanderung von Lindau nach Berchtesgaden auch die Kuhfluchtwasserfälle passierte.*

Brücke über den Bergbach

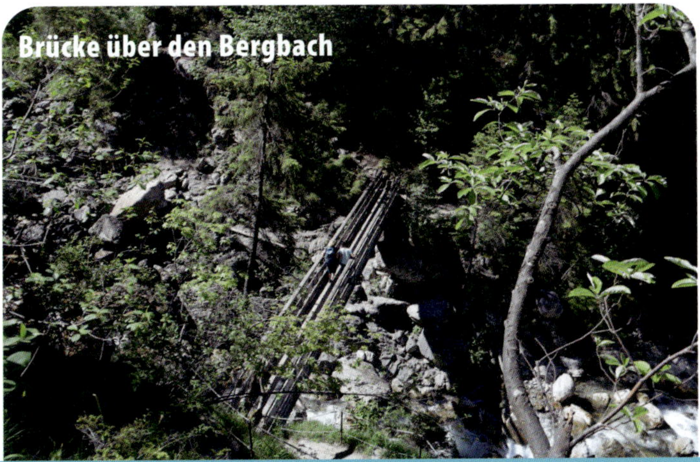

Für die Seele

Spritzwasser auf der Haut weckt die Lebensgeister – Entspannung folgt im Kneipp'schen Outdoor-Spa.

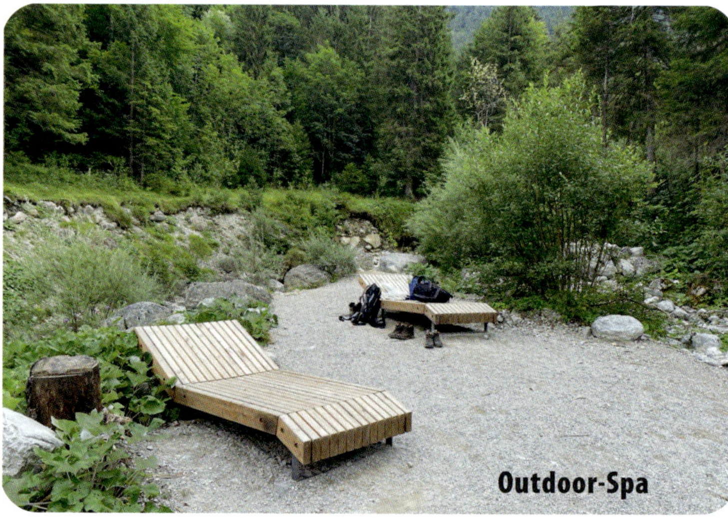

Hinter jeder Wegbiegung erwarten uns neue Aussichten und neue Perspektiven. Immer wieder kommt uns das alte Sprichwort in den Sinn: Steter Tropfen höhlt den Stein. Das gilt hier wortwörtlich. Faszinierend, wie sich das Wasser im Laufe der Zeiten seinen Weg durch den Felsen gebahnt hat und immer noch bahnt!

Immer wieder gibt es **Aussichtskanzeln** mit Ruhebänken, wo wir das Wasserspektakel ausgiebig genießen können. Ein paar Instagrammer posieren auf Felsen vor den rauschenden Fluten. Wo das Ufer ohne viel Kraxelei erreichbar ist, ziehen auch wir gern die Schuhe aus und baden die Füße im eiskalten Wasser. Eine Fußreflexzonenmassage durch die Bachkiesel gibt es kostenlos dazu.

Zwischendurch fällt ein interessanter Unterstand ins Auge: Ein Baumstamm ragt aus einem Felsen und scheint ihn zu stützen. Hier liegt an heißen Tagen ein leicht fauliger Geruch in der Luft. Das geologische Phänomen des Faulschlamms erläutert eine Tafel.

An einer Brücke erreichen wir den höchsten Punkt der **Kuhfluchtwasserfälle** 2 und genießen das wilde Spiel des Wassers, das von gleich mehreren Seiten über Kaskaden in die Tiefe donnert. Wenn die Sonnenstrahlen auf das Spritzwasser treffen, dürfen wir uns auf Farbzauber in allen Farben des Regenbogens freuen.

Ein Schild weist auf einer Seite zu einem **„Wasserfallbankerl"**, das weitere tolle Ausblicke verspricht. Aus Sicherheitsgründen ist der Weg jedoch gesperrt. Der Weg über die Brücke zur anderen Seite führt zum Hohen Fricken. Eine anspruchsvolle Tour, die wir den Bergfexen überlassen. Wir genießen den Moment im Hier und Jetzt. Es gibt auch hier schon genug zu sehen und mit allen Sinnen zu erfahren.

Zurück laufen wir auf demselben Weg ins Tal. Wie schön, dass wir alle Zeit der Welt haben und auf der ein oder anderen Bank oder auf sonnengewärmten Felsen am Ufer des Kuhfluchtgrabens immer wieder Pausen einlegen können.

Am Ende des Wegs lockt nun der kleine Outdoor-Spa. Wir stapfen durchs **Kneippbecken** 3, das vom Kuhfluchtgraben gespeist wird. Eiskalt, aber wunderbar belebend! Danach genießen wir das Prickeln in den

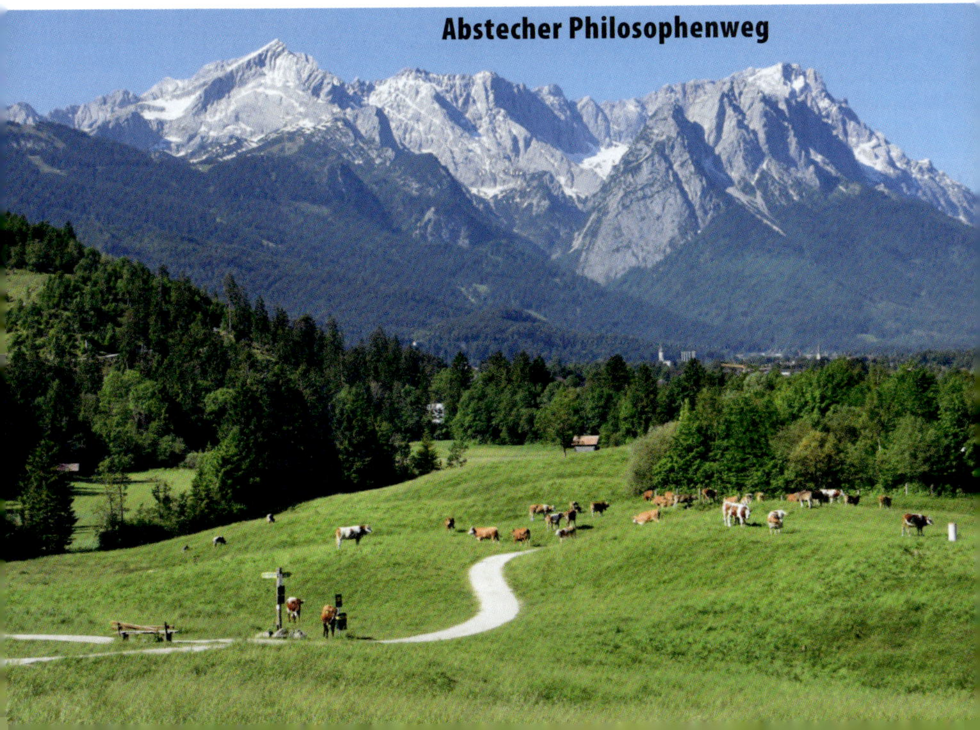

Abstecher Philosophenweg

Der Weg vom Parkplatz nach rechts führt auf den ***Philosophenweg*** *– eine schöne Ergänzung für alle, die noch Energie in den Beinen spüren. Mit herrlichen Bergblicken, reichlich Kuhglockengebimmel und Zitaten großer Denkerinnen und Denker geht es nach Partenkirchen.*

Beinen und baden auch unsere Arme im Armbecken auf Kneipp'sche Art. Jetzt auf einer der Holzliegen ausstrecken, die Augen schließen, dem Rauschen des Wassers lauschen und die Gedanken fließen lassen.

Nach der genussvollen Pause können wir auf dem **Walderlebnispfad** zurückgehen und vielleicht noch ein Stück auf dem **Philosophenweg** 4 wandern. Oder wir laufen statt links auf dem Weg, auf dem wir gekommen sind, geradeaus. An der St. Anna Kapelle vorbei führt der Weg zur Loisach. Dann noch 100 Meter am Ufer entlang und wir stehen wieder am Ausgangspunkt.

Wenn die Wanderung noch nicht erfrischend genug war – das **Warmfreibad Farchant** 5, umweltfreundlich mit Solarenergie beheizt, lockt mit sonnigen Liegewiesen, Kiosk und Grillplätzen.

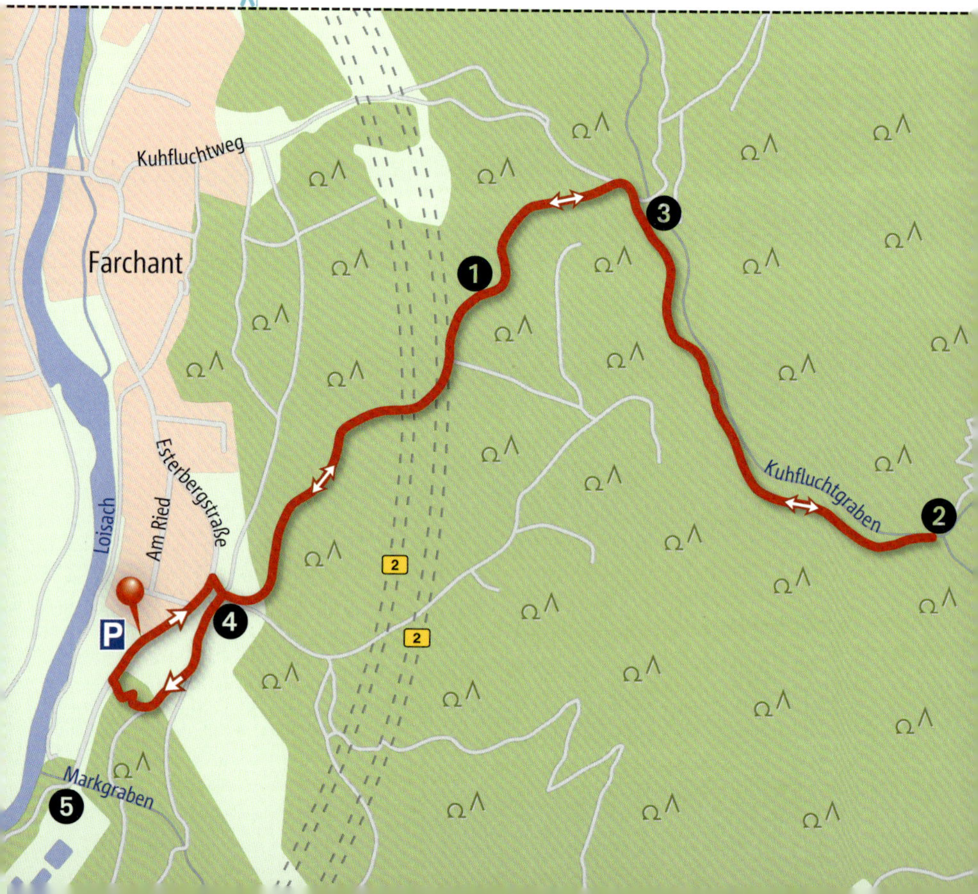

Alles auf einen Blick

WIE & WANN:
Leichte Wanderung zunächst auf breiten Wanderwegen auf dem Walderlebnispfad. Dann ein kurzer, steiler Anstieg auf einem schmalen Wandersteig. Gutes Schuhwerk ist unverzichtbar und Wanderstöcke sind hilfreich. Zu jeder Jahreszeit auf jeden Fall eine perfekte Langschläfertour.

HIN & WEG:
Auto: Parkplatz am Warmfreibad Farchant, Esterbergstraße 50, 82490 Farchant (gebührenpflichtig) (GPS: 47.524033, 11.117617)
ÖPNV: Bahnhof Farchant und Fußweg von 10 Minuten zum Parkplatz. Von Garmisch-Partenkirchen fahren auch Busse nach Farchant.

ESSEN & ENTSPANNEN:
Rucksackverpflegung nicht vergessen! Unterwegs gibt es keine Einkehr, aber ein paar schöne Picknickplätze.

Am Ende der Tour empfehlenswert:
Pizzeria Da Nico, Esterbergstraße 37, 82490 Farchant, Tel. (0 88 21) 6 87 18, www.pizzeria-nico.de

ENTDECKEN & ERLEBEN:
Walderlebnispfad ❶
Kuhfluchtwasserfälle ❷
Kneippbecken ❸
Philosophenweg ❹
Warmfreibad Farchant ❺ Esterbergstraße 50, 82490 Farchant, www.farchant.de/erleben/sommer/warmfreibad-farchant, geöffnet Juni bis Mitte September

Entspannung ★★★★☆
Genuss ★★☆☆☆
Romantik ★★★☆☆

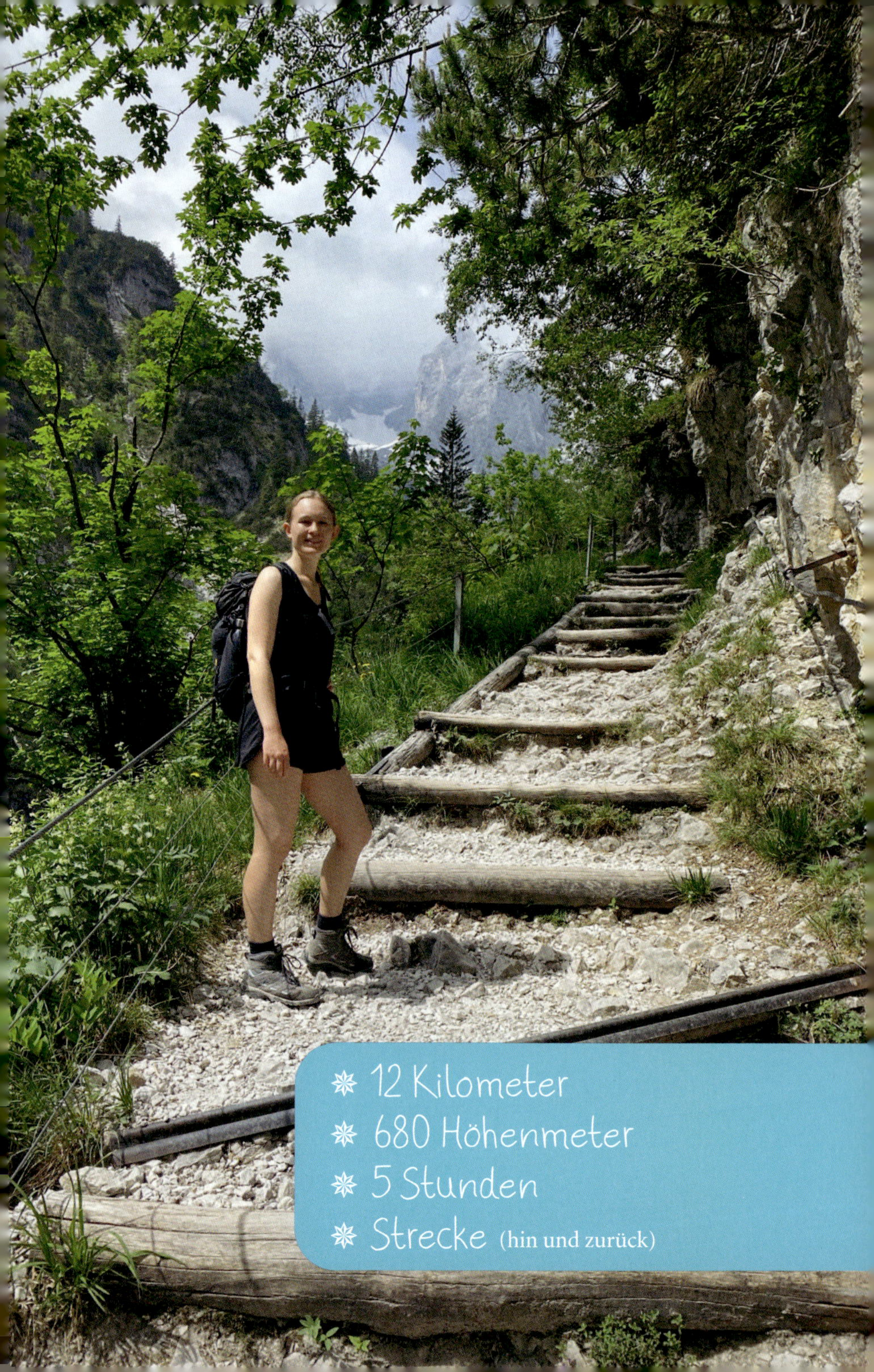

* 12 Kilometer
* 680 Höhenmeter
* 5 Stunden
* Strecke (hin und zurück)

Die **Höllentalklamm** muss man sich erobern. Man kann nicht einfach vorfahren, sondern steigt 1 bis 1,5 Stunden zum Eingang auf, bevor die Spritztour im Wortsinn beginnt. Und auch in der Klamm geht es stetig bergauf, sodass insgesamt ein paar Höhenmeter zusammenkommen. Kein Spaziergang also, sondern eine echte Bergwanderung. Wer nach der feucht-fröhlichen Durchquerung der wilden Klamm im Wettersteingebirge Lust auf mehr hat, läuft weiter zur Höllentalangerhütte, die Ausgangspunkt für die Besteigung der Zugspitze ist und köstliche Küche bei grandiosen Bergblicken bietet.

Ganz unspektakulär geht es los. Die Wanderung beginnt an der **Marienkapelle** (1) beim Hotel Haus Hammersbach im Ort **Hammersbach,** durch den der gleichnamige Bach fließt. Dieser wird uns während der Wanderung begleiten und sich noch als echter Wildbach zeigen. Wegweiser zeigen in zwei Richtungen zur Klamm. Wir wählen die kürzere Route („70 Minuten, 2,8 Kilometer"), die auf der linken Seite des Bachs zunächst ohne Steigungen bis zum Wald verläuft. Nachdem wir eine Brücke überquert haben, beginnt der Anstieg. Sehr angenehm ist an heißen Tagen, dass die Bäume Schatten spenden.

Der milchig grüne Hammersbach, dem wir uns immer wieder einmal nähern, sorgt zusätzlich für kühle Luft. Über Stufen und Serpentinen geht es langsam, aber stetig bergauf. Nach einem steileren Stück auf Geröllwegen folgt zur Erholung zwischendurch

*Der Ort **Hammersbach** am unteren Ende des Höllentals war ab dem 15. Jahrhundert Ausgangspunkt für den Abbau von Bleierz und Galmei zur Herstellung von Messing. Die hochalpine Lage machte den Abtransport jedoch schwierig und teuer, die Erträge waren zu gering.*

Spritztour

Durch die Höllentalklamm

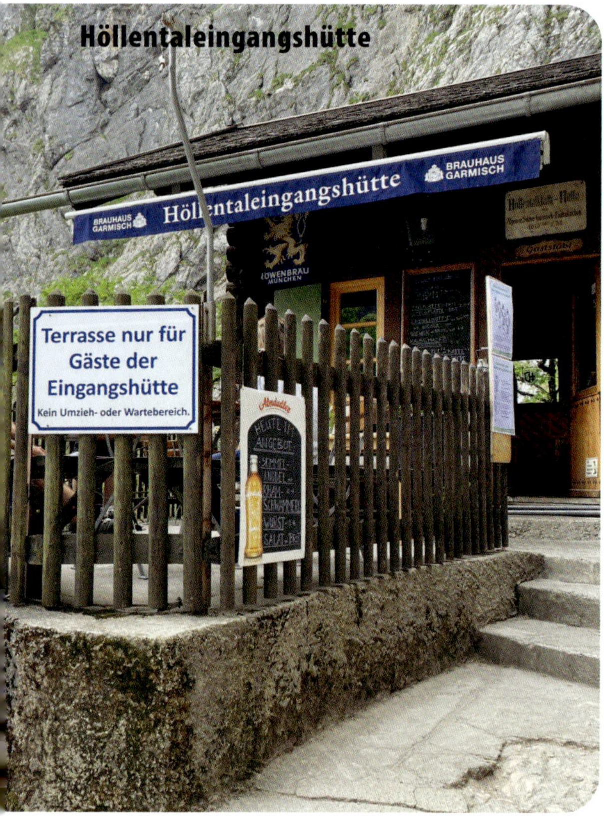

Höllentaleingangshütte

immer wieder eine ebenerdige Passage. Wenn wir eine Felswand erreichen, vor der zwei Wasserfälle ins Tal stürzen, ist es nur noch ein kurzes Stück bis zum Eingang der Klamm. Wer noch Stärkung braucht: Die **Höllentaleingangshütte** ❷ scheint auf einer Terrasse am Felsen zu kleben. Eine urige Einkehr.

Am Eingang zur **Höllentalklamm** ❸, die das Ende des Höllentals bildet und sich zwischen Blassenkamm und Waxensteinkamm im Zugspitzmassiv erstreckt, entrichten wir das Eintrittsgeld und machen uns wetterfest. Die Durchquerung ist auch im Hochsommer ein erfrischendes Vergnügen. Eine Regenjacke mit Kapuze sowie eine Fleecejacke machen selbst an heißen Tagen Sinn. Ein Schirm dagegen ist nur hinderlich.

*Die **Höllentalklamm** ist 1027 Meter lang. Davon verlaufen fast 500 Meter durch zehn Tunnel, die mutige Männer in den Berg schlugen und sprengten. 56 Meter führen auf Stegen an der Felswand entlang. Außerdem kreuzen mehrere Brücken den Hammersbach.*

Direkt hinter dem Eingang lädt ein kleines **Museum** zum Besuch ein: Es geht um die Geschichte des Bergbaus im Höllental, aber auch um die touristische Erschließung der Klamm, die 1905 erstmals für Besucher öffnete. Eindrucksvoll dokumentieren Fotos und Gerätschaften das Abenteuer der Bauarbeiten.

Der Weg wird schnell schmaler und wir tasten uns auf dem Steig, der oberhalb des Bergbachs in den Felsen gesprengt wurde, voran. Er führt – bestens gesichert – über Brücken und durch Tunnel. Teilweise sind wir auch auf Bohlenwegen unterwegs, die Jahr für Jahr im Herbst abgebaut und im Frühjahr von freiwilligen Helfern wieder neu verlegt werden. Harte Arbeit.

Der **Hammersbach,** der von Schmelzwasser und Regen gespeist wird und sich seinen Weg durch den Kalksteinfelsen gräbt, donnert, gurgelt, tost und spritzt. Faszinierend, wie sich das Wasser im Laufe von Jahrtausenden seinen Weg gebahnt hat! Kleine Wasserfälle stürzen in die Tiefe. Feuchtigkeit von oben und von unten. Eine echte Spritztour!

Auch im Hochsommer laufen wir noch vorbei an riesigen Schneeblöcken – zumindest dort, wo kein

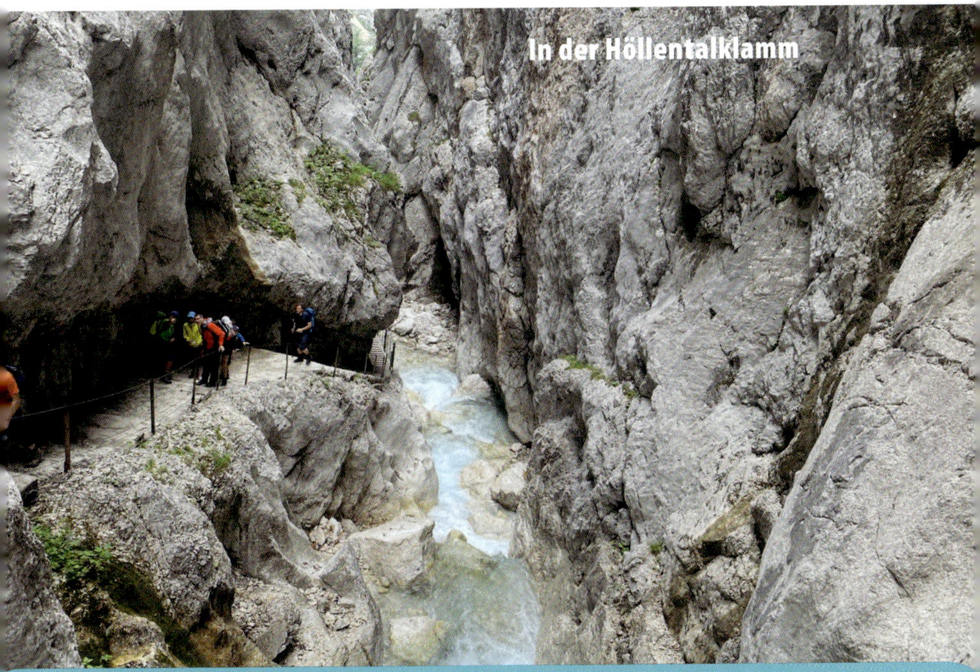
In der Höllentalklamm

Für die Seele

Rauschen und Gurgeln, Spritzen und Sprühen – ein Wasserspektakel für alle Sinne erwartet uns.

Sonnenstrahl sich blicken lässt. Und immer wieder sehen wir Baumstämme, die sich zwischen den Felsen verfangen haben. Ein grandioses Naturspektakel.

Direkt hinter der Klamm weitet sich das Tal. Hier wird auf einem kurzen Stück vor Steinschlag gewarnt. Also schnell weiterlaufen. Bald kommen schöne Picknickplätze, wo wir uns von der Sonne trocknen lassen können. Zur Linken sieht man den Eingang zum **Stangensteig 4**, der Alternativroute für den Rückweg, die wir aber den Bergfexen überlassen. Sie ist länger und anspruchsvoller und wurde einst von den Knappen des Bergwerks genutzt.

Wir wandern weiter in Serpentinen nach oben. Immer wieder lädt unterwegs eine Bank zum Verschnaufen ein. Doch schon bald verläuft der Weg – flankiert von steilen Felswänden – wieder fast flach. Kurz bevor wir die Hütte erreichen, stürzt sich ein

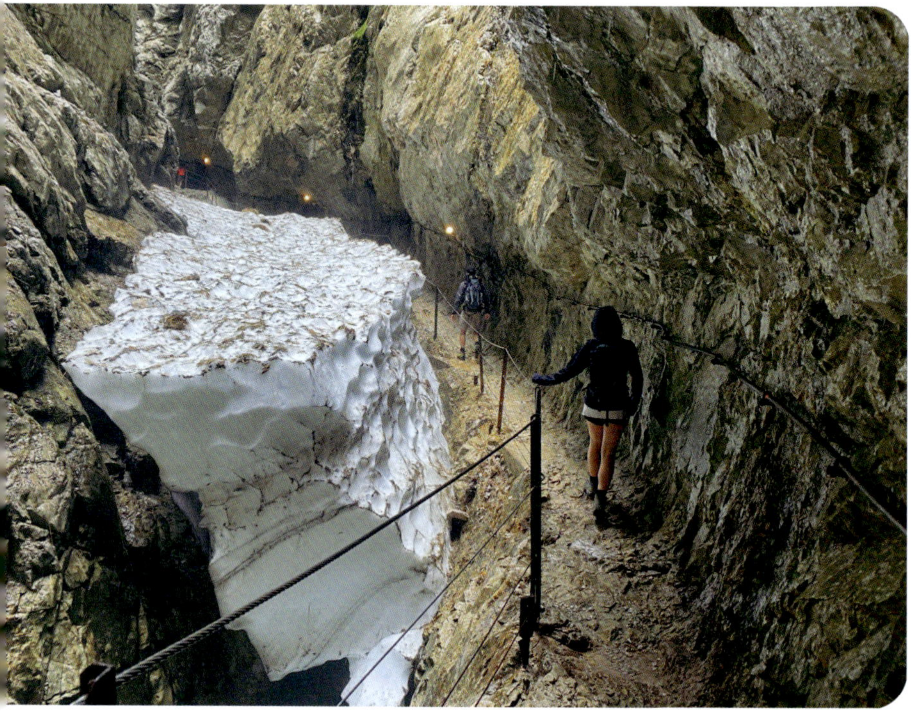

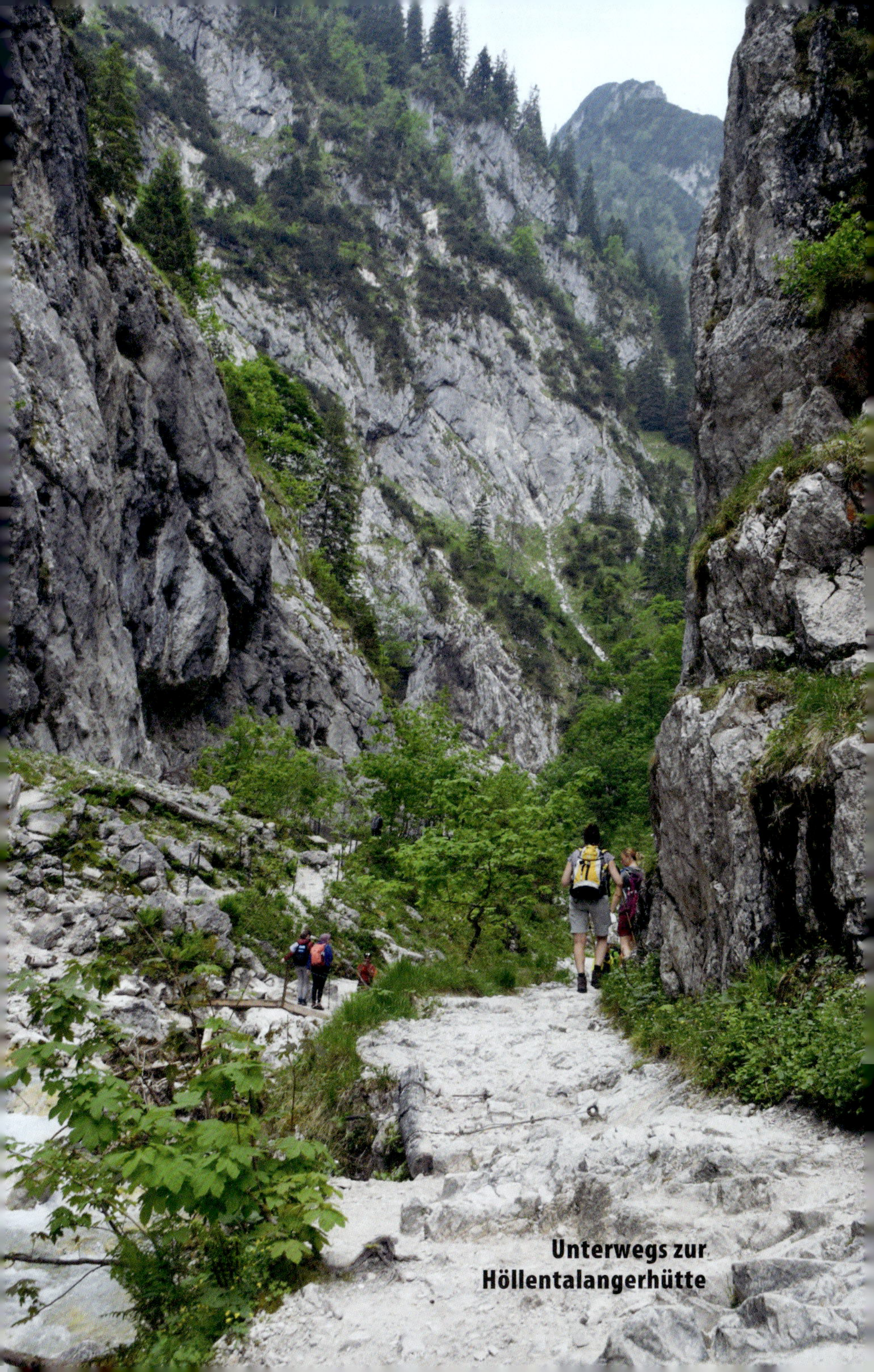

Unterwegs zur Höllentalangerhütte

*Die erste **Höllentalangerhütte** erbaute man hier 1893, seit 2015 ersetzt sie ein Neubau. Auf der Terrasse und in der Gaststube sitzt man gemütlich und genießt die alpenländischen Speisen, die angesichts des schwierigen Transportwegs natürlich etwas teurer sind.*

Wasserfall von den Felsen. Dann öffnet sich das Obere Höllental und gibt den Blick frei auf die Gipfel von Waxenstein, Riffelwänden und Höllentalferner. Dahinter türmt sich die **Zugspitze** (2962 m) auf. Eine alpine Landschaft in ihrer ganzen Pracht.

Hier liegt die **Höllentalangerhütte** 5 auf 1387 Metern Höhe, wo viele Bergsteiger die Nacht verbringen, bevor sie am nächsten Tag durch das Höllental und über den Höllentalferner die Zugspitze erklimmen. Für uns ist hier Endstation. Die Pause vor dem Rückweg haben wir uns jetzt verdient! Wir suchen uns einen Platz auf der Sonnenterrasse und genießen leckere Berggerichte zum grandiosen Gipfelblick. Ein Platz zum Kraftschöpfen inmitten der gewaltigen Natur.

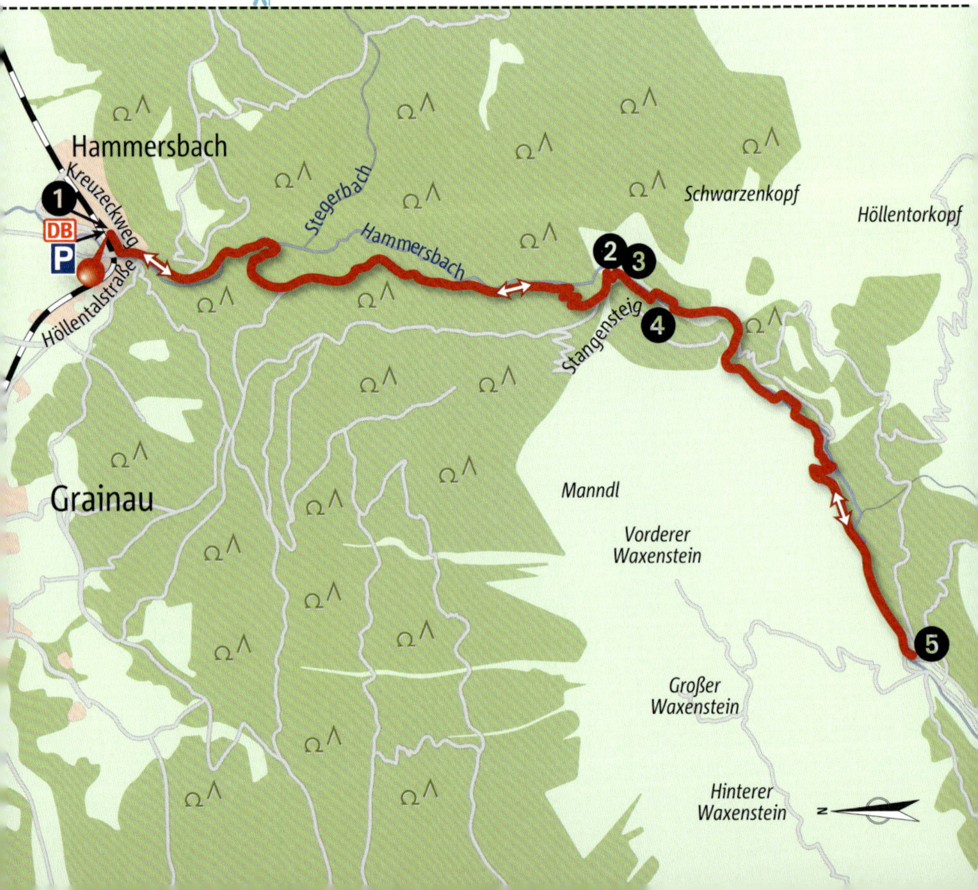

Alles auf einen Blick

WIE & WANN:
Der Weg durch die Klamm ist nur in den Sommermonaten möglich. Die Durchquerung der Höllentalklamm ist eine echte Bergwanderung. Es geht auch innerhalb der Klamm bergauf. Feste Wanderschuhe gehören zur Ausrüstung, genauso wie eine Regenjacke mit Kapuze und eine Fleecejacke, denn in der Klamm ist es auch im Hochsommer kühl und feucht. Am besten auf einen Tag mit gutem Wetter warten.

HIN & WEG:
PKW: Parkplatz vor dem Ort Hammersbach, Höllentalstraße 18, 82491 Grainau (gebührenpflichtig). Sollte dieser schon voll sein, gibt es einen weiteren Parkplatz in der Zugspitzstraße am Ortseingang von Obergrainau. (GPS: 47.472488, 11.062318)
ÖPNV: Vom Bahnhof Garmisch-Partenkirchen mit der Zugspitzbahn oder mit dem Eibseebus bis zur Haltestelle Hammersbach

ESSEN & ENTSPANNEN:
Höllentaleingangshütte ❷ Tel. (0 88 21) 88 95, bewirtschaftet Mitte Mai bis Mitte Oktober
Höllentalangerhütte ❺ Tel. (0 88 21) 9 43 85 48, www.alpenverein-muenchen-oberland.de/huetten/alpenvereinshuetten/hoellentalangerhuette, geöffnet Mai bis Oktober
Gasthöfe in Hammerstein

ENTDECKEN & ERLEBEN:
Marienkapelle ❶ www.grainau.de/a-kapelle-in-hammersbach
Höllentalklamm ❸ mit Museum, www.hoellentalklamm-info.de/, tgl. rund um die Uhr geöffnet von Mai bis Oktober
Stangensteig ❹

Entspannung ★★☆☆☆
Genuss ★★★☆☆
Romantik ★★★★★

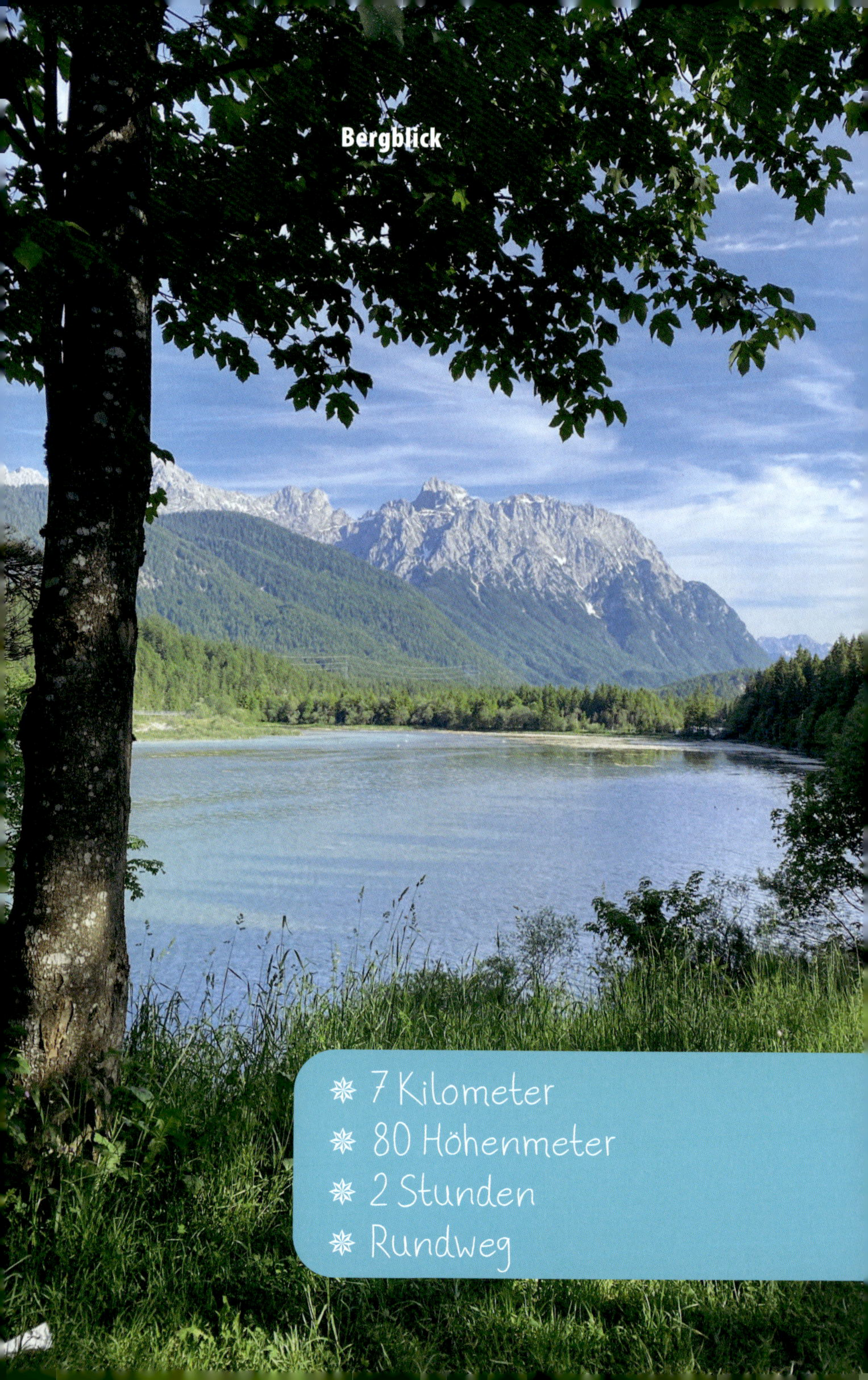

Bergblick

- 7 Kilometer
- 80 Höhenmeter
- 2 Stunden
- Rundweg

Eine kleine Tour, perfekt an heißen Sommertagen, die so erfrischend wie inspirierend ist. Die Kombination aus Bergfluss und Waldpfad verspricht angenehme Kühlung. Im Fokus steht die Isar, der letzte große Wildfluss Deutschlands. Sie entspringt im österreichischen Karwendel und legt auf ihrem Weg über Bad Tölz und München stolze 292 Kilometer zurück, bevor sie südlich von Deggendorf in die Donau mündet.

Wenn wir am Parkplatz an der Krottenkopfstraße in **Krün** (1) geparkt haben, laufen wir zum Ortszentrum, wo auch die Bushaltestelle liegt. Beim Maibaum geht es über die Schöttlkarspitzstraße in Richtung **Rathaus,** das auch die Touristeninfo beherbergt. Mit seiner hübschen Lüftlmalerei ist es unbedingt einen Blick wert. Von dort geht es weiter abwärts zur Isar.

Wir überqueren den Isarkanal mit seinem faszinierend helltürkisfarbenen Wasser. Er befördert zwei Drittel des Isarwassers zum Walchensee, wo es wichtigster Treibstoff für das Walchenseekraftwerk ist. Für diejenigen, die auf dem Wanderparkplatz beim Wertstoffhof geparkt haben, beginnt der Weg hier. Wo auch immer wir starten, auf der **Isarbrücke** überqueren wir alle die Isar, die sich malerisch durch Kiesbänke schlängelt.

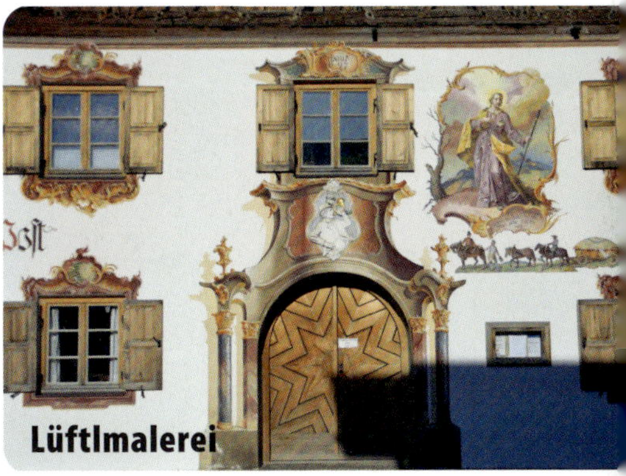

Lüftlmalerei

Auf dem gegenüberliegenden Ufer halten wir uns links, der grünen

Wilde Wasser

Isarerlebnisweg bei Krün

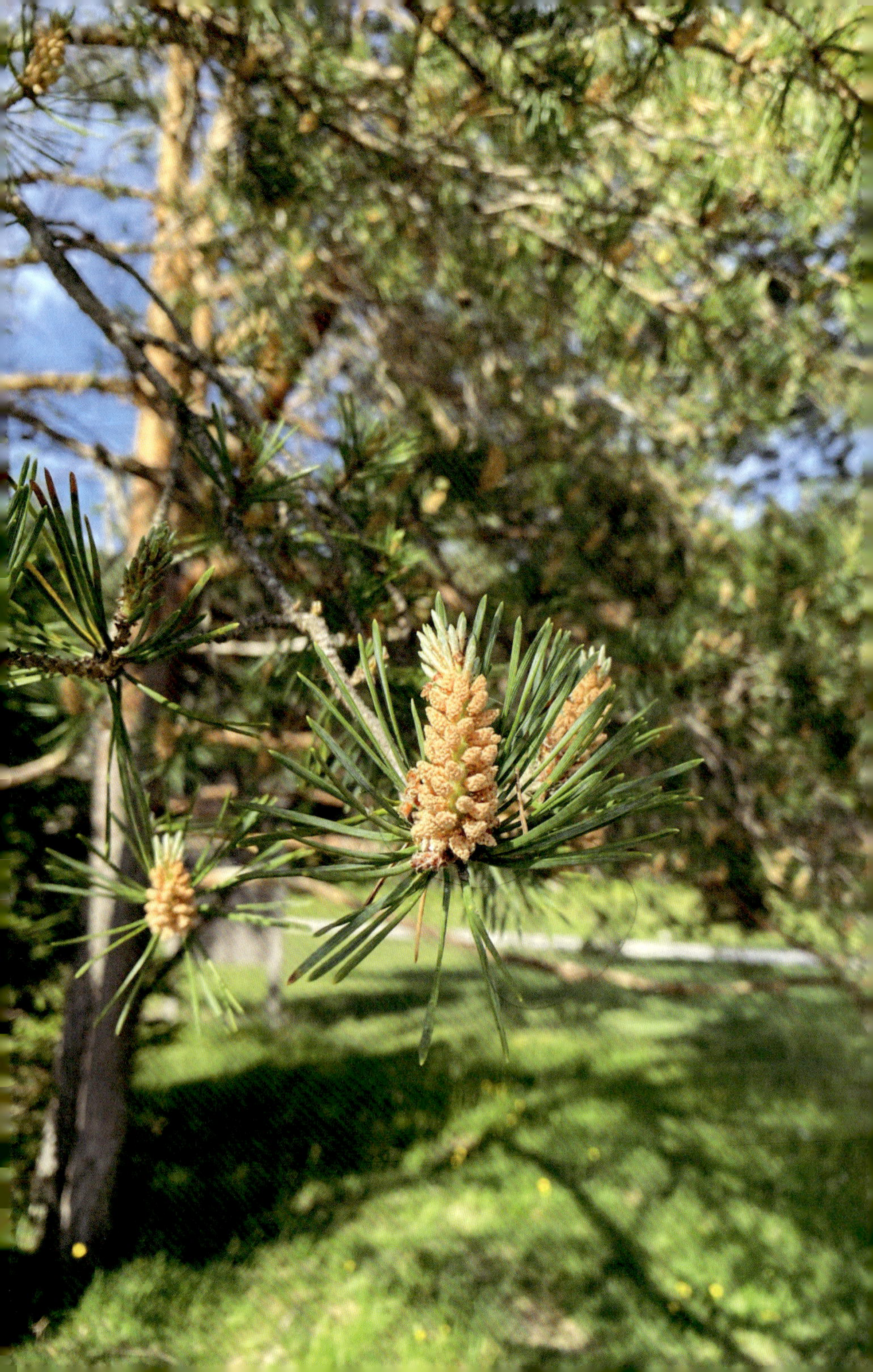

Beschilderung in Richtung **Isar-Natur-Erlebnisweg** 2 folgend. Doch schon bald verlassen wir den breiten Wanderweg und nehmen den schmaleren Pfad rechts bergauf in den Wald. Hier finden wir auch die erste Informationstafel, denn der Wanderweg ist nicht nur schön, sondern auch lehrreich. Die Tafeln versorgen uns mit spannenden Fakten und Geschichten über die Tier- und Pflanzenwelt auf den charakteristischen Kiesbänken des Flusses, aber auch über kulturelle Phänomene der Region. Langsam gewinnen wir etwas an Höhe. Verlaufen können wir uns nicht, denn der Weg ist als Natur-Erlebnisweg ausgeschildert.

Noch ist der Weg eher ein Waldspaziergang durch den schattigen Mischwald als ein Flussspaziergang. Aber immer wieder geben die Bäume zwischendurch den **Blick ins Isartal frei** – ein farbiges Band in Kieselgrau, Türkisblau und Waldgrün. Mehr als 200 bedrohte

*Die Ära der **Flößerei** ging Ende des 19. Jahrhunderts zu Ende, als man mehr und mehr Waren auf dem Schienenweg transportierte. Ab 1924 entzog die Isar-Ableitung zum Walchenseekraftwerk der Flößerei zudem die Grundlage. Der Fluss führte nicht mehr genug Wasser.*

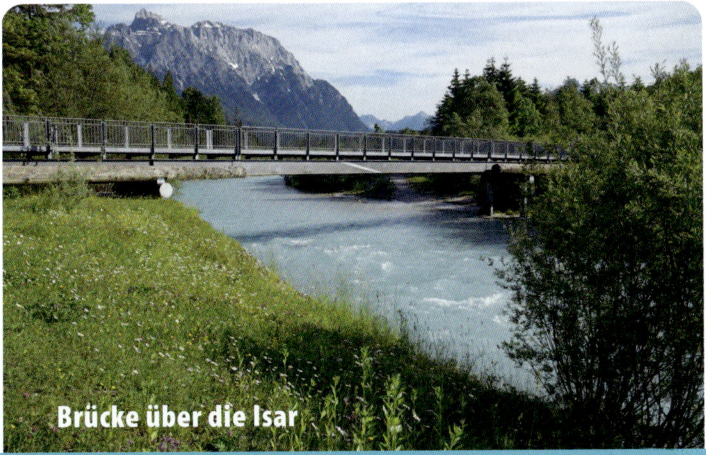

Brücke über die Isar

Für die Seele

Deutschlands letzter großer Wildfluss beeindruckt vor der imposanten Kulisse der Berge.

Tier- und Pflanzenarten leben im und am breiten Kiesbett der Oberen Isar. Doch die Flusslandschaft ist bedroht. Sie wird von grünem Dickicht aus Fichten und Weiden überwuchert, weil der größte Teil des Isarwassers zur Energiegewinnung abgeleitet wird und die gebändigte Wasserkraft den Pflanzenwuchs nicht stoppen kann.

Wenn das Blätterdach lichter wird, laden mehrere Bänke zum Entspannen ein. Wir genießen in aller Ruhe die Blicke übers Isartal, nach Krün und auf die Bergketten, zu gleich zwei Seiten, und die wunderbare Stille. Im Nordwesten schauen wir auf den Hohen Fricken und den Krottenkopf. Weiter im Südwesten zeigt sich das Wettersteingebirge mit Wettersteinwand und Zugspitze. Was für ein Panorama! Hier können wir zur Ruhe kommen.

Noch ist das Flussufer ein Stück entfernt. Wenn an heißen Tagen die Sehnsucht nach kühlendem Nass

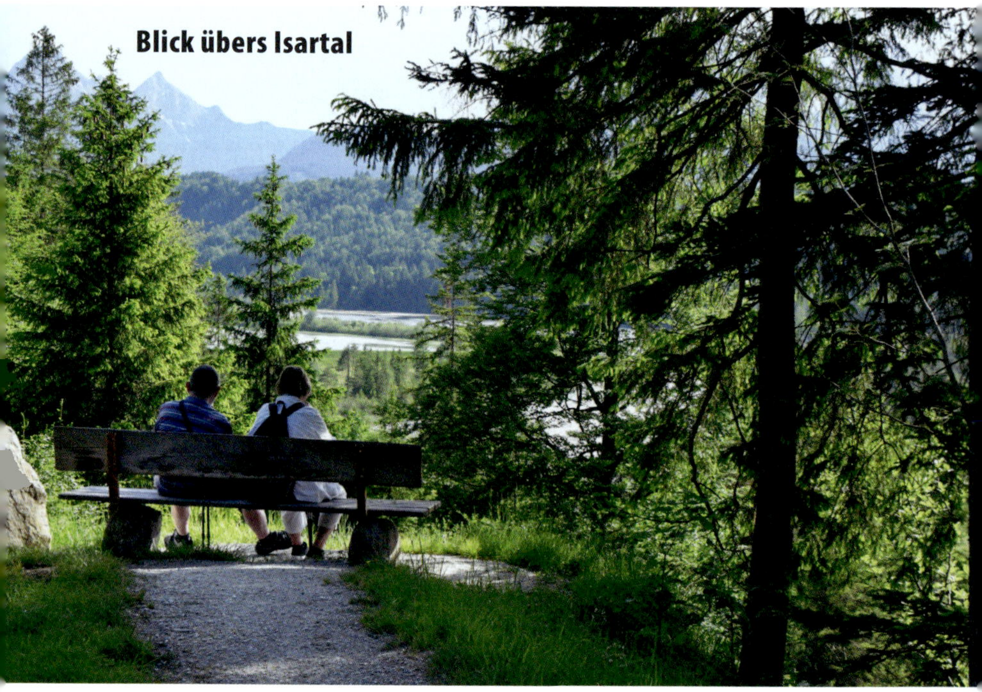
Blick übers Isartal

groß ist, naht Rettung in Gestalt einer **Kneippanlage mit Wassertretbecken ③**. Zeit für eine erfrischende Pause. Wir krempeln die Hosenbeine hoch, stapfen durchs eiskalte Wasser und genießen danach das prickelnde Gefühl in den Waden. Ein wunderbarer Energiekick! Natürlich lädt auch hier eine Bank zum Entspannen ein. Die Isar liegt noch weit unter uns. Sanft bahnt sie sich ihren Weg durchs Kiesbett. Zur Zeit der Schneeschmelze bietet sich hier ein anderes Bild, dann zeigt sie sich fast so wild wie zu Zeiten der Flößer.

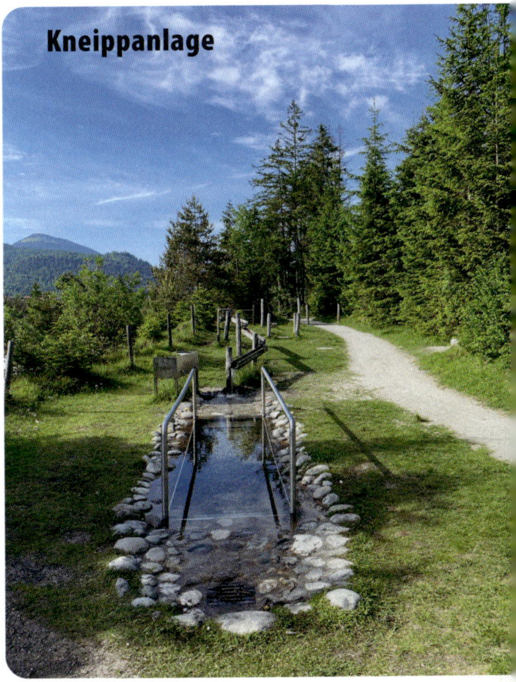
Kneippanlage

Jetzt wird der Weg wieder breiter, und es geht abwärts in Richtung Isar. Unten angekommen, folgen wir dem Weg nach rechts. Wenn sich der Hunger meldet – die Brotzeit ist hoffentlich im Rucksack, der **Picknickplatz** ist nah. Unter schattigen Bäumen nehmen wir auf Bänken rund um den Picknicktisch Platz und stärken uns. Daneben erinnert ein **hölzernes Floß ④**, eine Spielstation ganz nach dem Geschmack von Kindern, an die Ära der Flößer. Vor knapp 150 Jahren, als die Isar sich noch ungestüm ihren Weg durchs Tal bahnte und die Kiesbänke mit den Wassermassen den Lauf veränderten, waren hier Scharen von Flößern unterwegs.

Flöße waren vermutlich die ersten Wasserfahrzeuge und bis Ende des 19. Jahrhunderts als Transportmittel unverzichtbar. Die Residenzstadt München hatte einen unstillbaren Bedarf an Holz aus dem Voralpenland, aber auch an unzähligen anderen Luxus- und Gebrauchsgütern. Auf Holzflößen aus zusammengebundenen Baumstämmen transportierten wagemutige Flößer Lebensmittel, Stoffe und Gewürze, Baumaterial und Kriegsgerät aus dem Alpenraum nach München – manchmal auch gleich donauabwärts nach Wien und Budapest. Sie waren wilde Gesellen, die ein unstetes Leben führten, aber nicht selten zu Wohlstand kamen. Insgesamt 10.000 Flöße jährlich erreichten die damalige Hauptstadt des Königreichs Bayern. Den Handel auf dem Fluss beendete die Erfindung der Eisenbahn, denn deutlich größere Warenladungen konnte man nun auf Schienen transportieren.

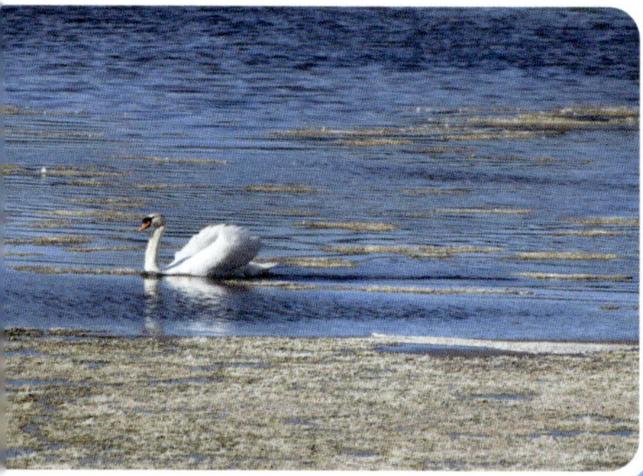

Hinter dem hölzernen Floß liegt das **Krüner Wehr ⑤**, das seit 1924 den größten Teil des Isarwassers zur Stromerzeugung abzweigt. Unterhalb des Wehrs lag der Fluss nach dem Eingriff in die Natur die meiste Zeit des Jahres trocken, was einer Katastrophe für die Tier- und Pflanzen-

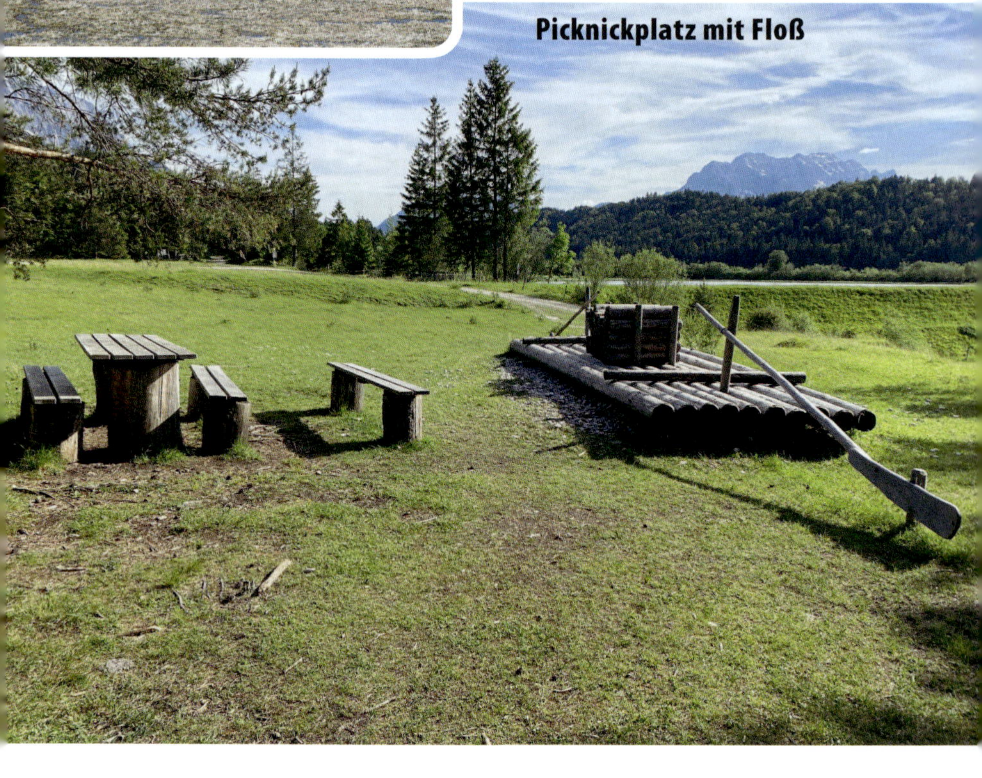

Picknickplatz mit Floß

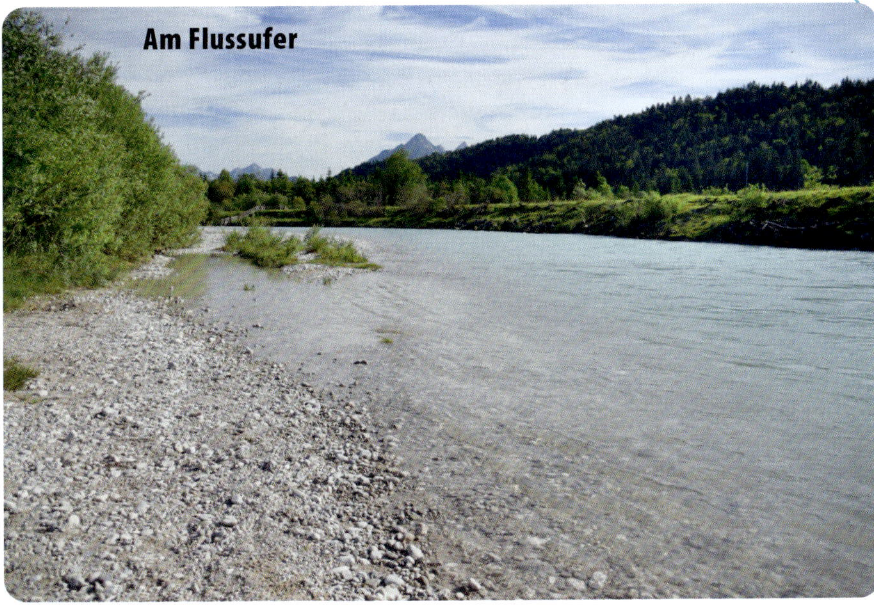

welt gleichkam. Seit 1990 darf die Isar ein Drittel des Wassers behalten. Auch das sei zu wenig, klagen Naturschützer. Mit dem **Stausee** 6, der nun vor uns liegt, entstand ein künstlicher Lebensraum.

Auf dem Weg weiter zur Flößerbrücke beginnt ein landschaftlich besonders reizvoller Teil der Wanderung. Vor uns erhebt sich das Karwendelgebirge mit dem Wörner, der Tiefkarspitze und der Westlichen Karwendelspitze.

Die **Flößerbrücke** 7 ist ein Bau des 21. Jahrhunderts, der das Flößerthema aufnimmt. Ihr Fundament erinnert tatsächlich an Holzflöße. Sie bringt uns auf die andere Seite des Stausees. Schwäne gleiten majestätisch übers Wasser. Wir schauen ihnen eine ganze Weile zu und bewundern ihre eleganten Bewegungen.

Auf der Westseite des Isarstausees geht es nun wieder bergauf in Richtung Krün und auf dem Fußweg ein Stück an der Straße entlang. Eine Bank lädt ein, noch einmal die Naturszenerie aufzusaugen. Grandios, wie sich die Zacken des Karwendelgebirges im

*Auf dem **Stausee** leben andere Tier- und Pflanzenarten als vor dem Bau des Wehrs. Zu den Vögeln, die hier häufig anzutreffen sind, gehören Stockenten, Blässhühner, Zwergtaucher und Schwäne.*

Wasser des Stausees spiegeln! Im Frühsommer glitzert der letzte Schnee in den Kalkritzen in der Sonne.

Ein Stück führt der Weg am Gewerbegebiet entlang, dann biegen wir rechts über die Kanalbrücke zur Isar hin ab und wandern am Flussufer entlang. Ein **Kieselsteinlehrpfad 8** informiert über das Gestein am Wegesrand und führt zurück bis zum Ausgangspunkt der Wanderung. Wenn die Bushaltestelle im Ortszentrum oder der Parkplatz an der Krottenkopfstraße das Ziel ist, können wir alternativ auch entlang der Straße nach Krün zurücklaufen. Entspannt und beglückt nach der wunderbaren kleinen Wanderung freuen wir uns auf eine schöne Einkehr im Ort – zum Beispiel mit leckerer italienischer Küche in der **Casa Mucca 9** an der Karwendelstraße.

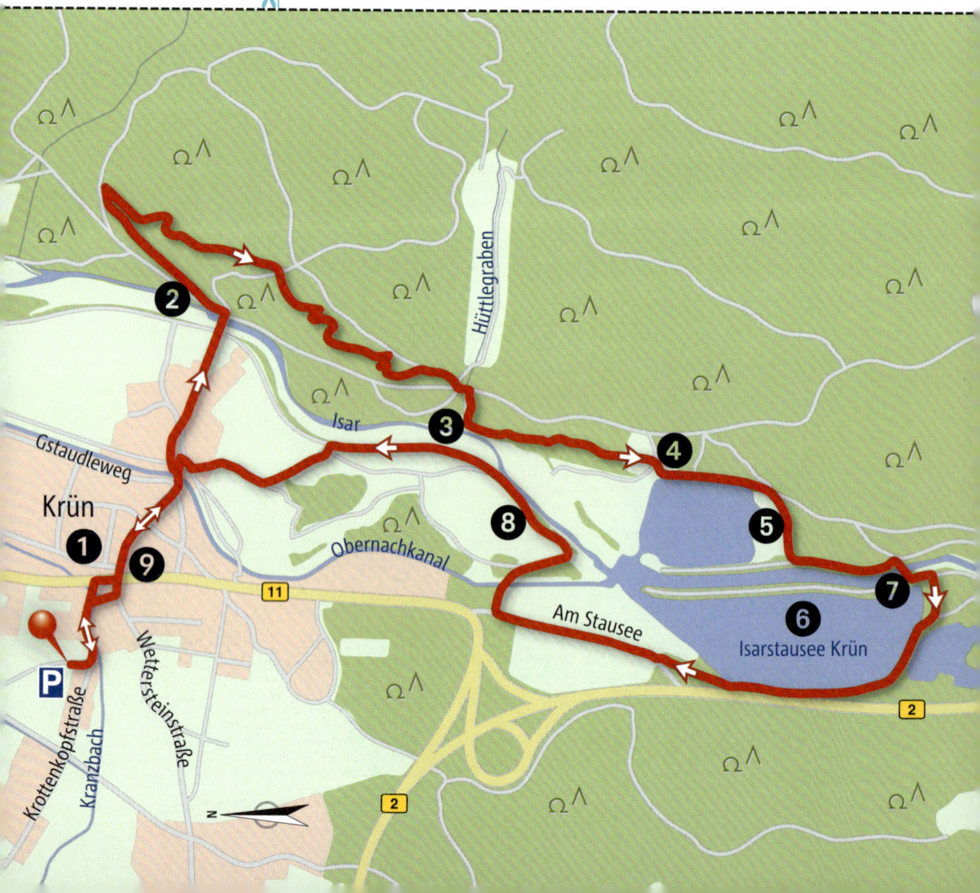

Alles auf einen Blick

WIE & WANN:
Eine kurze und leichte Wanderung auf bequemen Wanderwegen, die ganzjährig begehbar ist. Erfrischend und teilweise schattig an warmen Sommertagen. Im Frühjahr beeindrucken die Wassermassen des Schmelzwassers aus den Bergen und der Schnee funkelt noch auf den Spitzen des Karwendelgebirges.

HIN & WEG:
PKW: Wanderparkplätze an der Krottenkopfstraße, 82494 Krün oder am Wertstoffhof (gebührenpflichtig) (GPS: 47.506612, 11.275560)
ÖPNV: Bushaltestelle in der Ortsmitte von Krün
(Wander- und Gästebus der Alpenwelt Karwendel)

ESSEN & ENTSPANNEN:
Picknickplätze unterwegs, Rucksackverpflegung nicht vergessen!
Casa Mucca ❾ Karwendelstraße 3, 82494 Krün, Tel. (0 88 25) 9 21 99 33,
www.facebook.com/casadellamucca/
Weitere Lokale in Krün

ENTDECKEN & ERLEBEN:
Krün ❶ www.alpenwelt-karwendel.de/urlaub-kruen
Isar-Natur-Erlebnisweg ❷ www.alpenwelt-karwendel.de/a-der-isar-natur-erlebnisweg-bei-kruen
Kneippanlage ❸
Picknickplatz mit Floß ❹
Krüner Wehr ❺
Stausee ❻
Flößerbrücke ❼
Kieselsteinlehrpfad ❽

Entspannung ★★★★☆
Genuss ★★☆☆☆
Romantik ★★☆☆☆

Die GPS-Daten zu jeder Tour gibt es auf www.droste-verlag.de

Konzeption/Satz: Droste Verlag, Düsseldorf
Einbandgestaltung: Britta Rungwerth, Düsseldorf, unter Verwendung von Bildern von © Fotolia.com: Andrey Kuzmin, undrey, dabost, niroworld; ©mmphoto – stock.adobe.com
Fotos: Elke Homburg
Die Fotos von Schloss und Park Linderhof auf den Seiten 19 bis 23 wurden mit freundlicher Genehmigung der Bayerischen Verwaltung der staatlichen Schlösser, Gärten und Seen (www.schloesser.bayern.de) verwendet.
Karten: Thorsten David, Bochum
Druck und Bindung: LUC GmbH, Greven

MIX
Papier aus verantwortungsvollen Quellen
FSC® C011279
www.fsc.org

ISBN 978-3-7700-2322-6
www.droste-verlag.de